인산부원군 홍윤성 연구

인산부원군

홍윤성 연구

이상배·김우철·손승철·한성주·임선빈 지음

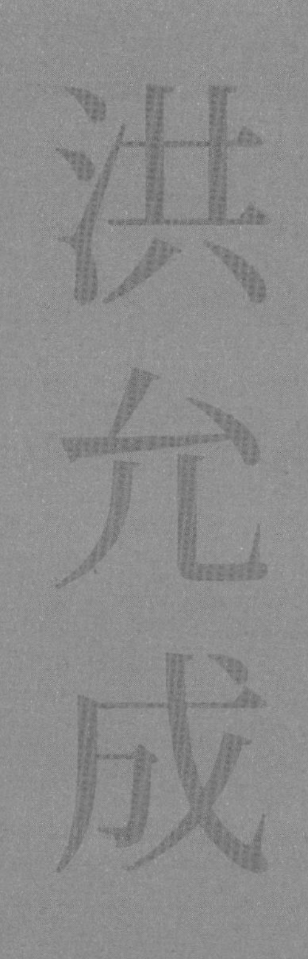

景仁文化社

간 행 사

역사 인물을 올바르게 평가하는 것은 무엇보다 중요하다고 생각한다. 인산부원군 홍윤성 선대조는 조선 초기 혼란스러웠던 정국에서 많은 역할을 하였다는 것이 각종 실록에 기록되었음에도 야사 위주의 왜곡된 역사적 평가로 엄청난 명예가 실추되고 있음에 더 이상 지속되어서는 안된다는 많은 사람들 뜻에 따라 인산부원군 역사바로세우기 학술대회를 목표로 선양사업추진위원회를 구성하고 추진하였다.

선대조는 문종 1년 문과로 급제한 후 단종, 세조, 예종, 성종 등의 시대 다양한 정치변화의 혼란스러웠던 정국에서 예조판서 직책을 수행하면서 명나라, 여진, 유구, 일본 등 동북아 여러 나라와의 외교업무를 총괄하는 전문 외교관으로서 역할을 하였다. 또한 문신이지만 군사업무에도 밝아 여진족 정벌은 물론 각종 병서와 진법에 관련된 서적을 편찬하는 등 구국의 일념으로 봉직하면서 많은 업적을 남기었다. 이러한 공로를 인정받아 세 차례나 공신을 받았음에도 불구하고 잘못 기록된 야사 위주의 역사로 오늘날 각종 문헌, 언론, 유튜브 등에서 지나치게 폄하된 정보들이 난무한 실정이다.

인산부원군 선양사업추진위원회는 선대조의 역사적 재평가를 통해 진실을 밝히기 위해서는 우선적으로 역사학 전문가의 도움이 필요하여 서울역사편찬원을 방문해 학술연구를 통한 재평가를 요청하였다. 이상배 원장은 연구자들이 사료에 기록된 역사 사실을 기반으로 있는 그대로 연구해야만 한다는 조건으로 수락하면서 진행되었다.

이에 따라 『조선왕조실록』 위주의 사료를 기반으로 자료들을 집중적으로 발췌하여 사료조사를 마무리하였고, 이어서 국내 권위 있는 역사학자들과 "인산부원군 홍윤성의 삶과 역사적 조명" 이라는 주제로 학술대회를 성공적으로 마치었다. 특히, 학술발표한 논문들을 좀 더 보완하여 한 권의 책으로 간행하는 것이 좋겠다는 발표자들의 제안으로 더 큰 결실을 맺게 되었으니 추진위원장으로서 고맙고 감사한 마음을 올린다.

학술대회를 통해 잘못된 역사를 바로 세울 수 있는 시발점이 되었다는 점에서 후손으로서 의미가 깊은 사업을 추진하였다고 생각한다. 아울러 앞으로 선대조의 올바른 역사적 평가를 위한 자료 발간 사업과 함께 후속 학술대회도 지속적으로 이어지도록 노력할 것이다.

우리들이 추진하는 선양사업 수행의 일환인 학술연구 요청을 수락하여 주시고 적극적인 조언과 협조를 아끼지 않았던 서울역사편찬원 이상배 원장님에게 감사한 말씀을 올린다. 또한 주제 발표를 맡아주신 교수님들께도 이 자리를 빌어 감사의 말씀을 드린다.

그동안 어려운 상황에서 이번 행사 준비단계부터 진행 과정까지 사업추진위원 역할을 맡아 수고가 많았던 홍관표, 홍성권, 홍석정, 홍구표 등 위원들에게도 고마운 마음을 올린다.

아울러 이 책이 나올 수 있도록 도와주신 모든 분들, 그리고 출판사 관계자분들께도 감사를 드린다.

2023. 1. 30.

인산부원군 선양사업추진위원장 홍장표

서 문

역사 연구에서 인물 연구는 매우 조심스럽다. 대부분의 역사 인물은 긍정과 부정의 양면성을 가지고 있다. 어느 한 시각만을 지나치게 강조하면 자칫 왜곡된 역사상이 만들어질 수 있다. 따라서 역사 속 인물 연구를 할 때 반드시 고려해야 할 점은 그 당시의 역사적 환경이다. 현재의 관점이나 잣대로 역사 속 인물을 평가하는 것은 지양해야 한다. 그 인물이 살았던 시대의 정치·사회·경제 여건 등 제반 조건을 바탕으로 다각도로 연구하여 종합적인 인물의 역사상을 고증해야 할 필요가 있다. 오늘날 역사 속 인물이 지나치게 왜곡되어 있거나, 미화되어 있는 경우를 종종 발견할 수 있다. 이 책에서 다루고자 하는 인산부원군 홍윤성은 지나치게 왜곡된 경우에 해당한다.

필자가 홍윤성에 대한 연구 검토를 문중으로부터 요청받은 것은 2021년 말이다. 이를 계기로 대중들의 홍윤성 인식과 매체의 기록을 검토해 보니 지나치게 왜곡된 것을 확인했다. 나아가 그에 대한 객관적인 인물 연구가 전혀 이루어지지 않았다는 사실도 인지했다. 한 인물의 역사적 평가를 근거없이 미화할 의도는 전혀 없으며, 그럴 이유도 없다. 역사 기록을 근거로 객관적으로 홍윤성을 조명하여 잘못된 인식을 바로잡을 필요가 있다고 생각하여 문중의 요구를 받아들였다. 다만 문중에서 학자의 원고의 내용을 문제삼거나 수정을 요구하지 않는다는 확답을 받고 진행했다.

인산부원군 홍윤성은 문종~성종 때까지 활동했던 인물로 조선이 건국된 후 정치적으로 격동기를 거치면서 안정화되는 시기에 살았던 인물이다. 그는 세조가 단종을 몰아내고 정권을 장악하는 과정에 참여하였고, 성종이 왕위를 계승하면서 조선 왕조가 안정기를 접어드는 과정에도 일조했다. 역사 기록을 근거로 그의 특징을 살펴보니 오랜 기간 예조판서로 재직하면서 동북아 외교 문제를 처리했고, 공신에 세 번 책봉되는 활동을 했으며, 문신으로서 여진을 정벌하여 북방 개척에도 공을 세웠다. 따라서 그의 활동을 중심 키워드로 역사학계의 전문 연구자를 섭외하여 연구 논문을 의뢰했다.

연구자들을 오랜 기간 연구를 진행하여 10월에 공개 학술발표회를 가졌다. 그 자리에서 토론을 담당한 전문 연구자들의 의견을 받아들여 최종 연구 논문이 완성되었다. 그 결과 이 책에는 홍윤성의 생애 전반을 살핀 필자의 「인산부원군 홍윤성의 관직생활과 특징」, 3공신에 책봉된 역사적 의미를 연구한 김우철의 「단종~성종대 공신책봉의 의미와 홍윤성」, 예조판서로서 조선과 일본의 외교 관계 활동을 연구한 손승철의 「세조대 조·일 관계와 홍윤성의 역할」, 여진 정벌로 북방 개척에 노력한 사실을 추적한 한성주의 「세조대 여진 정벌과 홍윤성의 활동」, 홍윤성에 대한 평가가 어떻게 왜곡되어 왔는지를 역사적으로 검토한 임선빈의 「홍윤성의 사후평가와 후대기억」 등 모두 5편의 글을 수록하였다. 나아가 독자들의 이해에 도움을 드리고자 학술대회 당일에 발표자와 토론자의 토론 내용을 그대로 정리하여 연구 논문 뒤쪽에 부록으로 함께 수록하였다.

후손 입장에서는 선대 인물을 가능하면 긍정적으로 평가하길 원할 것이다. 문중에 전해오는 이야기나 족보의 내용을 과신해서도 안된다. 엄정한 사료 비판과 분석을 기반으로 역사적 객관성을 담보할 때 의미가 있는 것이다. 이 책은 홍윤성에 대한 최초의 역사적 평가를 다루고 있다는 점에서 그 의미를 갖는다고 생각한다.

마지막으로 상업성이 없는 전문 서적을 기꺼이 간행해 주신 경인문화사 한정희 사장님께 감사드린다. 나아가 이 책을 발간하는데 기꺼이 옥고를 보내주신 김우철·손승철·한성주·임선빈 선생님들께 이 자리를 빌어 깊이 감사드립니다.

2023년 1월

집필자들을 대신하여 이상배 삼가 씀

차 례

서문 5

간행사 7

인산부원군 홍윤성의 관직생활과 특징 이상배

1. 머리말 ··· 15
2. 홍윤성의 가계와 인물 ··· 19
3. 홍윤성의 관직생활과 특징 ··· 26
4. 맺음말 ··· 45

단종~성종대 공신 책봉의 의미와 홍윤성 김우철

1. 머리말 ··· 51
2. 단종대 정난공신 책봉과 홍윤성 ··· 52
3. 세조대 좌익공신 책봉과 홍윤성 ··· 61
4. 성종대 좌리공신 책봉과 홍윤성 ··· 67
5. 홍윤성 좌리공신 교서의 분석 ··· 74
6. 맺음말 ··· 82

세조대 조·일 관계와 홍윤성의 역할 손승철

1. 머리말 ··· 87
2. 세조대의 조·일 관계 ··· 88
3. 홍윤성의 수직왜인과 일본 국왕사 접대 ··· 101
4. 홍윤성의 통신사에 대한 입장과 정책 ··· 111
5. 맺음말 ··· 122

세조대 여진 정벌과 홍윤성의 활동 — 한성주

1. 머리말 ··· 127
2. 함길도조전원수 홍윤성의 함길도 파견 ··· 131
3. 부체찰사 홍윤성의 여진 정벌 참여 ··· 143
4. 맺음말 ··· 156

홍윤성의 사후평가와 후대기억 — 임선빈

1. 머리말 ··· 161
2. 실록을 통해 본 실재와 평가 ··· 163
3. 잡록을 통해 본 평가와 후대기억 ··· 182
4. 맺음말 ··· 201

홍윤성의 학술대회 종합토론 ··· 203
참고문헌 ··· 226
찾아보기 ··· 229

인산부원군 홍윤성의 관직생활과 특징

이상배 | 서울역사편찬원 원장

1. 머리말
2. 홍윤성의 가계와 인물
3. 홍윤성의 관직생활과 특징
4. 맺음말

1. 머리말

조선시대 영의정을 지낸 인물 가운데 가장 어린 나이에 임명된 인물이 귀성군 이준(李浚)이다. 세종의 넷째 아들인 임영대군의 차남으로 28세에 영의정이 되었고, 예종 즉위 때는 원상(院相)으로 섭정을 하기도 했다. 비록 그가 왕족이라는 신분적 특수성이 있었다고 해도 파격적인 인사임에는 틀림없다. 모든 왕족이 이러한 혜택을 누리지 못했기 때문이다. 이후 철종 때까지 50세 이전에 영의정에 오른 인물은 모두 39명이다.[1] 이 가운데 45세 이전에 영의정을 지낸 인물이 16명인데, 그중 한 명이 본 글에서 다루고자 하는 인산부원군(仁山府院君) 홍윤성(洪允成)으로 45세에 영상(領相)이 되었다. 그는 세조에서 성종 연간에 활동했던 정치가로서 세 차례에 걸쳐 공신에 책봉되었고, 예종과 성종의 왕위 계승에도 원상의 지위에서 정치적 영향을 끼친 인물이다.

그럼에도 지금까지 역사학계에서 홍윤성을 개인적으로 조명한 논문은 한 편도 없다. 그가 계유정난(癸酉靖難)에 참여하였고, 성종 초까지 정치활동을 했기 때문에 조선 초기 정치사를 다루는 글들에서 약간씩 언급되는 정도일 뿐이다. 그나마 정변의 주도 세력이었던 한명회(韓明澮) 정인지(鄭麟趾) 신숙주(申叔舟) 권람(權擥) 등에 비하면 아주 미미한 수준이다. 그 이유가 무엇일까? 두 가지 면에서 추론이 가능한데 하나는 조

1) 1871년(고종 8)에 작성된 이유원, 『임하필기』 권30, 춘명일사에는 일찍 상신이 된 인물들의 명단을 수록하였는데 50세 이전에 영의정을 지낸 인물로 39명의 명단을 기록하고 있다.

선 후기 이후 각종 야사에 나타나는 홍윤성에 대한 부정적 평가가 연구의 매력을 떨어뜨렸을 수 있고, 다른 하나는 당시 정치사 연구에서 홍윤성에 대한 평가가 과소 평가되었을 가능성이 있다. 특히 계유정난의 주체 세력으로 위에서 언급한 한명회 등을 중심으로 정치적 조명이 주를 이루었고, 홍윤성은 이들에 가담한 인물 정도로 파악했기 때문이다.

홍윤성에 대한 학술적 접근은 서지학과 국문학 쪽에서 일부 이루어졌다. 서지학에서는 홍윤성이 받은 공신 교서에 대한 서지학적 분석을 한 연구가 한 편이 있고,[2] 국문학 분야에서는 고소설을 연구하는 분야에서 피상적으로 홍윤성을 다루어 왔다. 고소설에서 홍윤성과 관련된 일화를 바탕으로 야담이 만들어지고 일화 및 소설화되는 과정에 대한 연구나[3] 홍윤성을 소재 대상으로 삼아 창작된 소설 『홍장군전』을 연구한 것들이다.[4] 『홍장군전』은 이해조의 국문소설로 상·하권 각 9회씩 모두 18회로 구성되었다. 1918년에 『의용쌍전(義勇雙全) 홍장군전(洪將軍傳)』이란 제목으로 오차서창(五車書廠)에서 2권으로 간행되었다. 주요 내용은 실존 인물인 홍윤성을 주인공으로 하고 있으나 대부분이 허구성이 강한 소설이다. 이에 홍윤성 개인에 대한 연구와는 거리가 멀고, 역사성이나 역사적 가치가 있는 논문들도 아니다.

한편 홍윤성과 관련된 기록은 대체로 세 가지 부류에서 사료 접근이 가능하다. 하나는 국가의 관찬 기록이고, 다음은 개인의 문집류이며, 나

---

2) 박문열, 「純誠明亮經濟弘化佐理功臣教書에 대한 연구」, 『서지학연구』 49집, 2011.

3) 이강옥, 「조선 초·중기 일화의 형성과 변모과정 연구」, 서울대 박사학위논문. 1993. 이 논문은 1998년에 태학사에서 『조선시대 일화연구』라는 제목의 책으로 발간되었다.

4) 이경선, 「홍장군전 연구」, 『한국학논총』 5, 한양대 한국학연구소, 1984. 곽정식, 「홍장군전의 형성과정과 작자의식」, 『새국어교육』 81권, 2009. 오윤선, 「홍장군전의 창작경위와 인물형상화의 방향」, 『고소설연구』 12집, 2000.

머지 하나는 지리지이다. 당대의 관찬 기록으로는 『문종실록』·『단종실록』『세조실록』·『예종실록』·『성종실록』과 『북정록(北征錄)』이 있다. 왕조실록은 주지하듯이 왕이 죽고 난 후에 사관들이 기록한 사초(史草)를 기반으로 하여 편찬한 역사 사료이고, 『북정록』은 1468년(세조 14) 세조의 명령에 의해 조석문(曺錫文), 노사신(盧思愼) 등이 편찬한 기록물로서 신숙주와 홍윤성이 경원(慶源)·경흥(慶興)·부령(富寧)·온성(穩城) 등 6진(六鎭)의 여진족을 정벌한 사실을 기록한 사료이다. 당대 토벌에 관한 일정에 따라 구체적인 내용이 기록되어 있어 실록보다 구체적인 사실을 확인할 수 있어 북방 여진족 토벌에 관한 중요한 사료이다. 이들 관찬 사료가 홍윤성을 살펴볼 수 있는 가장 객관적인 1차 사료에 해당한다.

두 번째 문집류로는 서거정(徐居正, 1420~1488)이 지은 『필원잡기(筆苑雜記)』, 이승소(李承召, 1422~1484)의 『삼탄집(三灘集)』, 이육(李陸, 1438~1498)의 『청파극담(靑坡劇談)』, 성현(成俔, 1439~1504)의 『용재총화(慵齋叢話)』, 이기(李墍, 1522~1600)의 『송와잡설(松窩雜說)』, 이정형(李廷馨, 1549~1607)의 『동각잡기(東閣雜記)』, 허봉(許篈, 1551~1588)의 『해동야언(海東野言)』, 차천로(車天輅, 1566~1610)의 『오산설림초고(五山說林草藁)』, 박동량(朴東亮, 1569~1635)의 『기재잡기(寄齋雜記)』, 김시양(金時讓, 1581~1643)의 『부계기문(涪溪記聞)』, 이익(李瀷, 1681~1763)의 『성호사설(星湖僿說)』, 권별(權鼈)의 『해동잡록(海東雜錄)』, 이긍익(李肯翊, 1736~1806)의 『연려실기술(燃藜室記述)』 등의 문집이 있다. 이들 문집 사료 가운데 홍윤성이 활동하던 시기에 함께 생존했던 인물로는 서거정, 이승소, 이육, 성현 등 4명 뿐이다. 그리고 나머지 문집 편찬자들은 16세기 이후 18세기까지 활동했던 인물들로서 당대의 사정을 정확하게 보고 듣지는 못했다는 한계점을 가지고 있다. 따라서 시기적 관점에서 사료적 가치를 평가할 때는 15세기에 활동했던 서거정 외 3명의 문집만이 참고

자료로서 활용할 가치가 있다.

그런데 이승소의 『삼탄집』을 제외하고는 문집의 제목에서 확인할 수 있듯이 모두가 직접 확인해서 사실을 기록했다기 보다는 전해들었거나 다른 기록을 보고 참조했다는 의미의 잡기, 극담, 총화 등으로 제목이 표기되어 있다. 이승소도 서거정의 『필원잡기』에서 인용하여 기록하고 있음을 밝히고 있다.[5] 즉 역사 기록에서 객관성과 정확성 면에서 다소 문제가 있다는 한계성을 보여주고 있다. 실제로 해당 문집에 기록된 내용들은 홍윤성의 여성문제나 음주와 관련된 신변잡기성 일화들이 주로 부풀려져서 언급되어 있으며, 객관적으로 홍윤성의 실제 정치활동에 대한 평가나 사실적 기록은 전혀 없는 실정이다. 뿐만 아니라 위의 「홍장군전」과 같은 소설들이 이들 기록 일부를 차용하여 허구성을 부풀리고 왜곡하고 있음을 볼 때 해당 문집의 기록에 대한 신빙성과 객관성을 담보하기는 어렵다. 이들 문집들 가운데 『삼탄집』·『성호사설』·『연려실기술』을 제외한 모든 글들이 조선시대 야사 일화 만록 등을 모아 종합적으로 편집한 야사집 『대동야승(大東野乘)』에 수록되어 있는[6] 것만으로도 야사적 성격이 강한 글들임을 확인할 수 있다.

마지막으로 지리지로서 1530년(중종 25) 이행(李荇), 윤은보(尹殷輔) 신공제(申公濟), 이사균(李思鈞) 등이 1481년(성종 12)에 편찬된 『동국여지승람』을 증수하여 편찬한 관찬지리지인 『신증동국여지승람(新增東國輿地勝覽)』과 1656년(효종 7) 실학자 유형원(柳馨遠)이 편찬한 조선 최초의 사찬 지리지인 『동국여지지(東國輿地誌)』, 그리고 19세기에 편찬된 것으로 추정되는 『동국여지비고(東國輿地備考)』 등이 있다. 지리지 자료

---

5) 이승소, 『삼탄집』 제5권, 시, 제경해당액후(題傾海堂額後).

6) 성현, 『고전국역총서 대동야승』 Ⅰ, 재단법인 민족문화추진위원회, 1969, 해제 참조

에는 지역의 인물을 소개하는 과정에서 홍윤성을 소개하고 있는데, 간단한 정보가 있을 뿐 일화나 인물과 관련된 평가나 사건 사고 등에 관해서는 기록하지 않았다.

이상과 같은 사료의 분석을 전제로 하여 홍윤성의 생애와 그의 관직생활을 조명해 보고자 한다. 1차 사료를 우선적으로 검토 대상으로 하며, 부득이한 경우 2차 혹은 3차 사료를 보조 사료로 활용하고자 한다. 이 글은 조선 초기 세조에서 성종대까지의 정치적 혼란기에 활동했던 정치가 홍윤성을 올바르게 조명하는 작업의 일환이다. 한 인물의 정치적 위상이나 역할에 비해 그의 평가가 개인적 취향이나 일화와 같은 부분적인 면만 강조되어 왜곡된 역사상으로 굳어졌다면 이는 분명 역사 왜곡이다. 당시의 정확한 사료를 근거로 객관적인 평가가 필요하다는 관점에서 본 논문을 전개하고자 한다.

2. 홍윤성의 가계와 인물

홍윤성의 가계와 관련해서는 1차 사료의 내용이 매우 빈약하다. 특히 그의 문집이 존재하지 않기 때문에 공적인 기록 이외에서 유년 시절의 활동이나 4대조와 관련된 내용을 추적하는 일은 매우 어려운 실정이다. 홍윤성의 4대조와 관련해서 공적인 기록은 『국조문과방목』에서 찾을 수 있다. 『국조문과방목』은 조선시대 문과 급제자의 이름·4대조·나이·본관·처 등을 밝히고 있다. 인산부원군 홍윤성은 1450년(문종 즉위년) 가을에 실시한 과거시험에 합격하였다. 이 기록에 의하면 과거를 치를 당시의 그의 이름은 홍우성(洪禹成)이라 불렀다. 그의 본관은 회인(懷仁),

자는 수옹(守翁), 호는 경해(傾海)이다. 그의 증조할아버지는 홍연보(洪延甫)이며, 할아버지는 홍용(洪容), 아버지는 홍제년(洪齊年)이다. 외할아버지는 미상이며, 부인은 모두 두 명이었는데 첫 번째 부인은 남육(南陸)의 딸이며, 두 번째 부인은 고령(高靈) 김씨로 김자모(金子謀)의 딸이다.[7] 홍윤성 신도비에는 아버지가 현령 이흥발(李興發)의 딸을 취하여 공을 낳았다고 기록하고 있어 어머니는 전주 이씨로 추정된다.[8] 이러한 기록을 근거로 『고려사』는 물론 조선 초기 실록에서 아버지를 제외한 홍연보·홍용 등의 관직 이력이나 생졸년 등을 조사했으나 기록이 없다. 따라서 그의 집안이 사대부로서 어느 정도의 지위를 가지고 있었는지는 알 수 없다. 결국 선대가 과거나 그 이외의 방법을 통해 관직에 나가지는 않았던 것으로 보이며, 홍윤성이 과거를 통해 관직에 나가 현달하면서 집안이 주목받기 시작한 것으로 생각된다.

홍윤성의 본관은 회인이다. 회인 홍씨의 시조는 그의 증조할아버지 홍연보이다. 회인은 지금의 충북 보은군 회인면의 옛 이름으로 본래 백제 미곡현을 고려 초에 회인으로 고쳤고, 1018년(현종 9)에 청주의 속현으로 삼았으며, 조선시대 1413년(태종 13)에 현감을 두어 다스렸다. 회인 지역의 토성으로는 이씨와 홍씨가 있었고, 조선 초기 146호에 인구 633명이 살았던 작은 고을이다.[9] 회인 홍씨의 시조인 홍연보가 언제 어떤 이유로 회인에 정착하게 되었는지는 알 수 없다. 뿐만 아니라 회인 홍씨가 언제 어떤 이유로 남양 홍씨 족보와 합보되었는지도 확실하지 않다. 다만 남양 홍씨 판도판서공파의 세보에 따르면 1801년(순조 1)에 족보를 편찬하면서 회인 홍씨가 남양 홍씨와 비공식적으로 합보가 되었

7) 『국조문과방목』 권1, 태학사, 185쪽.
8) 『南陽洪氏 版圖判書公派 世譜』 82쪽, 2002.
9) 『세종실록』 권149, 지리지 충청도 청주목 회인현.

고, 1920년에 이르러 공인된 합보를 갖게 되었다고 밝히고 있는데[10] 여기서도 구체적인 합보 이유를 밝히지는 않고 있다.

홍윤성의 증조할아버지 홍연보에 대한 기록은 홍윤성신도비에서 일부 확인할 수 있다. 현재 부여에 남아있는 신도비의 비문은 확인이 불가능할 정도로 마모되어 있으나, 남양 홍씨 족보에는 그 전문이 수록되어 있다. 신도비에는 홍연보가 봉익대부판도판서를 지냈고, 후에 정헌대부 이조판서겸 의금부사에 추증되었다고 기록되어 있다.[11] 판도판서는 고려 후기 호구(戶口) 공부(貢賦) 전량(錢糧) 등에 관한 일을 관장하던 판도사(版圖司) 소속의 정3품 관직이나 『고려사』에는 홍연보가 판도판서직을 지냈다는 기록을 찾을 수 없고, 조선 초기의 기록에도 없다. 또한 홍연보의 생몰년이 『남양홍씨판도판서공파세보』에 1361년(고려 공민왕 10)에 출생하여 1423년(세종 5)에 사망한 것으로 기록되어 있는데, 그가 판도판서에 오르려면 조선이 건국되기 전에 정3품의 직위에 올라야 하며, 나이로는 30세 이전에 해당한다. 그런데 남양 홍씨 세보 자체가 현대에 이르러 제작되었고, 오류가 있는 점을 고려하면 생몰년 자체가 맞다고 볼 수는 없다.[12]

이어 할아버지 홍용(1382~1446)은 홍윤성신도비에 조봉대부 군기소감(軍器少監)을 지냈고, 숭정대부 영경연춘추관 성균관사 예문관대제학에 추증되었다고 기록되어 있다.[13] 군기소감은 조선시대 병기를 제조하

10) 『南陽洪氏 版圖判書公派 世譜』 88~90쪽, 2002.

11) 『南陽洪氏 版圖判書公派 世譜』 81쪽, 2002.

12) 족보의 내용 가운데 오류 하나를 예로 들면 홍윤성의 아들이 홍진(洪珍)으로 수록되어 있는데 실제 실록에는 홍지(洪祉)로 기록되어 있다.

13) 『南陽洪氏 版圖判書公派 世譜』 81쪽, 2002. 생몰년은 이 족보의 기록을 근거로 표기하였다.

는 관청인 군기시의 종5품 관직이며, 조봉대부는 종4품 이하의 관료에게 내리는 문산 품계명이다. 그러나 이 기록 또한 왕조실록에서 확인할 수는 없다. 후에 추증된 기록은 언제인지 명확하지 않으나 홍윤성이 정승으로 현달한 것과 연관되었을 것으로 추정된다.

홍윤성의 아버지 홍제년(1404~1467)은 1464년(세조 10) 11월 8일 정헌대부 동지중추원사의 관직에 제수되었다.[14] 공신의 아버지였기 때문에 세조가 특별히 하사한 관직이다. 정헌대부는 문산계 정2품의 품계로 육조판서의 반열에 이르는 사람들에게 내린 품계이며, 동지중추원사도 특별히 하는 일은 없이 예우하는 차원에서 내린 관직으로 종2품에 해당하는 벼슬이었다. 이 외에도 정난공신으로 책봉될 때와 좌익공신으로 책훈될 때 모두 '작기부모급체(爵其父母及妻)'라고 하여 부모와 아내에게 봉작하였음을 알 수 있다.[15]

이상으로 볼 때 회인 홍씨의 시조인 홍윤성의 증조 홍연보, 할아버지 홍용, 아버지 홍제년 등은 모두 과거 시험을 통해 관직에 올랐는지 여부를 명확하게 확인하기가 어렵다. 단지 남양 홍씨 족보와 파보를 통해 관직을 지낸 것이 확인될 뿐인데, 문제는 이러한 족보들이 모두 후대에 만들어진 것으로 정확성이 매우 떨어진다는 단점을 가지고 있다. 이들을 종합할 때 회인 홍씨 가문은 일찍부터 관직에 진출하여 사대부 가문으로 성장했다기 보다는 시조로부터 4대 손인 홍윤성이 과거를 통해 관직에 나가 영의정까지 오르면서 주목을 받게 되었고, 회인 홍씨 가문이 파보를 형성하게 된 것도 그의 정치적 현달과 관계가 깊을 것으로 생각된다.

한편 홍윤성이 언제 처음 장가를 들었는지 알 수 없으나 부인은 두

14) 『세조실록』 권34, 세조 10년 11월 정사조.

15) 『단종실록』 권13, 단종 3년 1월 경오조. 『세조실록』 권13, 세조 4년 6월 을유조.

명이 있었다. 앞서 언급했듯이 『국조문과방목』을 통해서도 알 수 있고, 그가 죽은 후 기록한 졸기에 "아내 남씨(南氏)에게 자식이 없어서 같은 고을의 사족(士族) 김자모(金自謀)의 딸을 강제로 취하여 장가들었다."[16]는 기록이 있다. 부인이 두 명이었다는 이유가 첫 부인과의 사이에 자녀가 없었기 때문이라는 사실을 확인할 수 있다. 증조할아버지 때부터 외아들로 이어지는 손이 귀한 집안이었으므로 아들의 부재는 홍윤성에게 많은 부담을 주었을 것이다. 그는 두 번째 부인인 김씨와의 사이에 아들을 하나 두었는데, 그가 홍지(洪祉)이다.[17] 홍지는 1489년(성종 20) 공신의 적장자들을 서용하라는 전교에 따라 관직에 나갔으며, 선전관을 거쳐[18] 연산군 때 종4품의 경력에 올랐다.[19] 그는 부인 윤씨와 결혼했으나 슬하에 자녀가 없었다. 이와 같이 홍윤성 집안은 그를 중심으로 위로 3대와 아래로 외아들로 이어지며 손이 귀했고, 결국에는 가문이 위축되어 가는 하나의 원인이 되었다.

한편 홍윤성의 어릴 적 생활을 알 수 있는 기록으로는 그의 졸기에 "어려서 가난했으나 힘써 배워서 급제하였다."[20]라고 하였고, 세조 때의 기록으로 "어려서는 가난하여 홍산향교에서 글을 읽었고, 부지런하여 괴로움에도 게을리하지 않았다."[21]고 묘사되어 있다. 이를 통해 부여에 살고 있을 때는 집안 생활이 어렵고 가난했으나 홍산의 향교를 다니면서 열심히 학문을 익혀 과거에 급제한 걸출한 인재였음을 확인할 수 있

16) 『성종실록』 권59, 성종 6년 9월 갑인조.

17) 남양홍씨 판도판서공파 세보에는 홍진(洪珍)으로 기록되어 있는데 이는 오류이다.

18) 『성종실록』 권243, 성종 21년 8월 정미조.

19) 『연산군일기』 권3, 연산군 1년 2월 기묘조.

20) 『성종실록』 권59, 성종 6년 9월 갑인조.

21) 『세조실록』 권45, 세조 14년 3월 계해조.

다. 과거시험을 볼 당시 방목에 기록된 것에 의하면 급제 이전의 경력이 교도(敎導)였다.[22) 『신증동국여지승람』에도 그가 과거에 급제하기 전에 충청도 면천군의 교도로 있었다고 기록되어 있다.[23) 교도는 조선시대 각 지방 교육기관인 향교에서 활동하던 교관으로 교수관이 없는 곳에서는 고을의 생원이나 진사 중에서 임명하여 학생들을 가르치는 일을 담당한 자리이다. 따라서 그가 생원 진사시를 언제 응시했는지는 기록에 나타나지 않으나 교도를 지내고 있었던 것으로 미루어 26세 이전에 향시를 통과했을 가능성이 크다. 즉 홍산향교에서 글을 배우고 익히면서 공부하여 향시를 통과한 후에 면천군에서 교도의 신분으로 후학들을 가르치다가 서울에서 시행하는 문과 시험에 응시했던 것으로 보인다. 이후 과거에 급제하면서 서울로 올라와 살았고, 부모는 부여에 살고 있었다. 1457년(세조 3) 6월 26일에는 어머니가 돌아가셨는데 그의 나이 33세였다. 그가 부여를 떠나 서울에서 생활한 지 7년 만의 일이었다. 세조는 그의 모친상에 쌀과 콩을 합하여 곡식 30석과 종이 100권을 내렸고, 장례를 치를 때 사용하는 석회(石灰) 40석과 송지(松脂) 3두, 두꺼운 기름종이인 유둔(油芚) 3부와 관곽(棺槨)을 내려 부의하면서[24) 안타까움을 대신하였다.

홍윤성은 한양에서 관직생활을 하면서도 여러 차례 홀로 부여에 사는 아버지를 찾아 문안을 드리곤 하였다. 경상우도 도절제사의 임무를 마치고 돌아와서도 부여에 내려가 아버지를 뵈었고,[25) 신숙주와 함께 함길도 조전원수부사로 야인을 정벌하러 떠났다가 성공적으로 임무를 완수하고 돌아와 아버지를 뵈러 부여로 내려갔고,[26) 1462년(세조 8)에는

22) 『국조문과방목』 권1, 태학사, 185쪽.
23) 『신증동국여지승람』 권19, 충청도 면천군 본조.
24) 『세조실록』 권8, 세조 3년 6월 무오조.
25) 『세조실록』 권14, 세조 4년 10월 무오조.

왕자의 태실을 봉안하기 위해 안태사(安胎使)의 임무를 부여 받아 경상도 상주와 곤양을 갔다 올 때 부여에 들렀다.[27] 이럴 때마다 세조는 충청도 관찰사에게 특명으로 홍윤성의 아비에게 잔치를 베풀어주고 조상의 분묘에도 제사를 극진하게 올려 주도록 하는 등 각별한 관심을 표하였다.

한편 홍윤성에 대한 인물평은 여러 곳에서 나타나고 있다. 단종은 1455년(단종 3) 1월 24일 홍윤성을 정난공신 2등에 삼으면서 내린 하교에서 "너는 기품이 웅장하고 훌륭하며 덕(德)을 가짐이 참되고 순수하였다. 학문은 경사(經史)의 글을 통하고 지식은 고금의 변을 통달하였다. 문학은 같은 부류에서 뛰어나 이미 높은 과거에 올랐고, 무예(武藝)는 출중(出衆)하여 직책은 항상 사복(司僕)을 겸하였다."[28]라고 표현하고 있다. 또한 세조는 홍윤성을 좌익 3등 공신으로 책훈하는 교서를 내리면서 "경은 풍모가 남보다 특출하고, 도량이 크고 훌륭하며, 문무의 재질이 탁월하여 모든 사람에게 뛰어났다"고 평하였다.[29] 1475년(성종 6) 9월 8일 홍윤성의 졸기에는 "홍윤성은 용모가 웅장하고 훌륭하며, 체력이 남보다 뛰어났으며, 젊어서는 가난하였는데 힘써 배워서 급제하니, 사람들이 재능이 있는 웅걸로 기대하였다."[30]라고 평하고 있다. 이와 같은 평은 모두 그가 공신에 책봉되거나 생을 마치고 난 후에 평가한 기록으로 외형적인 용모가 다른 사람에 비해 웅장하다는 것과 문무를 겸비한 인재라는 점을 강조하고 있다.

이 외에 임금이 사적인 자리에서, 혹은 여러 신하들과 술자리에서 주

26) 『세조실록』 권23, 세조 7년 1월 을축조.
27) 『세조실록』 권29, 세조 8년 8월 기묘조.
28) 『단종실록』 권13, 단종 3년 1월 경오조.
29) 『세조실록』 권13, 세조 4년 6월 을유조.
30) 『성종실록』 권59, 성종 6년 9월 갑인조.

고 받으며 나눈 대화에 등장하는 인물평도 있다. 이시애의 난이 일어났을 때 대신들과 병사를 운용하는 방안에 대하여 의논하는 과정에서 세조는 홍윤성에게 "경은 장병을 거느릴 만하나, 위무가 너무 심하다"고 하였고, 홍윤성은 "위엄하지 않으면 군중(軍中)이 엄숙하지 못합니다"라고 답하였다. 이에 "비록 위엄하더라도 너무 심할 수가 있겠느냐?"고 하여 홍윤성의 지나친 위엄을 지적하기도 하였다.[31] 또한 사정전에서 여러 대신들과 술자리를 베풀고 홍윤성에게서 술을 한 잔 받으면서 넌지시 말하기를 "경의 실수는 지나치게 사실을 부풀리기를 좋아하는데 있다. 자기가 옳고 남이 그르면 기세(氣勢)를 부려서 남을 모욕하는데 이 두 가지 일을 경이 조심하여 이와 같이 하지 말라"[32]고 하였다. 이는 홍윤성의 외형적인 면을 지적하는 것으로 군사를 다스릴 때 지나치게 경직된 자세로 엄하게 처리하거나 권세를 믿고 위세를 부리는 점을 꼬집어 경계한 것이다.

3. 홍윤성의 관직생활과 특징

홍윤성은 1450년(문종 즉위년) 26세의 나이로 식년시에 응시하여 문과급제하였다. 당시 선발 인원은 을과에 3명, 병과에 7명, 정과에 23명을 선발하였으며, 그는 병과(丙科) 3위로 급제하였다.[33] 당시 권람(權擥)이 장원급제하였고, 홍윤성은 나머지 전체 인원 가운데 6번째로 상위권에

31) 『세조실록』 권42, 세조 13년 6월 임자조.
32) 『세조실록』 권43, 세조 13년 7월 무자조.
33) 『국조문과방목』 권1, 태학사, 185쪽.

속하는 성적이었다. 문과 시험에서 합격한 이후 그가 25년간 관직에 임명된 것을 표로 정리하면 아래와 같다.

〈표 1〉 홍윤성의 관직 이력

년대	묘호	월일	연령	관직
1425년	세종 7년			출생
1450년	문종 즉위년		26	식년문과 급제. 승문원부정자(종9품) 겸사복(承文院副正字兼司僕)
1451년	문종 1년		27	한성부 참군(參軍, 정7품), 통례문 봉예랑(奉禮郎), 종6품), 사복시 주부(注簿, 종6품)
1453년	단종 1년	3월 5일	29	사복시 직장(종7품), 사복시 판관(종5품)
1454년	단종 2년	6월 8일	30	소윤(종4품), 사헌부 장령(정4품)
1455년	단종 3년	1월 24일	31	위의장군 수충좌시위사대호군(威毅將軍 守忠佐侍衛司大護軍, 종3품)
1455년	세조 1년	윤6월 28일	31	예조참의(정3품 당상관)
1456년	세조 2년	6월 4일	32	예조참판(종2품)
		9월 8일	32	병조참판(종2품)
		10월 18일	32	예조참판(종2품)
1457년	세조 3년	1월 17일	33	도진무(都鎭撫)
		1월 18일		예조판서(정2품)
		7월 21일		지중추원사 경상우도 병마도절제사(종2품)
		9월 5일		대장상아패를 내려 좌상대장(左廂大將)에 삼음
		9월 19일		지중추원사
1458년	세조 4년	7월 13일	34	함길도 도절제사
1459년	세조 5년	1월 20일	35	예조판서
		7월 2일		경상도 도순찰사
1460년	세조 6년	1월 28일	36	예조판서
		2월 5일		함길도 조전원수(助戰元帥)
		5월 24일		예조판서
		7월 27일		강원함길도 도체찰사 선위부사(宣慰副使)
1462년	세조 8년	10월 13일	38	판중추원사
1463년	세조 9년	3월 14일	39	인산군(仁山君) 봉작

년대	묘호	월일	연령	관직
		4월 5일		세자좌빈객
1464년	세조 10년	3월 25일	40	겸판예조사
		9월 28일		강무선전관(講武宣傳官)
1466년	세조 12년	12월 24일	42	인산군 제수
1467년	세조 13년	1월 9일	43	겸오위도총관
		5월 20일		우의정(정1품)
1469년	예종 1년	윤2월 10일	45	좌의정(정1품)
		윤2월 21일		사은정사
		8월 22일		영의정(정1품)
1470년	성종 1년	4월 6일	46	인산부원군
1472년	성종 3년	2월 1일	48	제언체찰사(堤堰體察使)
1474년	성종 5년	5월 15일	50	산릉도감제조
1475년	성종 6년	9월 8일	51	별세

* 이 표는 『문종실록』·『단종실록』·『세조실록』·『예종실록』·『성종실록』의 기록을 근거로 작성하였다.

조선시대 문과 합격자는 삼관분관(三館分館)이라 하여 성균관, 승문원, 교서관의 세 관서 가운데 한 곳에 배속되었다가 6품으로 승진할 때 비로소 다른 관서로 이동하여 근무하는 것이 일반적이다. 이에 따라 홍윤성은 승문원에 분관되어 종9품 부정자로 관직생활을 시작하였다. 이와 동시에 무재(武才)가 있다는 이유로 1409년(태종 9)에 처음 창설된 정예 기병 중심의 친위병인 사복을 겸하였다.[34] 이후에도 무예가 출중하여 항상 관직을 지낼 때 사복을 겸하였다는 기록[35]으로 보아 오랜 기간 문관직과 무관직을 겸했음을 알 수 있는데 이는 매우 이례적인 일이다. 승문원 부정자는 국가에서 간행하는 서적의 교정이나 각종 제향의 축문을 필사하고 검토하는 업무를 담당한 직책이다. 그는 관직에 임명된 후 10월에

34) 『성종실록』 권59, 성종 6년 9월 갑인조.
35) 『단종실록』 권13, 단종 3년 1월 경오조.

『의주(儀注)』를 교정하는 일에 투입되었다. 의주는 나라의 여러 가지 의식 절차를 기록한 책자인데, 당시 홍윤성이 담당했던 교정은 병서에 관한 내용을 정리하는 작업이었다. 이 작업은 실질적으로 후에 세조로 등극하는 수양대군이 담당하여 관장한 일로서 하위지(河緯地), 권람(權擥), 정종(鄭種), 김유선(金有銑) 등이 함께 참여하였다.[36)]

병서를 편찬하는 일은 국가에서 발간하는 책자 가운데 핵심적인 전략 부분에 해당하는 일이다. 함께 작업한 사람들 가운데 하위지는 학문을 연구하는 집현전의 종4품 직집현전(直集賢殿)의 직을 담당하고 있었고,[37)] 권람은 1450년 향시와 회시에서 모두 장원으로 급제하여 정6품의 사헌부 감찰에 막 임명된 신진관료였으며,[38)] 정종은 오위에 속한 행사정(行司正)으로 무신이고[39)], 김유선은 훈도(訓導)로서 새로운 진법을 연습하는데 참여했던 무신이었다.[40)] 홍윤성은 문신이면서 담당업무가 책자 교정을 보는 것일 뿐만 아니라 무관직인 사복을 겸하고 있었기 때문에 병서 편찬에 적임자였던 것이다. 하위지를 제외하면 나머지 사람들은 젊은 신진 관료들이었다.

공식적인 관찬 기록으로는 홍윤성이 권람과 함께 수양대군 밑에서 수행한 첫 작업이다. 홍윤성을 수양대군에게 제일 먼저 추천한 사람은 권람이다.[41)] 권람과 홍윤성은 문종 즉위년에 함께 과거시험에 응시하여 동시에 합격한 동방급제(同榜及第) 사이였다. 권람은 장원급제를 하여 6

36) 『문종실록』 권10, 문종 1년 10월 기축조.
37) 『문종실록』 권10 문종 1년 10월 경진조.
38) 『문종실록』 권4, 문종 즉위년 10월 임오조.
39) 『문종실록』 권6, 문종 1년 2월 갑오조.
40) 『문종실록』 권9, 문종 1년 8월 갑오조.
41) 『성종실록』 권59, 성종 6년 9월 갑인조.

품 관직인 사헌부 감찰을 제수받았고, 홍윤성은 9품직을 제수받았다. 권람은 할아버지가 조선 개국 세력인 권근(權近)이고, 아버지는 우찬성을 역임한 권제(權踶)로서 중앙 정치 무대에서 주목받는 인물이었다. 가문의 정치적 위상으로 볼 때 홍윤성은 권람과는 비교될 수 없는 위치였으나 수양대군과 병서를 교정하는 일에 함께 참여하면서 인적 교류가 빠르게 형성되어 갔던 것으로 보인다. 당시 함께 급제한 인물 가운데 눈에 띄는 사람으로 세조 때 사육신의 모의를 고발한 김질(金礩), 예조참판을 지내고 이시애의 난 때 함길도병마절도사로 저항을 하다가 죽임을 당한 강효문(康孝文), 좌리공신에 책록되고 대사헌을 지낸 오백창(吳伯昌), 세조가 단종의 보위를 잇는 일에 공을 세워 좌익공신(佐翼功臣)에 책록된 정수충(鄭守忠) 등이 있다.[42)]

한편 인산부원군 홍윤성은 관직에 나가는 과정에서 당시 문종의 정치를 실질적으로 보좌하고 있던 김종서와도 인연이 있었다. 홍윤성이 과거에 응시했을 때 김종서가 고시관이 되어 그를 선발했다. 이러한 인연을 빌미로 김종서는 홍윤성을 문생(門生)으로 대우하며 친자식과 같다는 표현을 할 정도로 친밀감을 표시했다.[43)] 1453년(단종 1) 김종서는 자신의 집에서 사복시 제조 민신(閔伸)과 조순생(趙順生)을 만날 때 사복시 직장이었던 홍윤성을 함께 만났고, 이 과정에서 홍윤성에게 수양대군을 떠나 안평대군을 모실 것을 주문했다고 기록되어 있다.[44)] 『단종실록』이 계유정난을 일으킨 사람들이 중심이 되어 기록한 사료라는 점을 전제로 하더라도 김종서와 홍윤성 사이에 일정한 인적 관계가 있었음은 유추가 가능하다.

42) 『국조문과방목』 권1, 태학사, 185쪽.
43) 『단종실록』 권5, 단종 1년 3월 기묘조.
44) 위와 같음

홍윤성은 문종 때 권력의 핵심 세력으로 자리하고 있던 김종서와 그 대척점에 있던 수양대군 사이에서 후자를 선택하였다. 세조가 홍윤성과의 인연을 언급한 내용을 보면 "내가 잠저에 있을 때 경을 한 번 보고 비상한 재목인 것을 알고, 드디어 심복으로 여기었다. 경도 또한 거짓이 없는 참된 마음을 나에게 바쳐서 무슨 일이든 하지 못할 바가 없는 줄로 알았다."[45] 라고 밝히고 있다. 이는 수양대군이 안평대군과 김종서의 세력에 맞서 싸우고 있을 때 이미 홍윤성과 교감이 있었음을 알려 주는 기록이다. 이러한 수양대군과의 교류가 후에 그의 관직생활에 지대한 영향을 미쳤다.

홍윤성은 과거에 급제한 이듬해 정7품의 한성부 참군(參軍)으로 파격적인 승진을 하였다. 8품직을 뛰어 넘었을 뿐만 아니라 문관직이 아닌 군직으로 임명된 것이다. 이어서 조선 초기 국가의 의례(儀禮)를 관장하였던 관서인 통례문(通禮門)의 봉례랑(奉禮郎)과 사복시 주부(注簿)에 임명되었다. 봉례랑과 주부는 모두 종6품의 관직으로 불과 1년에 사이에 참하관의 종9품에서 참상관의 종6품으로 승차한 것이다. 조선시대는 정기적으로 문과 합격자가 배출되어 관직에 오르기 때문에 기존의 관리들이 계속 관직을 부여받는다는 보장도 없었다. 또한 자신이 소속된 관서의 관리들도 서열을 중시하여 해당 관서 내에서는 후배가 선배를 앞설 수 없는 관행도 존재하였다. 이러한 관점에서 본다면 홍윤성의 관직생활 초기 관력은 매우 이례적인 것이다. 이어 1453년(단종 1) 3월 5일 사복시 직장[46]을 거쳐 종5품의 사복시 판관에 올랐다. 사복시는 조선시대 말

45) 『세조실록』 권13, 세조 4년 6월 을유조.

46) 『단종실록』 권5, 단종 1년 3월 임술조. 사복시 직장에 임명했다는 직접적인 기록은 없으나 이 기사에 사복시 직장으로 전라도에서 말을 점검하는 일을 했다는 기록이 있다.

과 목장을 관리하는 정3품의 관청으로 병조에 속한 아문(衙門)이며, 판관은 사복시 관청을 실무적으로 관할하는 핵심 관료이다. 결국 홍윤성이 관료로서 처음 시작한 일은 승문원에 배속되어 문신의 업무를 담당했으나 2~3년간 집중적으로 담당한 업무는 겸사복과 한성참군 및 병조 산하 사복시의 일로 대부분 무신과 관련된 업무였음을 알 수 있다.

한편 1453년 10월 10일에는 계유정난이 발생하여 안평대군과 김종서 등이 정계에서 실각하고 수양대군을 중심으로 세력 개편이 일어났다. 이때 홍윤성은 수양대군과 뜻을 함께하면서 계유정난의 주도 세력이 되었다. 세조는 계유정난 당시 홍윤성의 역할을 "나라가 의심스럽고 위태한 때를 당하여 왕의 종친과 외척 및 권세를 가진 간신이 서로 변란을 선동하여 장차 사직이 불안하였다. 내가 그때 의를 일으켜 그들을 잡아 없애라고 하였는데 경이 능히 비밀히 계책을 도와서 사력을 다하여 나를 호위하였다. 난을 평정한 공은 경이 실로 많이 있었다."[47]라고 밝히고 있다.

계유정난 당시 은밀한 계책, 즉 김종서를 살해하고 안평대군 일당을 제거하는 과정에서 수양대군을 호위하는 등 정권을 장악하는데 적극 가담했음을 알 수 있다. 보다 구체적으로는 수양대군이 잠저에 있을 때 어린 단종이 왕위에 있고 조정이 문란하니 변에 대처해야 한다는 주장을 적극적으로 개진한 바 있고,[48] 계유정난 당시 머뭇거리는 사람들을 책망하며 신속하게 일을 처리해야 함을 강력하게 주장하여 수양대군이 정변을 밀고 나가게 만들었으며,[49] 한명회 등 정변 주도세력이 생살부를 만들어 대신들을 척결할 때 그 현장에서 임무를 수행하기도 했다.[50] 이 당

47) 『세조실록』 권13, 세조 4년 6월 을유조.
48) 『단종실록』 권2, 단종 즉위년 7월 병진조.
49) 『단종실록』 권8, 단종 1년 10월 계사조.
50) 『연려실기술』 권4, 단종조 고사본말 세조정난.

시 그의 나이가 26세였으니 젊은 혈기가 한창 왕성할 때였다.

이러한 공으로 그는 종4품의 소윤을 거쳐 1454년(단종 2) 6월 8일 정4품의 사헌부 장령으로 발탁되었다. 관리들의 감찰업무를 담당하는 사헌부 장령은 대간과 함께 그 직무가 막중하여 자기의 소신을 굽히지 않고 직언할 수 있는 강직한 젊은 엘리트들이 주로 임명되는 자리로 대부분의 문신 관료들이 원하는 직책이다. 이후 1455년 1월 24일에는 정난공신 2등에 책봉되면서 종3품 위의장군 수충좌시위사대호군에 올랐다. 1450년 과거에 급제하여 종9품직으로 관직생활을 시작한지 불과 5년이 안되어서 종3품의 당하관 최상위직까지 승차한 것이다.

홍윤성과 같은 시대에 관직생활을 한 신숙주가 1439년(세종 21) 문과에 합격한 후 종7품인 전농시 직장에 처음 임명되었는데, 정4품인 사헌부 장령에 오른 것은 1450년(세종 32)으로 11년이 걸린 것과 비교해도 얼마나 빠른 승진인지 알 수 있다. 그의 파격적인 승진은 당시의 정계 개편과 밀접한 관련이 있지만 그와 함께 과거에 급제하여 관직생활을 시작한 사람 모두가 초고속으로 승진 단계를 밟은 것은 아니다. 동방급제한 강효문은 과거에 응시했을 때 홍윤성과 같이 교도(敎導)의 신분으로 합격했고, 관직생활을 시작한 이후 5년이 지난 1455년에 종5품의 평안도도사를 지내고 있었으며,[51] 오백창도 승정원 주서로 임명된 이후 1454년에 도사의 직에 있었고,[52] 김질과 정수충은 1454년에 4품의 관직으로 제수되었으나 비정상적인 승진이라는 이유로 사헌부의 탄핵을 받기도 했다.[53] 이 당시 모든 관직에 대한 임명은 수양대군이 주관하여 단종의 교지를 받아 집행하였기 때문에 김질이나 정수충 등도 세조의 사

---

51) 『세조실록』 권2, 세조 1년 8월 계축조.

52) 『단종실록』 권12 단종 2년 9월 정축조.

53) 『단종실록』 권12, 단종 2년 8월 경인조.

람으로 분류되었지만 홍윤성만큼 파격적인 승진을 하지는 못했다.

1455년(세조 1) 윤6월 11일에는 단종이 수양대군에게 선위의 형식을 빌어 왕위에서 물러나 세조가 근정전에서 즉위하고, 단종은 상왕으로 물러났다.[54] 왕위 교체 과정에서 홍윤성은 세조의 편에 서서 적극적으로 가담하여 5개월 후인 11월 12일 공신을 책록할 때 3등에 올랐다.[55] 이를 계기로 홍윤성은 윤6월 28일 정3품의 당상관인 예조참의에 제수되었고,[56] 이듬해에는 종2품의 예조참판과 병조참판을 거쳐 1457년(세조 3) 1월 18일에는 예조판서에 올랐다.[57] 이때 그의 나이 33세였다. 26세에 과거에 급제하여 종9품직으로 관직에 발을 들인 후, 불과 7년만에 정2품의 판서에 올랐다. 예조는 정2품 관아로 육조 관서 중에 하나이며, 이조와 호조를 이어 세 번째 서열의 관청으로 중요시되었다. 나라의 예악이나 각종 제사, 외교 및 외국 사신의 접대, 학교와 과거 시행 운영 등의 일을 담당하는 기관이다. 홍윤성은 예조의 수반으로서 1460년(세조 6)까지 판서의 직책을 수행하였고, 1464년(세조 10) 3월 25일에는 겸판예조사를 지냈다. 겸판예조사는 일반적으로 의정부의 3정승이나 찬성 또는 참찬의 벼슬을 지내는 사람이 자신의 경험과 식견을 바탕으로 예조의 업무에 조언을 해 주는 자리이다. 이 기간 동안 홍윤성은 명나라 일본 여진 등 외교와 국방에 관한 업무를 수행하는데 중추적인 역할을 담당하였다.

한편 홍윤성이 예조판서에 처음 임명된 것이 1457년 2월 18일인데

---

54) 『세조실록』 권1, 세조 1년 윤6월 을묘조.

55) 『세조실록』 권2, 세조 1년 11월 계미조. 좌익공신 1등에 권람 신숙주 한명회 등 7인, 2등에 정인지 이사철 등 12인, 3등에 성삼문 정창손 홍윤성 등 25인이 책정되었다. 이들 가운데 성삼문 이휘 권자신 등은 단종복위사건으로 추탈당했고, 단종복위 모의를 고발한 정창손은 2등으로 승진되고, 김질은 3등에 추록되었다.

56) 『세조실록』 권1, 세조 1년 윤6월 임신조.

57) 『세조실록』 권6, 세조 3년 1월 계미조.

그해 6월 26일에 어머니가 돌아가셨다. 그는 모친상을 치루기 위해 홍산(지금의 충남 부여)에 머물러 있었는데 1달이 채 되지 않아 7월 21일에 기복(起復)하여 관직에 나오라는 통보를 받는다. 기복은 조선시대 부모상을 당하여 3년 상을 치루는 상주에게 특별한 임무를 맡기기 위해 조정으로 불러들이는 제도이다. 조선시대 부모 3년 상은 사대부에게는 필수적으로 지켜야 하는 상례의 하나였기 때문에 기복을 자주 하지는 않았다. 또한 기복의 절차도 왕이 자유롭게 시행하는 것이 아니라 예조에서 사유를 명기하여 올리면 왕이 재가하고 이를 다시 대간들이 논의하여 적합하다는 회답이 있을 경우에만 복직이 가능하도록 했다.[58)]

세조는 홍윤성을 기복하여 정2품의 지중추원사 경상우도 병마절제사를 제수하였고, 지중추원사 경상좌도 병마절제사에는 측근인 양정(楊汀)을 임명하였다.[59)] 『경국대전』에 중추부는 특별히 관장하는 일이 없고, 문무 당상관으로 소임이 없는 자를 대우하는 기관으로 규정되어 있지만 서반 경관직의 제일 첫 번째 위치하고 있는 정1품 아문이다.[60)] 당시 남도지역이 가뭄으로 고통을 겪는 것을 걱정하던 세조가 자신의 측근들을 현장으로 보내 상황을 개선하고자 했다.

한편 홍윤성이 경상우도 절제사로 내려갔다가 올라왔을 때 대사헌에서 탄핵이 올라왔다. 어머니 상중인데도 불구하고 고(故) 호군(護軍) 김한(金汗)의 딸을 겁탈하기 위해 집에 처들어갔고, 아내로 맞이하려고 했다는 내용으로 김한의 처와 처남 김인(金潾), 김분(金汾) 등이 사헌부에 소장을 올린 내용이 빌미가 되었다.[61)] 이 사건은 약 2달에 걸쳐 대간들

58) 『경국대전』 권3, 예전 기복출의첩식(起復出依牒式)
59) 『세조실록』 권8, 세조 3년 7월 임오조.
60) 『경국대전』 권4, 병전 중추부.
61) 『세조실록』 권13, 세조 4년 7월 병신조.

의 계속된 탄핵이 이어졌지만 오히려 무고죄로 김인과 김분 등이 처벌을 받았다.[62] 이 과정에서 세조는 홍윤성을 함길도 도절제사로 임명하였다.[63] 그러나 홍윤성은 세조와 함께 자주 활쏘기 행사에 참석하였고, 아버지를 만나러 부여에 갔다 오는[64] 등의 기록으로 보아 임지인 함길도로 떠나지는 않았던 것으로 보이며, 탄핵이 계속 올라오는 것으로부터 잠시 회피하고자 하는 명목으로 외직에 임명했던 것이 아닌가 생각된다.

이어 1459년(세조 5) 1월 28일에는 그를 다시 예조판서에 임명하였다. 예조판서로 있는 동안 과거시험을 주관하여 처리하였고, 명나라 사신이 왔을 때 이를 전담하여 응대하는 것은 물론 일본국 통신사의 서계를 작성하거나 조선에 온 야인을 만나는 등의 외교업무를 처리하였다. 그 외에도 전국 각지의 군정(軍丁)을 점고하기 위해 여러 관원들을 전국에 파견할 때 잠시 경상도 도순찰사가 되어 다녀왔고,[65] 1460년(세조 6) 2월 5일에는 함길도 조전원수(助戰元帥)가 되어 함길도 도절제사 양정과 함께 야인의 정세를 탐문하는 임무를 수행하고 돌아오기도 했다.[66] 함길도에서 돌아와 다시 예조판서에 올랐다가 그해 7월 27일에는 세조가 여러 차례 미루던 야인을 정벌하기로 결정하면서 홍윤성은 다시 함길도로 떠났다. 당시 신숙주를 강원함길도 도체찰사 선위사(宣慰使)로 삼고 홍윤성을 선위부사(宣慰副使)로 임명하여 야인을 정벌하도록 하였다.[67] 세조는 재위 기간 동안 최대 현안 문제 중 하나가 여진족과의 분쟁을 효과

62) 『세조실록』 권13, 세조 4년 8월 기묘조.
63) 『세조실록』 권13, 세조 4년 7월 무술조.
64) 『세조실록』 권14, 세조 4년 10월 무오조.
65) 『세조실록』 권17, 세조 5년 7월 신사조.
66) 『세조실록』 권19, 세조 6년 2월 임자조.
67) 『세조실록』 권21, 세조 6년 7월 신축조.

적으로 안정시키는 일이었다. 여진족의 귀순을 여러 번 종용하고, 관리를 파견하여 달래기도 했으나 사정이 여의치 않자 군사 정벌을 통해 격렬하게 저항하는 여진족을 제압하고자 했고, 이에 대한 적임자로 홍윤성을 택한 것이다. 홍윤성이 신숙주와 함께 야인 정벌 임무를 성공적으로 마치고 돌아오자 연회를 베풀고 승전의 공을 인정하여 품계를 올려 종1품의 숭정대부를 더하고,[68] 노비 8구와 아들의 품계를 올려 주었다.[69]

이후 예조판서의 직을 그대로 유지하면서 동북아 여러 나라와의 외교업무를 수행하다가 1462년(세조 8) 10월 13일 종1품의 판중추원사에 임명되었다.[70] 이때의 판중추원사 임명은 홍윤성의 죄를 질책하는 문책성 인사였다. 당시 예조판서로 있으면서 노평(蘆平)으로 세조를 모시고 강무를 나섰는데 세조가 여러 번 호출했는데도 오지 않아 불경죄를 저질렀고, 이런 그를 사헌부를 중심으로 대간들의 탄핵이 이어졌다. 심지어 측근인 신숙주와 한명회 등도 그의 잘못에 합당한 죄를 주어야 한다고 강조했음에도 표면적으로는 용서하고 두둔하며 더 이상 논하지 말도록 하였다. 그러나 곧이어 그를 판중추원사에 임명하였는데 겉으로는 정2품에서 종1품으로 직급이 승차한 것으로 보이나 사실상 요직에서 한직으로 물러나게 하는 인사였다. 세조가 그 이유를 설명하는 과정에서 "홍윤성이 이처럼 여러 번 실수를 하였으니 큰 일을 맡기는 데는 적합하지 않다. 다만 어리석고 미혹하기 때문이므로 이제 직무에 관계되는 일은 없애고 편히 부귀를 누리게 할 뿐이다."[71]라고 자신의 속내를 밝힌 것을 보면 확인이 가능하다. 뿐만 아니라 이듬해 1월 14일에는 세조가 홍윤성

68) 『세조실록』 권22, 세조 6년 10월 경신조.
69) 『세조실록』 권22, 세조 6년 11월 임오조.
70) 『세조실록』 권29, 세조 8년 10월 갑술조.
71) 『세조실록』 권29, 세조 8년 10원 경진조.

을 평하는 자리에서 “독단적으로 일을 행하여 쓰지 않는다”고 할 정도였다.[72] 중추원의 최고위직인 판중추원사는 직급은 높지만 실질적으로 하는 일이 없으며, 소임이 없은 사람들을 대우하기 위해 만들어진 기관이기 때문이다. 결국 실직에서 허직으로 자리를 옮긴 것이다.

이후 1463년(세조 9) 3월 14일에는 공신들에게 호를 내리는 제도에 따라 종1품의 인산군(仁山君)에 제수되었고, 4월 5일에는 세자시강원의 세자좌빈객에 임명되어 세자의 교육을 담당하도록 하였다. 허직으로 옮겨 온 후 정무적으로 중요한 직책에 있지는 않았지만 여진족과의 외교 문제 해결을 위한 논의 자리나 일본국 사신을 접견하는 자리 및 병사들의 훈련 등 군사적인 업무와 관련된 일이 있을 때는 수시로 홍윤성을 불러 상의하곤 하였다. 그해 12월에는 세조가 남산 남쪽인 지금의 용산 일대에 사냥을 나왔다가 궁으로 돌아가는 길에 “내가 오랫동안 와보고 싶은 마음이 있었는데, 지금 대문을 지나면서 들르지 않는다면 불가한 것이다.”[73]라고 하면서 갑자기 홍윤성의 집에 들러 친근감을 표하였다. 그의 집에서 함께 간 종친들과 대신들에게 술자리를 베풀고 홍윤성에게 쌀 50석을 하사하면서 세조가 홍윤성에 대한 섭섭함을 해소한 것으로 보인다. 그리고 이어서 1464년(세조 10) 3월 25일에 홍윤성을 겸판예조사로 임명하여 예조의 업무를 겸직하도록 하였다.[74] 더 나아가 4월 5일에는 대신들과 왕세자 등이 사정전에 모여 함께 술자리를 베푸는 자리에서 왕세자에게 신숙주, 정창손, 홍윤성을 가르키며 “이들이 바로 상산사호(商山四皓)이다.” 라고 말하며 술을 올리도록 하였다.[75] 상산사호는

72) 『세조실록』 권29, 세조 9년 1월 갑진조.
73) 『세조실록』 권31, 세조 9년 12월 경자조.
74) 『세조실록』 권32, 세조 10년 3월 무인조.
75) 『세조실록』 권33, 세조 10년 4월 정해조.

중국 진나라 말기에 난세를 피하여 상산에 살던 네 명의 덕망이 높은 노인들로 수염과 눈썹이 모두 흰색이기 때문에 붙여진 고사성어다. 당시 홍윤성의 나이가 40이었는데 원로 대신의 예우를 받은 것이다.

이후 1467년(세조 13) 1월 9일 오위도총관을 겸직하였고, 세조가 죽기 약 4개월 전인 1467년 5월 20일 43세에 우의정에 제수되어 정승의 반열에 올랐다.[76] 이 해는 이시애난이 발발하면서 세조 집권기 최대의 위기 상황을 맞이하였다. 함길도를 기반으로 성장한 이시애는 함길도 절도사 강효문을 죽이고 난을 일으켰고, 세조는 귀성군(龜城郡) 이준(李浚)을 도총사로 삼아 군사를 거느리고 난을 평정하도록 하여 8월에 토벌을 완료했다는 보고를 받았다.[77] 그런데 반란이 일어났을 때 반란군이 한명회, 신숙주 등과 내통하였다는 여론을 퍼뜨리자 세조는 이들을 즉시 구금하였다.[78] 뿐만 아니라 구금 과정에서 신숙주에게 편의를 제공한 관원이 거열형에 처해지는 등 심각한 상황으로 발전하기도 했다.[79] 한명회와 신숙주 등은 계유정난의 주도 세력으로 세조의 심복이었고, 국왕의 최측근에서 활동하던 핵심 세력이었기 때문에 국정 운영에 지대한 부담을 줄 수 있었다. 세조는 이러한 정치적 위급상황을 수습하기 위해 자신의 심복이자 동지인 홍윤성을 우의정으로 한 것이다.

우의정에 오른 홍윤성은 명나라 사신 접대와 이시애 난의 후속 조치를 취하는 등의 활동을 하다가 집안에 하나의 사건이 발생하였다. 홍산(부여)에 사는 홍윤성의 노(奴) 김석을산(金石乙山)이 같은 고을의 정병(正兵) 나계문(羅季文)을 살해하였고, 충청도관찰사와 홍산현감은 그를

76) 『세조실록』 권42, 세조 13년 5월 갑신조.
77) 『세조실록』 권43, 세조 13년 8월 정유조.
78) 이동희, 「이시애 난에 있어서 한명회 신숙주의 역모 연루설」 『전라문화논총 7』, 1994.
79) 『세조실록』 권42, 세조 13년 5월 병술조.

체포하지 않고 풀어준 사건이다.[80] 당시 세조는 온천을 하기 위해 온양에 머물고 있었다. 나계문의 처 윤씨가 온양으로 찾아와 억울함을 호소하여 세조가 듣고 그녀를 가상하게 여기고 국청을 열어 사건이 표면화되었다. 결과적으로 종 김석을산은 체포되어 능지처참되었고, 이 사건에 가담한 다른 노비들도 사형 또는 유배형을 받아 마무리 되었다.[81] 그러나 홍윤성에 대한 대신들의 탄핵이 계속 이어졌다. 세조는 대간들의 탄핵에도 불구하고 살인은 종이 스스로 한 것이며, 홍윤성의 죄상은 구체적으로 나타나지 않아 애매한 부분이 많고, 따로 국문할 필요도 없다는 반응으로 일관하며 그를 보호하였다.[82] 홍윤성은 대간들의 탄핵을 받기는 했으나 세조의 비호를 받으면서 태평관에 나가 명나라에서 온 사신 강옥(姜玉) 등을 접대하고,[83] 세조를 모시고 사냥을 나가는[84] 등의 활동을 전개하였다. 세조는 사망 직전에 세자를 비롯하여 대신들을 모아 놓고 정사를 책임지고 운영해 나갈 인물들을 선정하였다. 15명의 관원을 4그룹으로 나누어 근무하도록 하였는데, 홍윤성은 첫 번째 그룹에 포함되었다.[85]

세조는 일찍부터 군사들의 진법 훈련과 병사들의 지휘법 및 군사훈련에 지대한 관심을 기울였다. 강무를 빙자한 군사훈련도 자주 실시하였다. 이때 항상 참여했던 인물이 홍윤성이었다. 그는 문종 때 수양대군의 주관 아래 실시한 『의주(儀注)』 편찬에서 함께 교정한 것을 시작으로 세

80) 『세조실록』 권45, 세조 14년 2월 신해조.
81) 『세조실록』 권45, 세조 14년 3월 을축조.
82) 『세조실록』 권45, 세조 14년 3월 계해조.
83) 『세조실록』 권45, 세조 14년 4월 경자·신해조.
84) 『세조실록』 권45, 세조 14년 5월 신미조.
85) 『세조실록』 권45, 세조 14년 7월 기묘조.

조 때 『역대병요(歷代兵要)』를 간략하게 요약하여 군사들이 쉽게 활용할 수 있는 책자를 만들었고, 1459년에는 예조판서로 재직하면서 군사들의 진법 훈련의 방략을 담은 『진서(陣書)』를 수정 편찬하는 일을 수행하기도 했다.[86] 신숙주와 함께 야인을 정벌하고 돌아온 후에는 세조의 명을 받고 정벌 과정을 신숙주가 상세하게 기록하여 책으로 편찬하였는데 이것이 『북정록(北征錄)』이다. 그는 이 책을 인쇄하기 전에 사실 관계를 명확하게 하여 최대한 오류를 줄이고자 여러 대신들과 함께 교정 보는 일에 참여하였고, 후에 몇백 권을 발간하였다.[87]

세조가 죽은 후 예종이 즉위하면서 국가 운영의 중추를 담당할 사람으로 홍윤성, 신숙주, 한명회, 구치관 등 8명을 원상(院相)으로 임명하여 승정원에서 근무하였다.[88] 원상들은 예종 초반 대소사를 모두 처리하며 국정운영의 중심에서 활약하였다. 예종 즉위 후 이 사실을 명에 알리기 위한 외교사절을 파견하는 문제와 세조의 장례를 치루는 문제, 북쪽에서 자주 침략하는 건주여진을 처리하는 문제 등 정치적으로 풀어야 할 산적한 일들이 쌓여 있었고, 이러한 일들을 처리하는데 원상들이 중심이 되었다. 홍윤성은 1469년(예종 1) 윤2월 10일 좌의정으로 승차하였다.[89] 이어 명나라에서 세조의 사망에 대한 제문이나 시호를 내려준 일과 예종의 즉위를 축하한 고명에 대한 사례를 표하기 위해 홍윤성이 사은사가 되어 명나라로 떠났다.[90] 그가 사은사로 명나라에 가게 되자 여진족의 추장 이만주(李滿住)가 조선군에 의해 처형되었다고 생각하는 이만주

86) 『세조실록』 권15, 세조 5년 2월 계해조.
87) 『세조실록』 권23, 세조 7년, 3월 을축조.
88) 『예종실록』 권1, 예종 즉위년 9월 정축조.
89) 『예종실록』 권4, 예종 1년 윤2월 을축조.
90) 『예종실록』 권4, 예종 1년 윤2월 병자조.

의 아들이 사신단을 습격한다는 정보를 입수하여 대책을 세우기도 하였다.[91] 홍윤성은 명나라를 다녀온 후 당시 영의정으로 있던 한명회가 병으로 사직하자 그의 뒤를 이어 8월에 영의정에 올랐다. 이때가 그의 나이 45세였다. 그가 예종이 즉위한 후 공신을 책봉할 때 익대공신(翊戴功臣)에 들지는 못했지만 좌의정을 거쳐 영의정까지 오른 것은 그의 관직생활에서 관료로서는 가장 고위에 오른 시기였다.

그러나 예종이 재위 1년 2개월 만에 20세의 나이로 요절하였고, 조정은 긴급하게 후사를 정하는 문제를 논의하게 되었다. 당시 영의정으로 국정을 운영하고 있던 홍윤성은 원상들인 한명회, 신숙주 등과 함께 대비 정희왕후(貞熹王后)에게 후사를 지정해 줄 것을 요청하였고, 대비는 월산군(月山君)과 둘째인 자산군(者山君) 중에서 첫째가 몸이 허약하다는 이유로 둘째를 왕위에 올린다는 결정을 내렸다.[92] 이로써 성종이 왕위에 오르고 홍윤성은 곧바로 예종의 장례를 주관하는 국장도감 제조라는 중책을 맡아 선왕의 장례 절차를 추진하였다.[93] 이어 1470년(성종 1) 4월에는 인산부원군(仁山府院君)에 봉해졌고,[94] 이듬해에는 왕권의 이양도 안정적으로 확립되었고, 국정이나 인심이 안정되었다는 판단에 따라 성종의 왕위 계승에 공을 세운 사람들에게 공신을 책봉하였다. 이때 홍윤성은 신숙주, 한명회 등과 함께 좌리공신(佐理功臣) 1등에 올랐다.[95] 이후 1475년(성종 6) 9월 죽기 전까지 국정의 원로로서 지방에 진휼사나

91) 『예종실록』 권5, 예종 1년 5월 갑진조. 조선과 명나라의 협공에 의해 여진족을 정벌한 일에 관해서는 한성주, 「세조(1467년)대 조선과 명의 건주여진 협공에 관한 연구」, 『한일관계사연구』 45, 2013년의 논문이 참조된다.

92) 『성종실록』 권1, 성종 즉위년 11월 무신조.

93) 『성종실록』 권1, 성종 즉위년 12월 경술조.

94) 『성종실록』 권4, 성종 1년 4월 갑인조.

95) 『성종실록』 권9, 성종 2년 3월 경자조.

제언체찰사 등과 같은 특별 임무를 부여받아 수행하기도 했고, 일본과 여진 등 외교업무를 논의하는 자리에도 항상 참여하였다.

이상과 같이 홍윤성은 1450년 문과에 급제하여 1475년 사망하기까지 25년간 관료로서 임무를 수행하였다. 그는 조선 초기 국가 변혁기에 관직생활을 지낸 사람으로서 큰 사건에 연루되어 탄핵을 받아 유배 혹은 파직 등의 부침을 겪지 않고 원만한 관료 생활을 보냈다. 특히 세조의 지극한 배려를 받으면서 관직생활을 하였다. 한 예로 1462년(세조 8) 10월에는 세조와 함께 강무장에 갔는데, 당시 홍윤성은 예조판서로서 강무장의 안전과 호위를 담당하는 도진무(都鎭撫)의 임무도 담당하였다. 이 자리에서 세조가 여러 차례 홍윤성을 찾았으나 오지 않아 불경죄로 도진무의 직에서 파직되었다. 이를 두고 한명회와 신숙주 등이 불경죄로 엄히 다스릴 것을 요청하고 대간들의 탄핵도 계속되었으나 세조는 "홍윤성이 고의로 오지 않은 것이 아니고 말이 나가려고 하지 않았다." 혹은 "중간에 명을 전달하는 자가 즉시 명령을 전달하지 않았다."[96]라고 이유를 대면서 그를 적극 옹호하고 보호하려 하였다. 이러한 세조의 배려는 그가 관직생활을 성공적으로 수행할 수 있었던 원천이기도 했다.

홍윤성이 관료로서 활동한 25년을 크게 구분하면 대체로 3시기로 구분할 수 있다. 첫 번째는 관료 진출기로 1451년(문종 즉위년) 과거에 합격하여 관직에 나간 후 1455년 세조가 즉위하기 전까지 약 5년간의 기간이다. 이 시기는 계유정난에 적극 참여하면서 향후 국정 운영의 주축 세력으로 편입되는 도입 단계에 해당하는 시기라고 할 수 있다. 두 번째는 관료 도약기로서 세조가 즉위 후 집권했던 시기로 13년간의 시기에 해당한다. 이때는 정난공신과 좌익공신에 연속적으로 책봉되면서 세조

96) 『세조실록』 권29, 세조 8년 10월 을축·병인·경오조

정권을 창출하는데 핵심 세력으로 부상하면서 안정적인 관직생활의 기반을 구축한 시기이다. 세조 집권기 그의 활약상은 주로 예조의 책임자로서 동북아 외교업무를 총괄하였고, 동시에 군사업무에도 밝은 자신의 강점을 발휘하여 여진족 정벌에도 참여하여 공을 세우는 등 문무 양 방면에서 활약상이 두드러진 시기였다. 세 번째는 관료 절정기로서 예종과 성종 초기까지 원상의 역할을 담당하면서 한명회, 신숙주 등과 함께 권력의 중추 세력이 되어 성종의 즉위에 일정한 역할을 담당하였고, 좌리공신에 책봉되면서 부원군에 올라 관료 생활로는 최고 절정기를 누렸던 시기이다.

홍윤성이 관직생활을 하는 동안 눈길을 끄는 것은 세조 재위 때까지 지속적으로 무관직을 제수받았다는 점이다. 문과 급제 후 처음 관직에 임명될 때부터 무인직이 주로 담당하는 사복시 관료를 겸하였고, 1460년(세조 6)에는 함길도 조전원수가 되어 야인의 정세를 탐문하는 임무를 수행하였고, 같은 해 7월 27일에는 강원 함길도 도체찰사 선위부사가 되어 야인 정벌에 앞장서 공을 세웠으며, 1464년(세조 10) 9월 28일에는 강무선전관을 지내고, 1467년(세조 13) 1월 9일에는 조선시대 중앙군인 오위(五衛)를 지휘 감독하는 최고 군사령관인 오위도총관을 지냈다. 뿐만 아니라 세조는 평소 군사들의 진법 훈련이나 병서 편찬은 물론 자주 강무 행사를 시행하면서 군사 훈련을 실시하였는데 이러한 모든 일에 홍윤성이 중심에서 활동하고 있었다. 그가 사망한 후 조정에서 시호를 '위평(威平)'이라 내렸는데, 위는 용맹하여 강인한 결단력이 있음을 의미하며, 평은 화란을 평정한다는 의미이니 문인으로서 보다는 무인의 기질이 강함을 보여주는 시호이다.

이는 세조가 문신과 무신을 평가할 때 "무를 닦고 문을 닦지 않는 것이나, 문을 닦고 무를 닦지 않는 것은 한가지로 귀착한다. 유사(儒士)

의 학업은 늙을수록 더욱 정교해지지만 무사(武士)는 40이나 50이 되면 기력이 있는 자가 거의 드물어지니 장차 무엇에 쓰겠는가? 이것이 무신들이 더욱 글을 읽지 않을 수 없는 까닭이다."[97] 라고 했듯이 문무를 겸한 관료를 우대하고 있었고, 이러한 조건에 홍윤성은 아주 적합한 관료였기에 중용되었던 것이다. 이러한 사실은 그가 단지 세조와 함께 계유정난을 일으킨 정치적 동지였기 때문에 세조 집권기에 중용되었다기 보다는 문무를 겸비한 유능한 관료로서의 자질을 가지고 있었기 때문이라고 해석하는 것이 더 합리적이다. 그가 데리고 있던 종이 살인을 한 사건이나 두 번째 처를 취하는 과정에서 나타난 대간들의 탄핵에도 어떠한 처벌도 없이 버틸 수 있었던 것도 공신이자 관료로서의 능력이 있었기 때문이라고 생각한다.

4. 맺음말

한 시대를 살았던 인물은 그 시대를 떠나서 평가할 수 없다. 조선시대 인물을 지금의 관점과 기준으로 평가할 수 없다는 것이다. 당시의 시대적 상황과 사회 인식을 바탕으로 평가하는 것이 합리적인 판단이다. 지금까지 논한 인산부원군 홍윤성은 비록 사대부의 가문에서 자랐지만 선조들이 현달하지 못한 상황에서 어려운 가정생활을 보냈다. 그럼에도 어려서 향교를 다니면서 학문을 익힐 수 있었고, 소과를 거쳐 향교에서 학생을 가르치는 교도로 생활하다가 과거시험에 응시했다는 점에서 부모의 자식 교육열이 높았다.

97) 『세조실록』 권33, 세조 10년 4월 신축조.

과거를 통해 관직에 진출한 후 조선 초기 정치적 소용돌이 속에서 정변의 주체세력과 뜻을 함께하면서 이후 그의 관직생활은 비교적 탄탄대로의 길로 들어섰다. 어린 왕 단종이 즉위한 후 수양대군을 중심으로 계유정난이 일어나고, 단종이 하야하고 세조가 즉위하는 변혁기에 함께했던 홍윤성은 20대 청년이었다. 그는 정변 주체세력의 반대파인 김종서와 안평대군을 지지하고 그들과 함께할 수도 있었지만 "선비는 자기를 알아주는 사람을 위하여 죽는다[士爲知己死]"는 가치를 가지고 수양대군을 택하였다.[98] 이러한 선택으로 정변 주체세력의 일원으로 참여하게 되었고, 다른 관료에 비해 빠른 승진을 거쳐 45세에 정승의 반열에 올랐다.

조선 초기 다양한 정치 변혁을 상징적으로 보여주는 것 가운데 하나가 여러 차례에 걸쳐 추진된 공신 책봉이다. 공신 책봉이 많았다는 것 자체가 정치 변혁이 많았음을 보여주는 하나의 요소이기 때문이다. 단종에서 성종 때까지 그가 재직하고 있던 25년간 모두 5차례의 공신 책봉이 이루어졌는데 이 가운데 홍윤성은 3차례 공신으로 책봉되었다. 이 자체로만 봐도 그의 정치적 위상이나 역할이 지대했음을 객관적으로 입증하고 있다.

홍윤성의 관직생활은 대체로 3시기로 구분할 수 있다. 첫 번째는 관료 진출기로 과거에 합격하여 관직에 나간 후 세조가 즉위하기 전까지 계유정난에 적극 참여하면서 향후 국정운영의 주축세력으로 편입되는 시기이고, 두 번째는 관료 도약기로서 세조가 집권했던 13년간의 시기이며, 세 번째는 관료 절정기로서 예종이 즉위한 후 성종 초기까지 원상의 역할을 수행하던 시기이다. 그가 관료로 있으면서 담당했던 주요업무

98) 『단종실록』 권2, 단종 즉위년 7월 병진조.

는 예조의 책임자로서 명나라, 여진, 유구, 일본 등 동북아 여러 나라와의 외교업무를 총괄하면서 전문 외교관으로서의 면모를 보였다. 나아가 군사업무에도 밝은 자신의 강점을 발휘하여 여진족 정벌과 각종 병서와 진법에 관련된 서적의 편찬, 각도의 절제사로서의 역할 등에도 적극적으로 참여하였다. 이와 같이 문무를 겸비한 유능한 관료로서의 자질은 그가 영상으로서 조정 최고위직 관료에 오를 수 있는 원동력이었다.

이러한 역사적 역할과 비중이 있는 인물임에도 불구하고 지금까지 한명회, 신숙주, 구치관 등에 비해 역사적 조명이 없었던 것은 아쉬운 점이다. 이는 그에 대한 평가가 조선 후기 야사를 중심으로 부정적으로 묘사되어 왔던 점도 하나의 이유가 될 수 있다. 또한 유교적 관점에서 충역의 논리를 앞세워 계유정난을 역사적으로 부정적 의미에서 평가하고, 상대적으로 사육신과 생육신의 희생을 높게 평가해온 분위기도 하나의 이유일 것이다. 그럼에도 당대의 역사상을 보다 객관적으로 명확하게 이해하기 위해서는 인산부원군 뿐만 아니라 그 시대에 활동했던 인물들에 대한 역사적 검토가 면밀하게 이루어져야 할 것이다. 이러한 관점에서 본 논문의 의미를 두고자 한다.

단종~성종대 공신 책봉의 의미와 홍윤성

김우철 | 경희대학교 연구교수

1. 머리말
2. 단종대 정난공신 책봉과 홍윤성
3. 세조대 좌익공신 책봉과 홍윤성
4. 성종대 좌리공신 책봉과 홍윤성
5. 홍윤성 좌리공신 교서의 분석
6. 맺음말

1. 머리말

홍윤성(洪允成, 1425~1475)은 조선 전기의 문신으로, 본관은 회인(懷仁)이다.[1] 계유정난(癸酉靖難)에 공을 세워 정난공신(靖難功臣)에 책봉되고, 세조와 성종의 즉위에 세운 공으로 각각 좌익공신(佐翼功臣)과 좌리공신(佐理功臣)에 책봉되는 등 3공신의 영예를 누렸다. 1450년(문종 즉위) 문과에 급제한 뒤 예조 참의와 판서를 거쳐, 1467년(세조 13) 43세의 나이로 우의정에 오른 뒤, 좌의정과 영의정을 역임하였다. 예종와 성종 두 대에 걸쳐서 원상(院相)을 맡기도 하는 등 조선 초기 정계에서 핵심적인 위치에 있는 인물이었다.

홍윤성은 문과(文科)에 급제한 문관임에도 무재(武才)가 출중하였고, 이러한 능력을 바탕으로 계유정난에서 활약하여 세조의 총애를 받기도 하였다. 이상의 이력으로만 볼 때 홍윤성은 그 자체로 연구의 대상이 되기에 충분한 인물로 보인다. 그럼에도 불구하고 홍윤성에 대한 연구는 극히 찾기 힘들다.[2] 인물에 대한 도덕적인 혹은 정치적인 평가 여부를 떠나서 이러한 현상은 그 시대의 객관적인 이해를 위해서도 바람직하지 못하다는 생각이다.

1) 이하 홍윤성에 대한 개략적인 정보는 『성종실록』의 졸기와 『한국민족문화대백과사전』의 '홍윤성' 항목(집필자: 이재호)을 참조하였다. 『성종실록』 6년 9월 8일. http://encykorea.aks.ac.kr/Contents/SearchNavi?keyword=%ED%99%8D%EC%9C%A4%EC%84%B1&ridx=0&tot=2

2) 국사편찬위원회의 한국사연구휘보 검색서비스에서 홍윤성을 직접적으로 연구한 성과는 한 편도 검색되지 않는다.

이 논문에서는 세 차례 공신에 녹훈된 홍윤성의 공신 책봉의 의미에 대해서 살펴보았다. 또 그동안 널리 알려지지 않았던 홍윤성의 좌리공신 교서에 대해서도 살펴보았다. 그 과정에서 관련된 많은 선학의 연구 성과를 참조하였다. 이 글을 통해서 홍윤성이라는 역사적 인물과 그 시기의 역사상의 일부라도 복원될 수 있었으면 한다. 또 남아있는 공신 교서에 대한 보다 많은 관심을 환기할 수 있는 계기가 되었으면 한다.

2. 단종대 정난공신 책봉과 홍윤성

1453년(단종 1) 10월 10일, 후일 세조(世祖)가 되는 수양대군(首陽大君)이 김종서(金宗瑞)·황보인(皇甫仁) 등 당시의 의정부 대신을 제거하는 정변을 일으켰으니 이 사건이 계유정난(癸酉靖難)이다.[3] 정난공신(靖難功臣)은 계유정난에 공을 세운 신하들을 대상으로 정난 직후부터 논공을 진행하여, 같은 해 11월 8일에 정식으로 책봉하였다.[4] 이 때에 공신이 된 사람은 모두 43명으로, 세조가 집권하게 되는데 중요한 역할을 하였을 뿐만 아니라, 세조가 즉위한 뒤에도 정치적인 실권을 장악한 인물들이었다.[5]

43명의 공신을 등급별로 보면, 1등 공신이 12명, 2등 공신이 11명, 3등 공신이 20명이었다.[6] 43명의 공신을 입사(入仕) 경로 등으로 구분하

3) 『단종실록』 1년 10월 10일.

4) 『단종실록』 1년 10월 15일, 10월 18일, 11월 4일, 11월 8일.

5) 정두희, 『조선초기 정치지배세력연구』, 1983, 일조각, 196~197쪽. 이하 공신 책봉의 경위와 실태에 대해서는 정두희의 이 책이 많은 참고가 되었다.

6) 『단종실록』 1년 11월 4일.

면, 종친(宗親)이 1명, 문인이 20명, 무인이 19명이고 환관(宦官)이 2명, 노비가 1명이었다. 수양대군 자신인 종친 1명과 환관·노비를 제외하고는 대부분이 전·현직 문·무 관료집단임을 알 수 있다. 문인 20명 중에서 문과 급제자는 12명이고, 문음(門蔭)으로 관직에 진출한 사람이 8명이다. 무인 19명 중에서는 무과 급제자가 10명이고, 나머지 9명의 입사 경로는 무과인지 문음인지 확인되지 않는다.[7]

홍윤성은 논공 과정에서 "모의와 의논에 참여하여 큰 일을 도와 이루었다[參謀與議 贊成大事]"[8]는 공을 인정받아서 우승지 권준(權蹲), 부승지 신숙주(申叔舟) 등과 함께 2등 공신인 수충협책정난공신(輸忠協策靖難功臣)으로 책봉되었다.[9] 2등 공신에게는 전각(殿閣)을 세워 초상을 그려 붙이고, 비를 세워 그 공을 기록하고, 그 부모와 처를 2등을 높여 봉증(封贈)하고, 직자(直子)는 2등을 올려 음직(蔭職)을, 직자(直子)가 없는 이는 생질과 사위에게 1등을 올려 음직을 제수하며, 전지 1백 50결, 노비 15구, 구사(丘史) 5명, 반당(伴倘) 8인을 주어, 적장(嫡長)이 세습하도록 하여 그 녹(祿)을 잃지 말게 하고, 자손들을 정안(政案)에 기록하기를 '정난 2등 공신 아무개의 후손'이라 하여, 비록 죄를 범하는 일이 있더라도 영세토록 용서하게 하였다.[10]

정난이 있었던 1년 남짓 뒤인 단종 1455년(단종 3) 1월 24일, 사정전(思政殿)에서 정난공신을 모아 잔치를 베풀고 교서(敎書)와 맹족(盟簇)[11]

7) 정두희, 앞의 책, 197쪽, 203쪽.

8) 『단종실록』 1년 10월 18일.

9) 『단종실록』 1년 11월 8일.

10) 『단종실록』 1년 11월 4일.

11) 맹족(盟簇) : 공신들이 혈맹(血盟)을 맺을 때 맹세한 서사(誓辭)와 공신들의 명단을 열기(列記)한 족자(簇子).

을 나누어 주었다. 『단종실록(端宗實錄)』에는 그 사실을 전하는 기사와 함께, 엄자치(嚴自治)를 제외한 42명의 공신에 대한 각각의 교서 내용이 실려있다.[12]

엄자치의 교서만 실록에서 누락된 이유는 그 사이에 엄자치가 처벌된 것과 관련이 있다. 엄자치는 환관으로 책봉 당시 행 동판내시부사(行同判內侍府事)였는데,[13] 같은 환관으로 더 낮은 등급이었던 행 동첨내시부사(行同僉內侍府事) 전균(田畇)은 물론, 천인이었던 임자번(林自蕃)도 교서를 받은 사실이 실록에 실려있는 것을 감안하면 당연히 실록에 교서의 수급 사실이 실려있어야 마땅하다. 엄자치도 1월에는 교서를 현물로 수급받았을 것이다. 다만 1455년(단종 3) 2월 27일, 국정에 관여하여 조정을 능멸했다는 이유로 영의정이었던 수양대군에 의하여 엄자치는 의금부에 하옥되고, 이어 본향에 부처(付處)되었다.[14] 이후 고신(告身)을 뺏기고 공신의 적(籍)에서 삭제되었으며,[15] 제주의 관노(官奴)로 옮겨지는 와중에 객사하였다.[16] 공신의 적에서 삭제된 결과 추후 실록을 편찬하는 과정에서 엄자치에 대한 교서를 제외한 것으로 보인다.

교서의 내용 중 후반부에 각 등급별로 포상을 담은 공통적인 부분을 제외한 본문 내용은 공신마다 다르다. 아래는 홍윤성에게 내린 교서 내용이다.

> 재주가 준걸한 자는 능히 큰 공을 이루고, 공이 큰 자는 반드시 특이한 은혜를 받는다. 상을 행하는 규정은 예로부터 법전이 있는 것이다. 너는 기품이 웅위(雄偉)하고 덕(德)을 가짐이 참되고 순수하였다. 학문

12) 『단종실록』 3년 1월 24일.
13) 『단종실록』 1년 10월 18일.
14) 『단종실록』 3년 2월 27일.
15) 『단종실록』 3년 3월 19일.
16) 『단종실록』 3년 3월 27일.

은 경사(經史)의 글을 통하고 지식은 고금의 변을 통달하였다. 사화(詞華)는 등류에서 뛰어나 이미 높은 과거에 올랐고, 무예는 출중하여 직책은 항상 사복(司僕)을 겸하였다. 재주의 탁월함이 너 같은 자가 드물다. 근자에 지친(至親) 이용(李瑢)이 나의 어리고 외로운 것을 다행으로 여기어 가만히 불궤(不軌)한 짓을 도모하여, 간신 황보인(皇甫仁)·김종서(金宗瑞)·이양(李穰)·민신(閔伸)·조극관(趙克寬) 등과 더불어 안으로는 환시(宦寺)와 통하고 밖으로는 변장(邊將)과 연결하여 속으로 불령(不逞)의 무리를 모으고 원군(遠郡)의 무기를 몰래 운반하였다. 화변이 경각간에 절박하여 종사가 거의 전복되려 하였다. 이때에 숙부 수양대군(首陽大君)이 기선(幾先)을 밝게 알아서 앞장서 대의를 들었다. 네가 계획을 협찬하여 분주하게 힘을 다하였다. 흉한 괴수를 한발 들 사이에 제거하고 국가의 명맥을 반석같이 튼튼하게 만들었다. 공훈의 성함이 전고(前古)에도 드물게 듣는 것이다. 이에 훈을 책정하여 2등을 삼고, 그 부모와 아내에게 벼슬을 주고 사유(赦宥)가 영구히 후대에 미치게 한다. 인하여 전지 1백 50결, 노비 15구, 말 1필, 백은 25냥, 표리 1단을 주노니, 이르거든 영수하라. 아아! 간흉(姦凶)을 뽑아 버리고 능히 화란을 감정(戡定)하였으니 시종 근로하여 길이 나라의 번창을 보좌하기 바란다.[17]

정난 당시 29세였던 홍윤성은 실직(實職)이 없는 한직(閑職)이었던 것

---

17) 『단종실록』 3년 1월 24일. "敎輸忠協策靖難功臣威毅將軍守忠佐侍衛司大護軍洪允成曰: 才俊者, 能成茂績, 功茂者, 必膺異恩。行賞之規, 自古有典。惟爾稟氣雄偉, 秉德眞純。學通經史之文, 識達古今之變。詞華出乎類, 名旣擅於高科, 武藝超乎群, 職常兼於司僕。惟才之卓, 如爾者稀。日者至親瑢幸我幼孤, 潛圖不軌, 乃與姦臣皇甫仁、金宗瑞、李穰、閔伸、趙克寬等, 內要寺人, 外結邊將, 陰聚不逞之輩, 潛輸遠郡之兵。禍變迫於須臾, 宗社幾乎顚覆。于時叔父首陽大君明炳幾先, 首擧大義。爾乃協謀, 奔走宣力, 剗兇竪於跬步之間, 底國脈於磐石之固。勳庸之盛, 前古罕聞。爰策勳爲二等, 爵其父母及妻, 宥及永世, 仍賜田一百五十結、奴婢十五口、馬一匹、白銀二十五兩、表裏一段, 至可領也。於戲! 拔去兇邪, 旣能勘定禍亂, 勤勞終始, 庶幾永輔盈成。"

으로 보인다. 『단종실록』의 책봉 관련 기사에는 전(前) 주부(主簿)로 나온다.[18] 주부는 종6품 관직이다. 정난공신의 연령을 조사한 연구[19]를 보면, 연령이 확인되는 문관 16명의 평균 연령은 41.1세이다. 16명 가운데 홍윤성보다 젊은 공신은 28세의 한명진(韓明溍)과 25세의 권경(權擎)이었다. 한명진과 권경은 모두 홍윤성보다 낮은 등급의 3등 공신이었다. 또 한명진은 1등 공신 한명회(韓明澮)의 아우였고, 권경 또한 1등 공신 권람(權擥)의 아우였다. 둘 다 정난의 참여와 공신 책봉에 형의 덕을 많이 입었던 사실이 실록에 따로 기록되어 있는[20] 점을 감안하면, 이들은 특별한 경우라고 볼 수 있다. 즉 홍윤성의 나이가 이례적으로 젊었던 것은 사실이다. 당시 홍윤성의 젊은 나이와 낮은 관직 등을 고려하면 2등 공신이라는 홍윤성의 논공이 적절했거나 또는 높게 평가되었다고 볼 여지도 있다. 그러나 정난 과정 홍윤성의 역할을 고려하면 홍윤성의 논공은 오히려 아쉽게 볼 측면이 존재한다.

홍윤성은 누구보다 먼저 세조와 함께 정변을 준비했던 인물이었다. 실록에 실린 아래의 기사에서 그러한 점을 확인할 수 있다.

> 홍윤성이 세조를 뵙고 말하기를,
>
> "공은 영웅의 재질로서 명문(名聞)이 평소에 드러났는데, 이제 세종·문종께서 서로 잇달아 빈천(賓天)하시고, 어린 임금이 왕위에 있어서 충신과 간신이 뒤섞이어 조정이 문란하니, 공이 비록 부질없이 소절(小節)을 지킨다 하더라도 한 번 악명(惡名)을 얻게 되면 후세에 누가 알겠습니까? 이 때는 바로 부득불 변(變)에 대처해야 할 때입니다."
>
> 하니, 세조가 말하기를,

18) 『단종실록』 1년 10월 18일, 11월 4일.

19) 정두희, 앞의 책, 203쪽, <표 4-3>.

20) 『성종실록』 13년 1월 17일, 23년 10월 10일.

"천도(天道)는 겸허함을 더하고 인도(人道)는 겸허함을 좋아하니, 그 바른 것을 순순히 따르는 것만 같지 못하다. 만일 창의(倡義)하여 천인(天人)이 순리(順理)를 도운다면 반드시 바람을 좇아서 추부(趨附)하는 자가 있을 것이니, 지속(遲速)과 변화는 어느 형세인들 가하지 않겠느냐? 자네는 능히 나를 따라서 처자(妻子)를 잊고 사직(社稷)을 위해 죽겠는가?" 하였다.

홍윤성이 말하기를,

"이게 제 마음입니다. 선비는 자기를 알아 주는 사람을 위하여 죽는 것이니, 처자의 누(累)를 어찌 족히 논하겠습니까?"

하니, 세조가 말하기를,

"자네와 농담하였을 뿐이다."

하였다.[21]

이 기사는 단종이 즉위한 지 겨우 두 달 남짓한 1452년(단종 즉위년) 7월 25일의 기사이다. 홍윤성이 먼저 세조에게 "어린 임금이 왕위에 있어서 충신과 간신이 뒤섞이어 조정이 문란하니", "부득불 변에 대처해야 할 때"라며 거사를 적극적으로 권유하자, 세조는 "나를 따라서 처자를 잊고 사직을 위해 죽겠는가?"라며 홍윤성의 의사를 적극적으로 타진하고 있다. "선비는 자기를 알아주는 사람을 위하여 죽는 것"이라는 홍윤성의 의지를 확인한 뒤, 세조는 농담이라고 얼버무리며 자리를 마무리하였다.

홍윤성이 언제부터 세조와 인연을 맺게 되었는지는 확인되지 않는다.

---

21) 『단종실록』 즉위년 7월 25일. "洪允成謁世祖曰: '公以英雄之才, 名聞素著, 今世宗、文宗相繼賓天, 幼沖在位, 忠邪混淆, 朝政紊亂。公雖空守小節, 一加之以惡名, 則後世誰知者? 此正不得不處變之時也。' 世祖曰: '天道益謙, 人道好謙, 不如順受其正耳。若能倡義, 天人助順, 必有從風趨附者矣, 遲速變化, 何勢不可? 子能從我, 忘妻子、死社稷乎?" 允成曰: "是吾心也, 士爲知己死, 妻子之累, 何足論耶?' 世祖曰: '與子戲耳。'"

다만 문종(文宗)대에 수양대군에게 진서(陣書)를 편찬하게 하였는데,[22] 그때 홍윤성이 낭좌(郎佐)로 참여한 사실이 홍윤성의 졸기에 실려있다.[23] 물론 그 이전부터 둘 사이의 직·간접적인 인연은 있었겠지만, 졸기에서 특기한 것을 보면 이때가 둘 사이의 각별한 인연이 시작된 것으로 보아도 무방할 것이다. 물론 야사류에는 홍윤성이 과거를 응시하러 올라오다가 세조와 마주쳤다는 고사를 소개하고 있기는 하다.[24]

홍윤성은 사실 김종서(金宗瑞)와 좌주(座主) - 문생(門生)의 인연이 있었고, 이러한 인연을 계기로 안평대군(安平大君) 쪽으로 끌어들이려는 김종서의 시도도 있었다.[25] 이때는 홍윤성이 수양대군을 모신다는 사실이 널리 알려져 있었고, 김종서도 물론 이를 알면서 제안한 것이었다. 결국 김종서가 주는 활 한 자루를 받아 나오면서 홍윤성이 거짓으로 듣는 체한 셈이 되었지만, 홍윤성의 선택은 이미 정해져 있었다. 정난에 참여해 1등 공신이 되는 권람(權擥)도 홍윤성이 세조에게 첫 번째로 천거한 것으로 알려져 있다.[26]

정난 당일인 10월 10일, 거사 여부를 놓고 논의가 일치하지 않자 결단을 촉구한 것도 홍윤성이었다.

---

22) 『문종실록』 1년 6월 19일. 이때의 진서는 세종 때 황보인 등이 편찬한 『陣書』를 증보한 『新陣法』이었다.

23) 『성종실록』 6년 9월 8일.

24) 車天輅, 『五山說林草藁』. 그 내용은 홍윤성이 과거에 응시하러 상경하여 한강을 건너려 하는데, 수양대군이 행차하여 하인들이 다른 배를 건너지 못하게 하였다. 이에 홍윤성이 그들의 배로 뛰어들어가 모두 제압하고 홀로 배를 저어 건넜는데, 이를 기특하게 여긴 수양대군이 후히 대접하고 은의(恩意)를 맺게 되었다는 것이다.

25) 『단종실록』 1년 3월 22일.

26) 『성종실록』 6년 9월 8일.

홍윤성(洪允成)이 말하기를,

“군사를 쓰는 데에 있어 해(害)가 되는 것은 이럴까 저럴까 결단 못하는 것이 가장 큽니다. 지금 사기(事機)가 심히 급박하니, 만일 여러 사람의 의논을 따른다면 일은 다 틀릴 것입니다.”하였다. 송석손 등이 옷을 끌어당기면서 두세 번 만류하니,

세조가 노하여 말하기를,

“너희들은 다 가서 먼저 고하라. 나는 너희들을 의지하지 않겠다.”

하고, 드디어 활을 끌고 일어서서 말리는 자를 발로 차고 하늘을 가리켜 맹세하기를,

“지금 내 한 몸에 종사의 이해가 매었으니, 운명을 하늘에 맡긴다. 장부가 죽으면 사직(社稷)에 죽을 뿐이다. 따를 자는 따르고, 갈 자는 가라. 나는 너희들에게 강요하지 않겠다. 만일 고집하여 사기(事機)를 그르치는 자가 있으면 먼저 베고 나가겠다. 빠른 우레에는 미처 귀도 가리지 못하는 것이다. 군사는 신속한 것이 귀하다. 내가 곧 간흉(姦凶)을 베어 없앨 것이니, 누가 감히 어기겠는가?”하고, ……(후략)”[27]

실록에는 이렇게 거사를 촉구한 뒤로 홍윤성의 행적이 나타나 있지 않다. 그러나 『연려실기술(燃藜室記述)』에는 당일 홍윤성의 구체적인 거사 참여 사실을 소개하고 있다.

임금이 놀라 일어나며

“숙부는 나를 살려 주시오.”

하니, 세조가 말하기를,

27) 『단종실록』 1년 10월 10일. “允成曰: ‘用兵之害, 猶豫最大。今事機甚迫, 苟從衆議, 事去矣。’ 碩孫等牽衣止之者, 再三, 世祖怒曰: ‘汝等盡往先告。吾不汝資。’ 遂援弓起立, 蹴其止者, 指天誓曰: ‘今吾一身, 宗社利害係焉, 托命於天。丈夫死則死於社稷而已。從者從, 去者去, 吾不汝强。如有執迷誤機者, 先斬而出。疾雷不及掩耳, 兵貴拙速。吾卽剪除姦兇, 孰敢枝梧?’”

> "이는 어렵지 않습니다. 신이 처리하겠습니다."
>
> 하고는 곧, 명패(命牌)를 내어서 여러 재신(宰臣)을 불렀다. 군사를 세 겹으로 짜 세워서 세 겹 문을 만들고 한명회는 생살부를 가지고 문의 안쪽에 앉았다. 여러 재신이 부름을 받아 들어오는데 첫째 문에 들어오면 따르는 하인들을 떼고, 둘째 문에 들어오면 그 이름이 생살부에 실렸으면 홍윤성·유수(柳洙)·구치관(具致寬) 등이 쇠몽둥이를 들고 때려죽이니, 황보인(皇甫仁)·조극관·이양 등 죽은 이가 너무나 많았다.[28)]

가장 젊은 축이었던 홍윤성이 황보인 등 의정부 대신들의 처단에 직접 참여하였던 상황을 묘사하고 있다. 이 밖에도 다른 야사류에는 세조의 명으로 거사 당일 홍윤성을 김종서의 집에 보내어 동향을 살피게 하였다는 내용도 전하고 있다.[29)] 이상에서 살펴본 것처럼 세조를 도와 정난에 참여한 홍윤성의 적극적인 행동이 공신으로 책봉되는 배경이 되었다. 다만 여러 가지 절대적인 공훈에도 불구하고 상대적으로 젊은 나이와 낮은 관직이 1등이 아닌 2등으로 책봉되는 이유가 되었을 것으로 보인다.

---

28) 李肯翊, 『燃藜室記述』 卷4 端宗朝故事本末. "上驚起曰 惟叔父活我 世祖曰 是不難 臣當處之 卽出命牌招諸宰 排立軍士 作三重門 使明澮 持生殺簿 坐門內 諸宰承召入第一門 去僕從 入第二門 名在死簿者 則使允成洙具致寬等 持鐵如意椎殺之 皇甫仁趙克寬李穰等 死者甚多"

29) 李廷馨, 『東閣雜記』 上 本朝璿源寶錄. ; 權鼈, 『海東雜錄』 1 本朝 洪允成. 대체적인 내용은 두 사료가 같다. 공사(公事)를 여쭙는다는 이유로 홍윤성이 김종서의 집에 가니, 세 첩(妾)과 함께 있던 김종서가 홍윤성에게 강한 활을 당겨보라고 하였다. 홍윤성이 두 벌을 모두 부러뜨리니, 이를 본 김종서는 번쾌(樊噲)보다 낫다고 치하했다는 것이다.

3. 세조대 좌익공신 책봉과 홍윤성

정난 이후 실권을 장악한 수양대군에게 남은 정적은 금성대군(錦城大君)이었다. 계양군(桂陽君) 이증(李璔) 등은 1455년(단종 3) 5월, 수양대군을 찾아가 금성대군의 제거를 요청하였지만, 수양대군은 처음에는 이를 신중하게 여겼다.[30] 마침내 같은 해 윤6월 11일, 수양대군은 우의정 한확(韓確) 등과 함께, 혜빈 양씨(惠嬪楊氏)·상궁 박씨(尙宮朴氏)와 금성대군 이유(李瑜) 등이 난역(亂逆)을 도모했다는 이유로 단종에게 치죄를 강청하였고, 단종은 이를 받아들여 금성대군을 삭녕(朔寧)으로 귀양보내는 등 관련자들을 처벌하도록 한 뒤, 같은 날 세조에게 선위하였다.[31]

세조는 즉위한 지 두 달 남짓한 8월 13일, 어필(御筆)로 하교하여 공신의 책봉을 지시하였다.

> 공이 높고 권세가 중하면 세상 사람들이 시기하는 바가 되어 간신(姦臣)의 잔당(殘黨)이 은밀히 보복할 계략을 품어 그 화(禍)가 장차 예측하지 못할 것이었으나, 계양군(桂陽君) 이증(李璔)·영천위(鈴川尉) 윤사로(尹師路)·신숙주(申叔舟)·권람(權擥)·한명회(韓明澮) 및 정부·육조의 당시 동료들이 함께 서로 보좌하여서 나에게 흉당(凶黨)의 제거를 권고하여 드디어 죄인들이 법에 굴복하고 만 것이다. 그렇지 않았다면 종사(宗社)의 안위(安危)는 어떻게 될지 알 수 없는 일이었다. 내가 화가위국(化家爲國)하여 오늘이 있게 된 것이 누구의 힘이었던가? 예로부터 천명을 받은 군주는 실로 인력(人力)의 소치가 아니고 먼 옛날부터 그 몸과 하늘의 뜻이 부합하여 미리 정해진 것이 있는 것 같다. 그러나 사업(事業)을 놓고 고찰한다면 어찌 유독 하늘의 힘뿐이겠는가? 그 깊은

30) 『단종실록』 3년 5월 26일.

31) 『세조실록』 1년 윤6월 11일.

> 공을 생각하건대, 진정 잊지 못하겠노라. 바라건대 정부에서는 속히 책훈(策勳)의 은전(恩典)을 거행하여 동주공제(同舟共濟)한 뜻을 표하라.[32]

공신의 책봉을 지시한 사흘 뒤인 8월 16일, 기존에 책봉한 개국공신(開國功臣)과 정사공신(定社功臣)·좌명공신(佐命功臣)·정난공신(靖難功臣)의 4공신이 모여 맹족(盟簇)을 바치고 잔치를 벌였다.[33] 다음 달인 9월 5일에 수충 위사동덕좌익공신(輸忠衛社同德佐翼功臣)인 1등 공신 7명, 수충경절좌익공신(輸忠勁節佐翼功臣)인 2등 공신 12명, 추충좌익공신(推忠佐翼功臣)인 3등 공신 25명 등 44명의 좌익공신(佐翼功臣)을 정하였다.[34] 좌익공신의 포상 기준은 제2차 왕자의 난에 공을 세워 책봉된 좌명공신의 예에 따라 행하였다.[35] 9월 14일 세조는 좌익공신들을 불러 표리(表裏)와 백금(白金)·내구마(內廐馬)를 하사하였다.[36] 그런데 추후 실록에 실린 교서 내용을 보면 3등 공신에 2명이 추가된 것으로 보인다. 바로 홍윤성과 김질(金礩)이다.[37] 김질은 당초 정공신(正功臣)이 아닌 원종공신(原從功臣) 2등으로 책훈되었는데,[38] 추후 1458년(세조 4)의 기사에 별다른

---

32) 『세조실록』 1년 8월 13일. "功高權重, 爲世所忌, 姦臣餘黨, 潛懷報復之計, 禍將不測。桂陽君 璔、鈴川尉 尹師路、申叔舟、權擥、韓明澮及政府、六曹一時同寮者, 共相佐翼, 勸我除凶, 罪人伏辜焉。不然則宗社安危, 未可知也。予之化家爲國, 得有今日, 誰之力也? 自古受命之主, 固非人力所致, 未有邃古符已先定。然以事以業考之, 則豈獨天之力乎? 顧念深功, 曰篤不忘。惟爾政府, 速擧策勳之典, 以表同舟之意。"

33) 『세조실록』 1년 8월 16일.

34) 『세조실록』 1년 9월 5일.

35) 『세조실록』 1년 9월 9일.

36) 『세조실록』 1년 9월 14일.

37) 『세조실록』 4년 6월 29일.

38) 『세조실록』 1년 12월 27일.

설명 없이 정공신 3등으로 책봉하는 교서가 나온다. 이는 아마도 그 사이 김질이 그 장인인 정창손과 함께 성삼문 등의 역모를 고변한 공을 인정한 것이 아닐까 한다.[39] 정창손도 당초의 녹훈에는 3등 공신이었지만,[40] 1458년에 교서를 받을 때에는 2등 공신이 되었다.[41]

홍윤성은 9월에 좌익공신을 책봉하는 기사에는 명단에 누락되었지만, 추후에 따로 공신으로 책봉하였다. 11월 12일, 세조는 예조참의 홍윤성을 좌익공신 3등으로 기록하도록 전지를 내리고,[42] 23일에는 홍윤성을 따로 불러 표리 1투(套)와 백금 25냥쭝을 하사하였다.[43] 또 역적의 저택을 공신에게 나누어주는 관례에 따라 최영손(崔永孫)의 집을 홍윤성에게 하사하였다.[44] 정난공신 때 홍윤성의 공신호가 수충협책정난공신(輸忠協贊靖難功臣)이었고, 좌익공신 때 3등 공신의 공신호는 추충좌익공신(推忠佐翼功臣)으로 당시 홍윤성의 정식 공신호는 추충협책정난좌익공신(推忠協策靖亂佐翼功臣)이었다. 12월 4일 예조참의로 제수되는 기사에서 이 공신호를 확인할 수 있다.[45] 1등과 2등 공신의 접두어가 수충(輸忠)이고 3등 공신의 접두어가 추충(推忠)이니 그 가운데 하나만 쓰는 것이 관행이었던 것으로 보인다. 다만 이미 정난공신 때 2등인 '수충'의 칭호를 받았는데, 좌익공신 3등의 칭호인 '추충'으로 격하된 의전의 구체적인 격례에 대해서는 추후에 연구가 필요하다. 이후 1471년(성종 2) 홍윤성이 좌리공신 1등이 되면서 접두어는 다시 '수충'으로 회복된다.[46]

---

39) 『세조실록』 2년 6월 2일.
40) 『세조실록』 1년 9월 5일.
41) 『세조실록』 4년 6월 29일.
42) 『세조실록』 1년 11월 12일.
43) 『세조실록』 1년 11월 23일.
44) 『세조실록』 1년 11월 27일.
45) 『세조실록』 1년 12월 4일.

1458년 홍윤성에게 내린 좌익공신 교서의 내용은 다음과 같다.

비상(非常)한 재주가 있는 자는 반드시 세상에 드문 공을 이루는데, 세상에 드문 공이 있는 자는 마땅히 막대한 보답(報答)을 받아야 한다. 경은 풍모가 남보다 특출하고 도량(度量)이 크고 훌륭하며 문무의 재질이 탁월하여 모든 사람에게서 뛰어났다. 내가 잠저(潛邸)에 있을 때 경을 한 번 보고 비상(非常)한 재목인 것을 알고, 드디어 심복으로 여기었다. 경도 또한 적심(赤心)을 나에게 바쳐서 무슨 일이든 하지 못할 바가 없는 줄로 알았다.

지난번에 국가의 의심스럽고 위태한 때를 당하여 종척(宗戚)과 권간(權姦)이 서로 변란을 선동하여 장차 사직에 불리하였다. 내가 그때 의(義)를 일으켜 그들을 잡아 없애려고 하였는데 경이 능히 비밀히 계책을 도와서 사력을 다하여 나를 호위(護衛)하였다. 정란(靖亂)의 공은 경이 실로 많이 있었다. 내가 정사(政事)를 보필하게 된 이래로 공이 높고 권력이 무거우니, 사람들에게 시기당하는 바가 되었고, 흉도(兇徒)의 여얼(餘孽)이 아직도 남아서 서로 잇달아 변을 꾸미니, 경이 능히 좌우와 앞뒤에서 간난(艱難)을 널리 구제하였다. 아아! 옛부터 나라를 가진 자가 호걸(豪傑)의 인사(人士)가 있어서 서로 마음을 통하여 지우(知遇)하고 마음을 같이하여 협력하지 않는다면 누구와 더불어 그 공을 이루겠는가? 내가 오로지 금일(今日)의 아름다움에 이른 것은 경의 힘에 의지하였으니, 진실로 아름답다고 할만하다. 이에 좌익3등공신(佐翼三等功臣)으로 책훈(策勳)하여 그 부모와 처에게 봉작(封爵)하고 유사(宥赦)가 영세(永世)에 미치게 한다. 이어서 전지(田地) 80결(結), 노비(奴婢) 8구(口), 백은(白銀) 25냥쭝, 표리(表裏) 1단(段), 내구마(內廐馬) 1필(匹)을 내려 주니, 이르거든 수령(受領)하라. 아아! 하늘을 떠받들고 해를 꿰뚫는 충성으로 마음과 덕이 하나같으니 여산(礪山) 대하(帶河)의 맹세로 시종(始終) 잊기가 어렵다.[47]

---

46) 본 논문 5장 참조.

정난공신 때와 같이 실록에 실린 교서의 수급자는 당초 책봉된 인원과 차이가 있다. 1등 공신 7명의 수효에는 변함이 없다. 2등 공신은 당초 12명이 책봉되었는데, 정창손이 3등 공신에서 2등 공신으로 올라 13명의 교서가 실록에 실려있다. 3등 공신은 당초 25명이 책봉되었는데, 정창손과 권자신(權自愼)·성삼문(成三問)·이휘(李徽) 4명이 빠지고 홍윤성과 김질이 포함되어 23명의 교서가 실려있다. 권자신과 이휘도 성삼문과 같은 사건에 연루되어 처벌되었으니,[48] 공신이 추탈된 것이다.

추탈되고 추록된 자를 모두 포함하면 좌익공신은 46명이다. 이들의 출신을 분류하면 종친이 2명, 문관이 37명, 무관이 5명, 환관이 1명, 노비가 1명이다.[49] 좌익공신 중에는 정난공신과 중복되는 인원이 15명이다. 즉 좌익공신 46명 중 33%인 15명이 정난공신이었다.[50] 홍윤성이 좌익공신에 책봉될 당시의 나이는 31세였다. 연령이 확인되는 좌익공신의 평균 연령은 44.9세였으며, 홍윤성은 등급을 막론하고 전체 공신 가운데 가장 젊은 나이였다.[51] 이러한 점이 홍윤성이 당초 좌익공신의 책훈에서

47) 『세조실록』 4년 6월 29일. “有非常之才者, 必成不世之功, 有不世之功者, 宜受莫大之報。卿風姿挺特, 器度雄偉, 文武之才, 卓然不群。予在潛邸一見卿, 知其爲非常之材, 遂擬爲心腹。卿亦赤心在我, 知無不爲。頃値國家之疑危, 宗戚權姦相煽爲變, 將不利於社稷。予時奮義, 欲事剗除, 卿能密贊籌策, 出死力以捍衛之。靖亂之功, 卿實居多。自予輔政以來, 功高權重, 爲人所忌, 兇孽尙存, 相繼爲變, 卿能左右先後, 弘濟艱難。嗚呼! 自古有國家者, 不有豪傑之士感會知遇同心協力, 誰與成厥功哉! 予惟式至今日休, 繄卿是賴, 寔用曰嘉。肆策勳爲佐翼三等功臣, 爵其父母及妻, 宥及永世。仍賜田八十結、奴婢八口、白銀二十五兩、表裏一段、內廐馬一匹, 至可領也。於戱! 撑天貫日之忠, 心德如一, 礪山帶河之誓, 終始難忘。”

48) 『세조실록』 2년 6월 8일.

49) 정두희, 앞의 책, 212쪽, <표 4-6>.

50) 정두희, 앞의 책, 212쪽.

51) 정두희, 앞의 책, 210~211쪽, <표 4-5>.

빠졌다가 추록된 이유를 설명할 수 있는 근거가 될 수 있을 것이다. 즉 정난 당시에 탁월한 공을 세우고도 2등에 머물렀던 이유가, 좌익공신에서도 당초 녹훈에서 빠졌던 이유가 될 수 있을 것이다. 다만 정난공신의 상당수가 다시 좌익공신으로 녹훈되는 현실에서, 정난에 누구보다도 큰 공을 세웠던 홍윤성을 아예 제외하기는 힘들었을 것이고 그 결과 3등 공신으로 추가하는 결과로 나타났을 것이다.

홍윤성이 젊은 나이에도 다시 좌익공신으로 녹훈될 수 있었던 가장 큰 배경은 역시 무엇보다도 세조의 신임이라고 할 수 있다. 홍윤성에 대한 세조의 각별한 신임을 보여주는 대표적인 기사를 몇 개 꼽아보면 다음과 같다.

> (A) 또 예조판서 홍윤성에게 이르기를, "경(卿)이 3발(發)을 비록 모두 맞히지 못한다고 하더라도, 모름지기 두 번을 맞힌 후에는 호걸(豪傑)이라 이를 것이다." 하였는데, 홍윤성이 곧 연거푸 맞히니, 임금이 이르기를, "진실로 호걸이다. 너는 곽자의(郭子儀)·이광필(李光弼)과 더불어 누가 나은가?" 하니, 홍윤성이 말하기를, "전하께서 당나라 태종(太宗)의 위에서 나왔는데, 신이 어찌 이 두 신하의 아래에서 굴(屈)하겠습니까?" 하였다.[52]
>
> (B) 홍윤성은 용모가 웅위(雄偉)하고, 체력이 남보다 뛰어났으며, 젊어서는 가난하였는데 힘써 배워서 급제하니, 사람들이 재능이 있는 웅걸로 기대하였다. 세조(世祖)를 만나게 되자, 총애하여 돌봄이 매우 융숭하였고, 홍윤성이 본시 빈궁하였음을 알고 많은 양전(良田)을 내려 주었다.[53]

---

52) 『세조실록』 3년 10월 12일. "又謂禮曹判書洪允成曰: '卿三發, 雖不得皆中, 必須二中而後, 謂之豪傑.' 允成卽連中, 上曰: '眞豪傑也。爾孰與郭子儀、李光弼賢?' 允成曰: '殿下出唐 太宗之上, 臣何屈二臣之下乎?'"

53) 『성종실록』 6년 9월 8일. "允成狀貌雄偉, 膂力絶人, 少窮貧, 力學登第, 人以才

(C) 공은 문무의 재주가 겸전하여 세조가 신임하였다. 항상 이르기를, "나는 문(文)에 귀성(龜城)이 있고, 무(武)에 홍윤성이 있으니 족히 근심할 것이 없다." 하였다.[54]

(A) 기사는 세조가 홍윤성의 활 솜씨를 격찬하며 당나라 태종 때의 명장인 곽자의·이광필에 비기는 내용이고, (B) 기사는 홍윤성의 졸기에 나타난 세조의 총애를 표현한 내용이다. (C) 기사는 귀성군(龜城君) 이준(李浚)을 언급하면서 이준을 홍윤성과 견주는 내용이다. 세 기사 모두 홍윤성에 대한 세조의 커다란 신뢰를 드러내기에 충분하다. 홍윤성은 1450년(문종 즉위)에 문과에 급제하고 예조의 참의와 판서를 지내는 등[55] 본래 문관으로서의 재질도 훌륭하였지만, 무인으로서의 능력도 출중한 인물이었다. 이러한 능력을 바탕으로 계유정난에서 큰 공을 세우기도 하였다. 이러한 홍윤성의 능력과 그에 대한 신임이 당초 제외되었던 좌익공신에서 홍윤성을 다시 포함하는 방향으로 작용하였던 것이다.

4. 성종대 좌리공신 책봉과 홍윤성

홍윤성이 성종 즉위 후 좌리공신으로 녹훈되기까지 조선에서는 두 차례의 공신 책봉이 더 있었다. 1467년(세조 13)의 적개공신(敵愾功臣)과 1468년(예종 즉위년)의 익대공신(翊戴功臣)이다. 적개공신은 이시애(李施

雄待之。及遇世祖, 寵眷甚隆, 知允成素貧, 多賜以良田。"

54) 李肯翊,『燃藜室記述』卷5 世祖朝故事本末. "公有文武才 爲上所倚重 常曰 吾文有龜城 武有洪允成 無足憂矣"

55)『성종실록』6년 9월 8일.

愛)의 난 진압에 공을 세운 45명의 인물을 녹훈한 것으로, 주로 종친과 무인이 많았다. 적개공신에 종래의 원로 대신들이 많이 제외되고 문인도 새로운 인물이 많이 포함된 것은 여러 가지 각도에서 설명될 수 있다. 당시 조정에서 누적된 불만 세력들을 달래려는 의도에서 취해진 것으로 보는 시각도 있고,[56] 불경(不敬)한 공신들에게 경고하는 한편 새로운 정치세력을 대두시키려는 세조의 의도로 해석하기도 한다.[57] 정난공신과 좌익공신으로 이루어진 구(舊)공신과 적개공신으로 이루어진 신(新)공신의 대립 구도는 세조가 세상을 떠나면서 새로운 국면을 맞이하였다.

1468년 9월 세조가 승하하면서 예종이 즉위하였고, 다음 달인 10월 24일 남이(南怡)의 옥사가 발생하였다.[58] 10월 27일 반역을 꾀한 강순(康純), 남이 등이 환열(轘裂)되었는데, 이들의 주축은 대부분 적개공신이었다. 사건이 한창 진행 중이던 10월 28일 익대공신(翊戴功臣)을 책훈하였는데,[59] 신숙주와 한명회 등 적개공신에서 제외되었던 인물들이 다시 대거 포함되었다. 익대공신의 책훈을 신공신에 대한 구공신의 완벽한 승리라고 평가하는 것은[60] 이러한 배경이 있는 것이다. 그런데 구공신의 대표적 인물 중의 하나인 홍윤성은 익대공신의 책훈에서 제외되었다.

당시 홍윤성은 신숙주(申叔舟)·한명회(韓明澮)·구치관(具致寬)·박원형(朴元亨)·최항(崔恒)·조석문(曺錫文)·김질(金礩)·김국광(金國光)과 함께 원상(院相)을 맡아[61] 예종의 국정을 보좌하는 위치였다. 원상은 세조의 측근

56) 정두희, 앞의 책, 222~226쪽.

57) 김순남, 「조선 세조대 말엽의 정치적 추이」, 『역사와 실학』 60, 2016, 99쪽.

58) 『예종실록』 즉위년 10월 24일, 10월 25일, 10월 26일, 10월 27일.

59) 『예종실록』 즉위년 10월 28일.

60) 김순남, 앞의 논문, 98쪽.

61) 『예종실록』 즉위년 9월 21일.

으로서 승지(承旨)를 역임하고, 판서를 거쳐 정승을 역임하였거나 현직 정승인 세조의 핵심 측근으로 구성되었다.[62] 같은 원상이었던 신숙주·한명회는 1등 공신, 박원형은 2등 공신, 조석문은 3등 공신에 각각 책봉되었다. 물론 구치관 등 원상으로서 익대공신에 녹훈되지 않은 인물도 여럿이 있었지만, 홍윤성이 제외된 원인은 따로 검토가 필요하다.

익대공신은 예종의 즉위에 공을 세웠다는 측면보다는 남이의 옥사를 해결한 공을 표창하는 측면이 강하였다. 그런데 홍윤성은 남이의 옥사와 관련해서는 불리한 정황이 있었다. 다음은 국문(鞫問) 과정에서 남이의 진술이다.

> 남이에게 강순의 당여를 물으니, 대답하기를,
> "신도 알지 못합니다. 다만 강순이 일찍이 말하기를, '홍윤성은 기개(氣概)가 활달하여 더불어 일을 의논할 만한 자라.' 하고는 말을 하려고 하다가 말하지 아니하였습니다. 강순이 또 말하기를, '본향(本鄕) 보령(保寧)의 군사 가운데 당번(當番)으로 서울에 있는 자가 1백여 인(人)인데, 만약 때에 임하여 말하면 반드시 따를 것이다.'라고 하였습니다."하였다.[63]

남이 옥사의 주요한 관련자인 강순이 "홍윤성은 기개가 활달하여 더불어 일을 의논할 만한 자라."고 하였다는 진술이 나온 것이다. 왕조시대 역모에서 이름이 거론된다는 것은 상당히 중대한 문제였다. 그럼에도 불구하고 이 진술을 계기로 하여 조사가 홍윤성에게까지 확대되지는 않았

62) 이동희, 「조선초기 원상의 설치와 그 성격」, 『전북사학』 16, 1993, 7쪽.

63) 『예종실록』 즉위년 10월 27일. "問怡以純黨與, 對曰: '臣亦不知也。但純嘗曰: 「洪允成氣闊, 可與議事者。欲言之而不言。純又言: 「本鄕保寧軍士, 當番在京者百餘人, 若臨時語之, 則必從矣。」'"

다. 오히려 이후 남이 옥사를 처리하는 과정에 홍윤성이 참여한 기록은 보인다.[64] 홍윤성의 이름이 거론된 날은 10월 27일, 익대공신의 책훈이 발표된 날은 10월 28일이고, 홍윤성이 다시 등장하여 사건의 뒤처리에 참여한 날은 10월 30일이었다. 강순이나 남이의 언급이 무고(誣告)로 취급되었을 가능성도 있었고, 세조대 이래의 공신이었던 홍윤성을 경솔하게 처벌할 수 없다는 측면 등이 감안되었을 것으로 보이지만, 역적의 공초에서 거론되었던 것 자체가 홍윤성의 익대공신 책봉에는 큰 걸림돌로 작용하였을 것으로 보인다. 익대공신의 책봉이 남이의 옥사를 처리하던 중에 상당히 급박하게 이루어졌다는 점을 감안하면, 더욱 홍윤성을 공신의 명단에 포함시키기는 어려웠을 것으로 보인다. 사료가 충분하지 못하여 확인할 수는 없지만, 익대공신에 홍윤성이 제외되는 과정에는 여러 가지 복잡한 정치적 맥락이 있었을 것으로 짐작된다.

예종은 즉위한 지 1년 남짓하여 훙거하고, 1469년 11월 28일 성종이 즉위하였다.[65] 성종은 즉위한 지 1년 남짓한 1471년(성종 2) 3월 27일에 좌리공신(佐理功臣)을 책봉하였다.

> 호천(昊天)이 불쌍하게 여기시지 아니하심인가? 우리 세조대왕께서 갑자기 군신(群臣)을 버리시었고, 얼마 아니되어 예종대왕(睿宗大王)께서 빈천(賓天)하시니, 후사를 이을 자가 병들고 어리므로 온 나라가 황황(遑遑)하였는데, 우리 자성대왕대비(慈聖大王大妃)께서 세조대왕을 추념(追念)하시고 여소자(予小子)를 돌아보시고 이에 큰 책명(策命)을 정하시니, 내가 들어와 큰 왕업(王業)을 잇게 되었다. 나는 부탁한 책임이 중하기 때문에 밤낮으로 오로지 몸을 삼갔는데, 이때에 고굉(股肱)의

64) 『예종실록』 즉위년 10월 30일, 11월 2일.
65) 『성종실록』 즉위년 11월 28일.

> 신료들이 좌우에서 분주하게 마음을 다하고 힘을 써서 금일에 이르러, 인심이 크게 안정되고 국가가 태평하여지니, 내가 그 공을 가상히 여겨서 이에 상전(賞典)을 거행한다.[66]

좌리공신은 1등 공신 9명, 2등 공신 11명, 3등 공신 18명, 4등 공신 35명 등 73명이었다. 좌리공신에게는 각각 아마(兒馬)를 1필씩 주었고, 반당(伴倘)을 1등 공신에게는 10인, 2등은 8인, 3등은 6인, 4등은 4인을 내려주었다. 또한 전지(田地)를 1등 공신은 40결, 2등 공신은 30결, 3등 공신은 20결, 4등 공신은 10결을 내려주었으며, 1등 공신에게는 노비 5구와 구사(丘史) 5구, 2등 공신에게는 노비 4구와 구사 4구, 3등 공신에게는 노비 3구와 구사 3구, 4등 공신에게는 노비 2구와 구사 2구를 내려주었다.[67] 이튿날인 3월 28일에는 공신호(功臣號)를 내려주었는데, 1등 공신은 '순성명량경제홍화좌리공신(純誠明亮經濟弘化佐理功臣)'이라 하고, 2등 공신은 '순성명량경제좌리공신(純誠明亮經濟佐理功臣)'이라 하고, 3등 공신은 '순성명량좌리공신(純誠明亮佐理功臣)'이라 하고 4등 공신은 '순성좌리공신(純誠佐理功臣)'이라 하였다.[68]

공신 책봉 당시 이미 사망했던[69] 구치관(具致寬)을 후에 2등 공신에 추록하고[70] 이영은(李永垠)을 4등 공신에 추록하면서[71] 공신의 총수는

66) 『성종실록』 2년 3월 27일. "昊天不弔, 我世祖大王奄棄群臣, 未幾睿宗大王賓天, 繼嗣病幼, 一國遑遑, 我慈聖大王大妃追念世祖、眷予小子, 乃定大策, 命予入纘丕緖。予以付托之重, 夙夜惟寅, 于時股肱臣僚, 奔走左右, 盡心效力, 以至今日, 人心大定, 國家盤安, 予嘉乃功, 爰擧賞典。"

67) 『성종실록』 2년 3월 27일.

68) 『성종실록』 2년 3월 28일.

69) 『성종실록』 1년 9월 13일.

70) 『성종실록』 2년 9월 6일.

71) 『성종실록』 2년 윤9월 19일. 『1472년 홍윤성의 좌리공신 교서』.

75명이 되었다. 이 수효는 좌리공신 이전에 책봉되었던 6차례의 공신의 수효가 29~52명이었던 것과 비교할 때 가장 많은 숫자이다. 이는 공신 책록에서는 드물게 4등 공신이 36명 책훈된 것과도 관련이 있을 것이다.[72]

정난공신과 좌익공신에서 각각 2등, 3등에 그친 홍윤성은 드디어 1등 공신에 책봉되는 영예를 맞게 되었다. 참고로 성종이 된 잘산군(乽山君)의 형으로 성종보다 계승 우선 순위에 있었던 월산군(月山君)도 2등 공신에 불과했다. 책봉 당시 홍윤성의 나이는 47세로, 연령을 확인할 수 있는 전체 공신 69명의 평균 연령인 47.6세를 약간 하회하며, 1등 공신 9명 중에는 가장 젊은 나이였다.[73] 좌리공신 중 정치적 비중이 높았던 사람들을 중심으로 살펴보면 모두 50대 이상의 고령자들이었다. 신숙주(申叔舟)가 55세, 한명회(韓明澮)가 57세, 정창손(鄭昌孫)이 59세, 정인지(鄭麟趾)가 75세 등 모두 홍윤성보다는 훨씬 연령이 높았다.[74] 이렇게 젊은 나이에 일약 좌리 1등 공신으로 책봉될 수 있었던 배경은 역시 홍윤성의 당시 정치적 지위와 역할에 있었다고 볼 수 있다.

예종이 승하하자 태비(太妃) 즉 세조의 비였던 정희왕후(貞熹王后)가 홍윤성과 신숙주 등 원상(院相)들을 불러들인 자리에서 잘산군을 후사로 삼도록 하는 결정이 내려졌다.[75]

---

72) 조선시대에 4등 공신까지 책훈된 경우는 모두 3차례에 불과하다. 좌리공신 이전에는 제2차 왕자의 난에 공을 세운 인물을 대상으로 1401년(태종 1)에 책록했던 좌명공신(佐命功臣)이 있었고, 이후에는 중종반정(中宗反正)의 공으로 1506년(중종 1) 책록되었던 정국공신(靖國功臣)이 있었다. 『태종실록』 1년 1월 15일, 『중종실록』 1년 9월 9일.

73) 정두희, 앞의 책, 247~248쪽. 한편 이 책의 247쪽 <표 4-22>에서 공신호를 두 개 이상 지닌 좌리공신을 도표화하는 과정에서 홍윤성의 이름이 누락되어 있다.

74) 정두희, 앞의 책, 248쪽.

75) 『예종실록』 1년 11월 28일. 『성종실록』 즉위년 11월 28일.

대비가 말하기를,

“원자(元子)는 바야흐로 포대기 속에 있고, 월산군(月山君)은 본디부터 질병이 있다. 자산군(者山君)은 비록 나이는 어리지마는 세조께서 매양 그의 기상과 도량을 일컬으면서 태조에게 견주기까지 하였으니, 그로 하여금 주상(主喪)하게 하는 것이 어떻겠는가?”

하니 신숙주 등이 대답하기를,

“진실로 마땅합니다.”하였다. 의논이 마침내 정해지자……(후략)[76]

당시 예종에게는 어리지만 원자(元子)가 있었고, 세조의 세자로 일찍 세상을 떠난 덕종(德宗)에게도 월산군과 잘산군이 있었다. 왕위 계승권에서 예종의 아들인 원자나 자신의 형이었던 월산군보다 후순위였던 잘산군이 성종으로 즉위할 수 있었던 데에는 예종 승하 직후 원상들과의 이 논의가 결정적이었다. 따라서 그 반대 급부로 홍윤성이 1등 공신으로 책봉되게 된 결정적인 장면이었을 것이다.

1470년(성종 1) 홍윤성은 원상(院相), 그리고 영의정으로 활약하다가[77] 시임(時任)에서 물러난 뒤에도 인산부원군(仁山府院君)으로서 정국을 주도하였다.[78] 그 과정의 연장에서 이듬해인 1471년(성종 2) 3월 좌리공신의 책봉으로 이어졌던 것이다. 공신 책봉 이후에도 원상으로서 활발하게 정계에서 활약하던 홍윤성은 1475년(성종 6) 9월 8일, 향년 51세의 젊은 나이에 질병으로 세상을 떠났다. 시호는 위평(威平)으로, 그 의미는 용맹하여 강인한 결단력이 있음이 위(威)이며, 능히 화란(禍亂)을 평정함이 평

76) 『성종실록』 즉위년 11월 28일. “大妃曰: ‘元子方在襁褓, 月山君素有疾病。者山君年雖幼, 世祖每稱其器度, 至比之太祖, 令主喪何如?’ 叔舟等對曰: ‘允當。’ 議遂定……”

77) 『성종실록』 1년 3월 9일, 3월 15일.

78) 『성종실록』 1년 4월 6일, 5월 2일.

(平)이다.[79] 홍윤성의 평생이 시호 2자에 적절하게 집약되었다고 하겠다.

5. 홍윤성 좌리공신 교서의 분석

지금까지 홍윤성이 단종대에서 성종대에 이르는 기간 동안 세 차례 공신에 책봉되는 과정과 그 의미에 대해 살펴보았다. 그런데 홍윤성의 공신 책봉과 관련해서 당시 발급되었던 좌리공신 교서가 현존하고 있어서 주목된다. 홍윤성이 1등 공신인 '순성명량경제홍화좌리공신(純誠明亮經濟弘化佐理功臣)'으로 책봉되었다는 사실을 증명하는 교서이다. 이 교서는 현재 국사편찬위원회에 소장되어 있다.

조선시대의 공신은 특정한 사건에 공을 세워 녹훈(錄勳)된 공신과, 국왕의 사후 종묘에 배향(配享)되는 공신으로 나눌 수 있다.[80] 배향공신을 제외하고 조선시대 공신의 녹훈은 1392년(태조 1) 개국공신(開國功臣)부터 1728년(영조 4) 양무공신(揚武功臣)까지 모두 28차례 이루어졌는데, 정치적인 상황의 변화에 따라서 삭훈(削勳)이 6차례 이루어져 조선시대 공식적으로 인정된 공신은 22차례이다.[81]

조선시대에는 28차례 녹훈된 957명의 공신 가운데,[82] 현재 실물이

---

79) 『성종실록』 6년 9월 8일.

80) 노인환, 「조선시대 공신 교서 연구-문서식과 발급 과정을 중심으로-」, 『고문서연구』 39, 2011.

81) 명종대 위사공신(衛社功臣), 광해군대 위성공신(衛聖功臣) 등 6차례 공신이 삭훈되었다. 최종 공식적으로 조선왕조에서 인정한 22차례 공신은 영조대 편찬된 『개국공신록(開國功臣錄)』에서 확인할 수 있다(노인환, 앞의 논문, 7~8쪽).

82) 공신의 최초 녹훈 인원과 최종 인원은 차이가 있다, 위사공신 등 사후에 공신의 녹훈 자체가 삭훈되었거나, 공신 중에서 정치적 상황의 변화에 따라 개인적으로

문서 및 도판으로 전해지는 공신 교서는 총 63건이다.[83] 좌리공신 교서는 홍윤성(洪允成)·이숭원(李崇元)·김길통(金吉通)에게 발급한 3건이 전해지고 있다.[84] 그 가운데 홍윤성은 1등 공신, 이숭원은 3등 공신, 김길통은 4등 공신이다.[85] 이숭원의 교서는 연안이씨(延安李氏) 문중 소유로 종중의 다른 문적과 함께 일괄하여 보물 651호로 지정되었는데 현재 도난 상태이고,[86] 김길통 교서는 보물 716호로 지정되어 충북대학교 박물관에 소장되어 있다.[87]

국사편찬위원회에서는 2018년 『국사편찬위원회 귀중자료 도록』을 발행하였는데, 이 도록에 「1472년 홍윤성의 좌리공신 교서」라는 이름으로 실려있는 교서를 확인할 수 있다.[88] 또한 국사편찬위원회 전자도서관 홈페이지에서는 이 교서에 대한 신명호 교수의 해제도 볼 수 있다.[89] 도록과 해제를 통해 이 교서에 대한 대략적인 사실을 확인할 수 있다.

녹훈이 삭훈되는 경우도 있고 최초 책훈 이후에 추록(追錄)하는 경우도 있기 때문이다. 이 경우를 포함하면 공신은 최종 22차례 704명이 된다(노인환, 앞의 논문, 7~8쪽 <표 1> 조선시대 공신의 녹훈과 현전 공신 교서 현황).

83) 노인환, 앞의 논문, 3쪽.

84) 노인환, 앞의 논문, 17쪽.

85) 『성종실록』 2년 3월 27일.

86) https://www.heritage.go.kr/heri/cul/culSelectDetail.do?pageNo=1_1_1_1&ccbaCpno=1123506510000 ; https://www.cha.go.kr/robbery/selectRobberyView.do?id=227&mn=NS_03_12

87) https://www.heritage.go.kr/heri/cul/culSelectDetail.do?pageNo=1_1_1_1&ccbaCpno=1123307160000

88) 국사편찬위원회, 『국사편찬위원회 귀중자료 도록』, 2018.

89) http://library.history.go.kr/dhrs/dhrsXIFViewer.jsp?system=dlidb&id=000000289081

〈그림 1〉 홍윤성 좌리공신 교서(전체)

〈그림 2〉 홍윤성 좌리공신 교서(부분1)

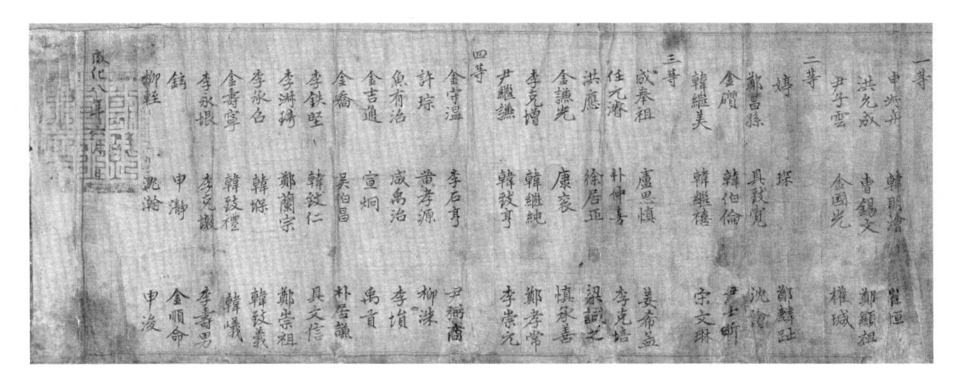

一等
申叔舟 韓明澮 崔恒
洪允成 曺錫文 鄭顯祖
尹子雲 金國光 權瑊
二等
婷 琛 鄭麟趾
鄭昌孫 具致寬 沈澮
金礩 韓伯倫 尹士昕
韓繼美 韓繼禧 宋文琳
三等
成奉祖 盧思愼 姜希孟
任元濬 朴仲孫 李克培
洪應 徐居正 梁誠之
金謙光 康袞 愼承善
李克增 韓繼純 鄭孝常
尹繼謙 韓致亨 李崇元
四等
金守溫 李石亨 尹弼商
許琮 黃孝源 柳洙
魚有沼 咸禹治 李墳
金吉通 宣炯 禹貢
金嶠 吳伯昌 朴居謙
李鐵堅 韓致仁 具文信
李淑琦 鄭蘭宗 鄭崇祖
李承召 韓琛 韓致義
金壽寧 韓致禮 韓儀
李永垠 李克墩 李壽男
鈺 申瀞 金順命
柳輊 沈瀚 申浚
成化八年

〈그림 3〉 홍윤성 좌리공신 교서(부분2)

도록에 따르면 이 교서는 필사본으로, 30.2cm×162.5cm 크기의 1축(軸) 문서이다.(<그림 1>) 1472년(성종 3) 홍윤성에게 발급된 교서로, 재질은 겉감은 비단이며 안감은 모시와 종이로 배접되어 있다. 입수 경위는 남양 홍씨 경력공파 11세제년조종회가 국사편찬위원회에 기증한 것으로 현재 '貴189'라는 관리번호로 관리되고 있다.

보존상태를 살펴보면, 본문 내용이 실린 교서의 앞부분은 글씨가 일부 마멸되어 있다.(<그림 2>) 1등에서 4등까지 공신의 명단이 실린 뒷부분은 마멸된 글씨 없이 상태가 좋은 편이다.(<그림 3>)

이제 교서의 내용을 살펴보도록 하겠다. 조선시대 의 일반적인 형식은 수취자 - 본문 - 공신 명단의 순서로 되어 있고, 앞과 뒤에 각각 보인(寶印)이 찍혀 있다. 수취자의 경우, 문서의 첫 행에 '敎'자를 기재하고, 두 번째 행부터 공신호(功臣號)·품계(品階)·관직·성명을 기재하였다.[90]

홍윤성 교서의 경우, 수취자 부분이 상당 부분 마멸되었다. 1행에 '敎'자는 남아 있지만, 공신호가 들어가는 두 번째 행의 맨 앞에는 '輸忠協策靖難'까지만 보이고 그 이하는 마멸되었으며, 그 다음 3행은 '理功臣' 이하가, 4행은 '領經筵事' 이하가 마멸되어 있다. 공신인 경우는 공신호가 맨 앞에 들어가는 것으로 보아, 홍윤성이 받았던 정난공신 - 좌익공신 - 좌리공신의 정식 호칭이 차례대로 기재되었을 것으로 보인다.[91] 홍윤성은 정난공신은 2등, 좌리공신은 3등, 좌리공신은 1등이었다. 그 각각의 정식 호칭은 '수충협책정난공신(輸忠協策靖難功臣)', '좌익공신(佐翼功臣)' '순성명량경제홍화좌리공신(純誠明亮經濟弘化佐理功臣)'이었다. 반복되는 '공신'이라는 호칭은 가장 뒤에 한 번만 붙이므로, 홍윤성 공신

90) 노인환, 앞의 논문, 10~11쪽.

91) 2번 이상 공신으로 녹훈될 경우, 그 이전에 받은 공신호를 함께 기재하였다. 노인환, 앞의 논문, 12쪽.

호의 명칭은 '수충협책정난좌익순성명량경제홍화좌리공신(輸忠協策靖難佐翼純誠明亮經濟弘化佐理功臣)'이 된다. 2행에 '輸忠協策靖難'이 3행에 '理功臣'이라는 부분이 확인되니, 마멸된 부분은 '佐翼純誠明亮經濟弘化佐'의 11자일 것으로 추정된다. 실제 교서를 보면 1행에 18자가 들어가는데, 임금에 관련된 글자가 아닌 경우 한 글자를 띄우고 낮추어 기재하니 모두 17자가 들어갈 수 있는 것으로 보면, 빠진 글자는 11자이고 그 글자는 바로 위의 11자일 것이다.

공신호 다음으로는 품계와 관직이 들어간다. 성종 즉위 당시 영의정으로서 원상(院相)이었던 홍윤성은, 책봉 당시에는 영의정을 윤자운(尹子雲)에게 물려준 상태였다. 좌리공신에 책봉되던 성종 2년 3월 당시 홍윤성의 품계는 대광보국숭록대부(大匡輔國崇祿大夫)로서 인산부원군(仁山府院君)의 작호를 지니고 있었다.[92] 2행이 '理功臣'으로 끝나고 3행이 겸직인 '領經筵事'로 시작하는 것을 보면, 2행에는 14자가 마멸되었을 것인데 위의 당시 관직으로 추정하면 '大匡輔國崇祿大夫 仁山府院君 兼'이었을 것으로 보인다. 실제로 2행 '理功臣'의 다음 글자는 '大'로 보이기도 한다. 관직 뒤에는 이름이 들어가니 4행 '領經筵事'의 다음으로는 수취자인 홍윤성의 이름이 기재되었을 것으로 보이나, 역시 마멸되었다.

5행부터는 33행까지는 교서의 본문이다. 9~11행과 16~17행, 22~24행, 29~30행의 아랫부분 일부가 마멸되어 있다.

'王若曰'로 시작하여 '故玆教示 想宜知悉'로 마치는 형식은 고려시대 이래 전해지는 일상적인 본문 형식과 같다.[93] 본문의 5~23행에는 홍윤성의 공적이 기재되어 있다. 기존의 정난공신과 좌익공신으로서의 공적

92) 『성종실록』 1년 4월 6일, 2년 3월 12일.

93) 노인환, 앞의 논문, 13쪽.

을 간단히 기술한 다음, 성종이 즉위하는데 도움을 준 공적을 상세히 기술하였다. 24~30행에는 홍윤성에 대한 포상 내역을 기록하였다. 각(閣)을 세우고 초상화를 그리며 비를 세워 공을 기록하는 내용,[94] 부모와 처자에게 3품계를 올려주고 적장자(嫡長子)는 세습(世襲)하여 그 녹(祿)을 잃지 않게 하고, 자손들은 정안(政案)에 기록하여 이르기를, '좌리 1등 공신 홍윤성의 후손[佐理一等功臣允成之後]'이라 하여, 비록 죄를 범함이 있을지라도 영세토록 용서한다는[95] 공신에 대한 특전이 실려있다. 앞에 이름이 마멸되어 확인할 수 없었던 수급자가 홍윤성임을 여기에서 확인할 수 있다. 이와 함께 반당(伴倘) 10인과 노비(奴婢) 5구(口)와 구사(丘史) 5명과 전지(田地) 40결(結)과 표리(表裏) 1투(套)와 내구마(內廐馬) 1필(匹)을 하사(下賜)하니 도착하면 잘 받으라는 내용이다.[96] 31~33행은 함께 공신이 된 자의 이름을 뒤에 기록하니, 시종 변치 말고 영원히 기쁨을 함께 하라는 내용이다.

34행 이후로는 1등 공신 9명, 2등 공신 12명, 3등 공신 18명, 4등 공신 36명, 총 75명의 명단이 기록되어 있다. 홍윤성 공신 교서에는 1행에 3인씩 규칙적으로 기재하였는데, 같은 시기 좌리공신 교서인 김길통 공신 교서에는 명단을 1행에 4인씩 기재하였다.[97]

가장 마지막 행에는 발급일이 기재되어 있다. 교서의 발급일은 성화(成化) 8년(1472, 성종 3) 6월이다. 책봉이 1471년(성종 2) 3월에 있었는데 교서 발급이 1년 남짓 늦어진 이유는 좌리공신 책봉 때에 교서가 사

94) '立閣圖形樹碑紀功'.

95) '父母妻子超三階 嫡長世襲 不失其祿 子孫則記于政案曰 佐理一等功臣允成之後 雖有罪犯 宥及永世'.

96) '仍賜伴倘十人 奴婢五口 丘史五名 田四十結 表裏一套 內廐馬一匹 至可領也'.

97) 김길통 좌리공신 교서(金吉通 佐理功臣敎書).

여된 것이 아니라 1472년 7월 3일의 음복연(飮福宴) 때 사여되었기 때문이다. 교서는 음복연 이전에 미리 준비하였기 때문에 6월 일자로 기재된 것으로 보인다.[98]

1471년 3월에 처음 좌리공신을 책훈할 때에는 1등 공신 9명, 2등 공신 11명, 3등 공신 18명, 4등 공신 35명으로 모두 73명이었는데[99] 뒤에 구치관(具致寬)이 2등 공신에, 이영은(李永垠)이 4등 공신에 추록(追錄)되었다. 교서에 기록된 순서는 1등~3등 공신은 『성종실록』에 나온 순서와 일치한다. 4등 공신의 경우는 한보(韓堡)와 한치의(韓致義)의 순서가 바뀌어 있다.[100] 추록한 2명은 실록 명단의 중간에 삽입되어 있다. 즉 2등 공신 구치관은 정창손(鄭昌孫)과 심회(沈澮)의 사이에 5번째로, 4등 공신 이영은은 한의(韓嶬)와 이극돈(李克墩)의 사이에 28번째로 들어있다. 구치관은 녹훈 전 해인 1471년 9월에 별세하였고,[101] 사후인 1472년 9월에 추록을 지시하는 성종의 전지가 확인된다.[102] 이영은은 녹훈된 해 윤9월에 별세하였는데, 실록의 졸기에는 신묘년(1472, 성종 2)에 공신이 되었다고 하여[103] 따로 추록하였다는 언급은 없다. 또한 이영은은 실록에 몇 등으로 녹훈되었는지 등급이 나오지 않는데, 실물인 이 교서에서 4등 공신임이 확인된다. 실물 유물이 지니는 사료적 가치를 확인할 수 있는 대

98) http://library.history.go.kr/dhrs/dhrsXIFViewer.jsp?system=dlidb&id=000000289081(신명호 해제)

99) 『성종실록』 2년 3월 27일.

100) 『성종실록』에는 한치의가 한보보다 앞에 나오는데, 홍윤성의 교서에는 한보가 한치의의 앞에 나온다. 한편 같은 시기 발급된 김길통의 교서에는 『성종실록』과 같은 순서로 한치의-한보의 순서로 나온다.

101) 『성종실록』 1년 9월 13일.

102) 『성종실록』 2년 9월 6일.

103) 『성종실록』 2년 윤9월 19일.

목이다.

교서의 맨 앞부분 수취자의 공신호 - 품계 - 관직이 기재된 부분과 맨 뒷부분 발급일자가 기재된 두 곳에 보인(寶印)이 찍혀 있다. 공신 교서에서 보인은 발급 시기에 따라 공신 교서의 변화된 모습을 가장 확인할 수 있는 구성요소이다.[104] 개국 이래 1507년(중종 2)까지 조선 전기의 교서에서는 두 곳에 보인이 찍히는 것이 일반적인데,[105] 홍윤성 공신 교서도 같은 형태를 보인다.

홍윤성의 공신 교서에 찍혀있는 보인은 '조선국왕지인(朝鮮國王之印)'이다. 교서에 찍힌 보인은 시기에 따라 차이를 보인다. 조선 건국 직후에는 고려 때 명(明)나라로부터 받았던 '고려국왕지인(高麗國王之印)'이 교서에 사용되었고, 이를 명에 반납한 이후에는 '조선왕보(朝鮮王寶)'가 사용되었다.[106] 이후에는 '시명지보(施命之寶)'가 사용되었다. 성종대의 좌리공신 교서에서 '조선국왕지인'이 사용된 뒤, 공신 교서의 보인은 다시 '시명지보'로 정착되었다.[107] 즉 1507년(중종 2) 정국공신(靖國功臣) 교서부터 마지막 발급된 1728년(영조 4) 양무공신(揚武功臣) 교서까지 계속 시명지보가 사용된 것이다.

'조선국왕지인'은 '대보(大寶)'라고도 하며, 원래 중국과의 외교, 즉 사대(事大)의 문서에 사용하는 어보(御寶)를 가리키는 말이다.[108] 즉 여러 가지 보인 중에서도 위계가 가장 높은 것이다. 그러한 의미에서 본 공신 교서가 갖는 가치를 다시 한번 확인할 수 있다. 이러한 어보가 유

104) 노인환, 앞의 논문, 15쪽.

105) 노인환, 앞의 논문, 16쪽.

106) 박성호, 「조선초기 공신 교서의 문서사적 의의 검토」 『전북사학』 36, 2010.

107) 노인환, 앞의 논문, 18쪽.

108) 김우철, 「『보인소의궤』(1876) 해제」 『국역 보인소의궤』, 국립고궁박물관, 2014, 21쪽.

독 좌리공신 교서에만 사용된 이유는 앞으로 연구를 통하여 밝혀야 할 과제이다.

이상에서 홍윤성 좌리공신 교서에 대해서 간략히 알아보았다. 앞으로 이 교서에 대해서는 문헌학적 분석과 함께 역사적 맥락에서 검토할 과제가 많이 남아있다. 아울러 함께 발급된 2등, 4등 공신 교서가 모두 보물로 지정된 만큼 1등 공신 교서인 홍윤성 공신 교서의 문화재적 가치에 대해서도 재검토의 기회가 있어야 할 것으로 본다.

6. 맺음말

이상의 논의를 요약하는 것으로 글을 맺고자 한다.

홍윤성은 조선 초기의 문신으로, 단종~성종대의 정국에서 핵심적인 위치를 차지하던 인물이었다. 젊은 나이에 정승에 올랐음은 물론, 세 차례 공신의 책봉에 빠지지 않고 포함되었던 데에서도 확인할 수 있다.

1453년(단종 1) 계유정난(癸酉靖難)에 큰 공을 세운 홍윤성은 정난공신(靖難功臣) 2등에 책봉되었다. 가장 먼저 세조에게 정변을 권유하고, 정변 당일 결단을 촉구했던 홍윤성은 누구보다 정변에 큰 공을 세웠던 인물이었다. 그러한 홍윤성의 처지에서 2등 공신이라는 등급은 다소 아쉬울 수도 있던 논공 결과였다. 이는 홍윤성의 젊은 나이가 영향을 미쳤을 것으로 짐작된다. 당시 29세의 젊은 나이였던 홍윤성은 전체 공신의 평균 연령인 41.1세보다 훨씬 낮았다. 홍윤성보다 낮은 연령으로 공신에 책봉된 2인은 모두 3등 공신이었고, 또 각각 1등 공신인 한명회(韓明澮)와 권람(權擥)의 아우였다.

세조는 즉위 직후인 1455년 9월, 자신의 즉위에 공을 세운 신하들을 대상으로 좌익공신(佐翼功臣)을 책봉하였다. 홍윤성은 처음에 책봉되는 인원에는 누락되었지만, 뒤에 따로 3등 공신으로 추가되었다. 이때 홍윤성이 3등으로 추록된 경위에 대해서도 여러 가지 정치적 맥락을 유추할 수 있겠지만, 31세라는 젊은 나이도 하나의 이유가 될 수 있었을 것이다. 연령이 확인되는 공신 가운데 홍윤성이 가장 젊은 나이였던 것이다. 그럼에도 불구하고 절대적인 세조의 신임이 예외적으로 홍윤성 1인을 추록하는 결과로 나타났을 것으로 짐작된다.

좌익공신의 책봉 이후 적개공신과 익대공신의 책훈에는 홍윤성이 제외되었다. 적개공신은 이시애의 난을 진압한 공으로, 익대공신은 남이의 옥사를 처리한 공으로 녹훈되었음을 감안하면 이해할 수 있는 측면이 있었다.

예종이 즉위 1년 남짓하여 홍거한 뒤 성종이 즉위하였고, 즉위에 공을 세운 인물을 대상으로 좌리공신이 책봉되었다. 홍윤성은 정희왕후(貞熹王后)가 후사를 정하는 자리에 참석했던 원상(院相) 중의 하나였고, 따라서 성종의 즉위에 가장 큰 공을 세운 인물이었다. 홍윤성이 좌리 1등 공신으로 책봉된 것은 당연한 순서였을 것이다. 47세의 홍윤성은 역시 1등 공신 9명 중에는 가장 젊은 나이였다.

현재 국사편찬위원회에는 홍윤성을 좌리공신에 녹훈하는 교서가 실물로 남아있다. 홍윤성 교서는 일부 내용이 마멸된 아쉬움은 있지만, 교서 자체가 갖는 여러 가지 가치에 주목해볼 필요가 있다. 이 교서는 다른 시기의 공신 교서에서 찍힌 보인(寶印)과는 달리 '조선국왕지인(朝鮮國王之印)'이 찍혀있다는 점에서 주목되는 교서이다. '조선국왕지인'은 중국과의 사대문서에 사용되는 가장 위계가 높은 보인이기 때문이다. 한편 문헌 자료에는 확인되지 않는 이영은(李永垠)의 녹훈 등급이 4등 공신임이 밝혀져 있는 유물이기도 하다. 실물로 남아있는 공신 교서가 63편에 불과한 현실에서, 또 좌리공신 3등 이숭원과 4등 김길통의 교서가 보물로 지정되어있는 점을 감안하면 1등 공신 교서인 홍윤성의 좌리공신 교서의 역사적, 문화재적 가치는 앞으로 재평가의 기회가 부여되어야 할 것이다.

세조대 조·일 관계와 홍윤성의 역할

손승철 | 전 국사편찬위원, 한일관계사학회 회장

1. 머리말
2. 세조대의 조·일 관계
3. 홍윤성의 수직왜인과 일본 국왕사 접대
4. 홍윤성의 통신사에 대한 입장과 정책
5. 맺음말

1. 머리말

1453년 계유정란에 의해 정난공신 2등에 책록된 홍윤성은 사복시판관, 장령을 거쳐 판사복시사가 되어 본격적인 관료의 길을 걷게 되었다. 홍윤성은 1455년 세조가 왕에 오르자, 곧이어 31세에 예조참의에 임명되고, 세조의 즉위를 보좌한 공으로 다시 좌익공신 3등에 책록되었다. 그리고 참판으로 승진되어 인산군(仁山君)에 봉해졌다. 이어 1457년(세조 3)에는 33세의 나이로 예조판서가 되어 조선의 외교를 총괄하는 위치에 오른다.

그후 경상우도 도절제사를 거쳐 1459년 다시 예조판서에 임명되었다. 이듬해인 1460년 모련위(毛憐衛)의 야인(女眞)이 반란을 일으키자 신숙주의 부장이 되어 이를 토벌했다. 1467년 우의정, 1469년 좌의정에 올라, 명에 사은사로 다녀와서, 영의정에 올랐다, 당시 그의 나이 44세였다. 그리고 1471년 성종의 즉위를 보좌한 공으로 좌리공신 1등에 책록되어, 1475년 타계할 때까지 조선의 외교와 국방에 많은 공적을 남겼다.

이 글에서는 그 동안 전혀 언급되지 않았던 홍윤성의 외교활동, 특히 예조참의에 임명되어 영의정이 되기까지의 세조대(1456~1471)의 조일관계와 그의 일본 인식 및 정책에 대해 재조명하고자 한다.

2. 세조대의 조·일 관계

1) 통교규정의 정비과정

조선이 건국된 후, 일본과 마찰을 빚었던 가장 큰 문제는 왜구였다. 조선은 왜구문제에 대해 고려 말 양면 정책을 그대로 계승하면서도 군사적인 방법보다는 그들을 회유하여 통교자로 전환시키기 위한 외교적인 노력을 경주했다.

그리하여 태조 즉위 직후인 1392년 11월 승려 각추(覺鎚)를 아시카가 요시미쓰[足利義滿] 쇼군에게 파견하여, 왜구 금압과 함께 피로인의 송환을 약속받았다. 조선국왕 사절이 쇼군과 직접 접촉한 것은 이것이 처음이고, 이때부터 규슈 지방을 비롯하여 이키, 쓰시마 등 조선과 근접한 지역의 중소 영주들과도 사절 왕래가 이루어지기 시작했다.[1)]

태조 연간(1392~1398) 조선에서는 일본에 5차례 사절을 파견했는데, 명칭은 회례사(回禮使)로 왜구에게 붙잡혀 간 피로 조선인들을 돌려보내준 것에 대해 예로 답한다는 의미였다.

회례사에 이어 1398년 12월, 쇼군 사자가 다시 조선에 파견되어 피로인을 송환시키고, 조선에서는 이 사절에 대한 답례로 이듬해 8월에 최운사(崔云嗣)를 보빙사(報聘使)라는 명칭으로 파견했으나 이 사절은 바다에서 풍랑을 만나 되돌아오고 말았다.

그러다가 1404년 조선과 일본 모두 중국의 책봉체제에 편입하게 되자, 이후부터 쇼군 사절의 명칭이 일본국왕사(日本國王使)로 일원화했다.

---

1) 손승철, 「제1절 조일 교린체제의 구조와 성격」, 『조선시대 한일관계사연구』, 2006, 경인문화사 참조.

그러나 조선 사절 명칭은 여전히 보빙사, 회례사, 통신관, 회례관 등 이었다가, 통신사(通信使)의 명칭이 처음 사용된 것은 1428년 12월 박서생(朴瑞生)을 정사로 한 사행부터였다.

통신사는 어떠한 의미일까? 통신사란 한마디로 '믿음을 통하는 사절'을 뜻하는데, 곧 사신을 보내어 믿음의 교린관계를 완성한다는 것이다. 조선에서는 막부 쇼군에게 사절을 보낼 때마다, 교린을 강조하는 국서를 보냈다.

『조선왕조실록』에 쓰여진 교린의 용례를 보면, 교린은 신(信)·도(道)·의(義)·예(禮)를 의미하며, 구체적으로 '교린지신(交隣之信)'·'교린지도(交隣之道)'·'교린지의(交隣之義)'·'교린지예(交隣之禮)'라는 용어로 표현되었다.[2)]

이처럼 교린이란 신의·도리·의리·예의라는 유교적 가치 기준을 가지고 예에 합당하게 국제관계를 맺어가는 것이며, 통신사란 이러한 이념을 실천하기 위한 외교사절로 일본에 파견되었다.

1428년(세종 10) 12월, 정사 박서생, 부사 이예, 서장관 김극유로 편성된 최초의 통신사가 파견되었다. 이들은 아시카가 요시노리의 쇼군 취임을 축하하고, 아시카가 요시모치를 문상하며, 서국의 여러 호족, 특히 오우치 모치요[大内持世]에게 왜구 통제를 요청하는 것이 목적이었다. 그들은 이듬해 6월, 교토에서 쇼군을 알현하고 그해 12월 한양으로 돌아왔다.

귀국 후에 세종에게 보고한 내용을 보면 일본의 실정을 상세하게 관찰한 것을 알 수 있다. 우선 통신사에 대한 막부의 대우가 부실했다고

2) 손승철, 「제2편 조선통신사의 역사적 상징성」, 『조선통신사, 타자와의 소통』, 2017, 경인문화사, 참조.

불만을 토로했고, 아시카가 정권이 매우 약했다는 것, 불교를 존숭하며 농촌에서는 물방아를 이용하고 있으며, 금, 은, 동과 철의 생산이 자유로워 그것으로 돈을 주조하고 여행의 편의와 납세에 이용하고 있다는 것 등 정치와 경제, 문화에 관한 내용을 두루 보고했다.

또 왜구에 대해서는 출신지별로 분류해 그 실정을 언급했다. 세토[瀨戶] 내해의 해적들은 오우치씨[大內氏]와 무나가타씨[宗象氏]에게 속해있고, 왜구에게 잡혀간 많은 조선인들이 일본에서 도망쳐 돌아오고 있기 때문에 송환에 대한 계획을 세울 필요가 있다는 것을 보고했다.

1439년(세종 21) 7월, 정사 고득종, 부사 윤인보, 서장관 김예몽이 두 번째 통신사로 파견되었다. 이들은 교토에서 12월에 쇼군을 알현하고, 이듬해 5월 한양으로 돌아와 복명했다. 주된 목적은 일본과의 교린관계를 거듭 확인하고, 계속되던 왜구 침입 금지를 요청하는 동시에 서일본 지역의 여러 호족들이 보내오는 사자의 수를 제한하는 문제를 쇼군에게 부탁하는 것이었다. 당시 조선 왕조는 일본으로부터의 늘어나는 사자들에 대한 접대에 골머리를 앓고 있었다.

1443년(세종 25) 2월, 정사 변효문(卞孝文), 부사 윤인보, 서장관 신숙주가 세 번째 통신사로 파견되었다. 전 쇼군의 문상과 새 쇼군의 습직 축하를 위해서였다.

일본 사료인 『강부기(康富記)』에 의하면, 6월 19일 통신사 일행 50여 명은 행렬을 맞추어 피리, 북, 비파, 정고를 울리면서 쇼군 저택으로 들어갔고, 정사 이하 정관은 기둥 밖에서, 군관 이하는 뜰에서 쇼군에게 사배례를 행했다. 세종 국서는 승려가 받아서 쇼군의 책상에 놓았다. 수백 명의 군신이 정원에 앉아 있었다. 나중에 쇼코쿠지[相國寺]에서는 조선 의례에 의한 제례를 행했고, 관령 이하 여러 대신이 배석한 가운데 전 쇼군의 제문이 봉헌되었다. 아시카가 요시카쓰 쇼군은 어리다는 이유로 참석하지 않았지만, 모비(母妃)와 함께 남몰래 보았다고 한다.

귀로에 이요[현 에히메현]라는 지역에서 호송하는 자들에게 습격을 받았는데, 소지한 물품이 쇼군과 관령들이 조선의 국왕에게 보내는 예물이라고 설명했으나 그들이 듣지 않자, 금전을 건네주고 난을 피했다고 한다. 아카마가세키[현 시모노세키시]에서는 청경사(請經使) 고곤이 쫓아와 어린 쇼군이 죽고 그 동생이 습직했다는 소식을 전했다. 이키에서는 7인의 피로인을 찾아 체찰사 이예로 하여금 쇄환하게 했다. 그리고 쓰시마에서는 도주와 협의하여 세견선(歲遣船) 문제를 비롯한 통교 규정이 논의되었는데, 이 내용이 후에 계해약조(癸亥約條)로 체결됨으로써 조선 초 왜구 문제 및 제반 통교 규정이 일단락되었다. 계해약조의 주된 내용은 쓰시마로부터의 세견선을 매년 50척으로 한정하되 사송선(使送船)의 권한을 모두 도주에게 집중시킨다는 것이다. 이후 조선 전기의 한일 관계가 안정 단계에 접어들었다.

이 통신사행에 수행했던 서장관 신숙주(申叔舟)는 이때 일본 사행의 체험을 바탕으로 『해동제국기(海東諸國記)』를 편찬했다. 『해동제국기』가 이후 조선 왕조의 대일 정책이나 일본에 파견된 통신사의 지침서가 되었다는 것은 주지의 사실이다.

10월 13일, 옥포로 귀국한 통신사는 여행의 경과를 세종에게 치계했다. 조정에서는 귀로 중 쇼군이 바뀐 일에 대해 다시 통신사를 파견할 것인가를 두고 논란이 분분했으나 뒤쫓아 온 청경사 편에 예물만 보내고, 통신사 파견은 일단 연기하기로 했다.

이후 통신사를 다시 파견하는 것에 대한 논의가 여러 차례 있었고, 1460년, 1475년, 1479년 3차례에 걸쳐 통신사를 파견했지만 사행 도중 조난을 당하거나, 일본에 내란이 일어나거나 정사가 갑자기 병을 얻는 등의 이유로 모두 중단되었다. 통신사의 파견은 1590년 임진왜란 직전에 가서야 다시 이루어졌다.

조선 전기에 조선 국왕이 막부 쇼군에게 사절을 파견한 것은 1392년부터 1590년까지 총 19회인데, 이에 반해 막부 쇼군이 조선에 사절을 파견한 것은 1397년부터 1589년까지 총 70회에 달한다. 조선 전기 조선 국왕과 일본 쇼군의 사절 파견 횟수는 다음 표와 같다.

〈표 1〉 조선전기 통신사와 국왕사의 파견일람

	태조	정종	태종	세종	문종	단종	세조	예종	성종	연산	중종	인종	명종	선조	계
회례사, 빙례사 등	5	1(1)	5(1)	4											15(2)
조선통신사				3			(1)		(2)					1	4(3)
일본국왕사		1	12	10	1		7		9	4	12	1	8	5	70

* ( )는 사신을 파견되었으나 도중에 중지된 경우임

이처럼 양국의 사절 파견 횟수가 크게 차이가 나는 것은 무슨 이유일까? 그것은 양국의 사절 파견 목적이 기본적으로 달랐기 때문이다. 조선은 양국 간의 우호 교린에, 일본은 경제적이거나 문화적인 이득을 얻는 데에 그 목적이 있었다. 이에 반해 일본은 통교나 하사품에 대한 경제적인 욕구와 대장경 구청을 이유로 사절을 파견했기 때문에, 각지에서 일본국왕사로 위장한 위사(僞使)가 많았다. 아직까지 70회의 일본국왕사 중 어느 사절이 진짜이고, 어느 사절이 가짜인지 진위를 명확히 가릴 수 없다. 아마도 절반 이상은 위사로 추정된다.

이와 같이 조선에서는 왜구 문제 해결을 위해 쇼군에게 여러 차례 사신을 파견했다. 그러나 이것이 곧바로 두 나라의 교린체제를 완성하는

것은 아니었다. 왜냐하면 당시 일본은 쇼군에 의한 국내 통치가 완전히 이루어지지 않았으며, 조선에 대한 직접적인 외교능력도 없었기 때문이다.

조선이 일본과 교린체제를 완성해 간 방법은 조선 국왕과 일본 쇼군이 통신사와 국왕사의 왕래를 통해 대등한 관계를 해가면서, 쇼군 이외의 다른 여러 계층을 통교 규정에 의해 기미관계에 편입시켜 가는 것이다. 기미(羈縻)란 말의 재갈이나 소의 고삐를 말하는데, 이는 재갈과 고삐를 이용해 말과 소를 부리는 것을 의미한다.

그렇다면 쇼군 이외에 다른 계층과는 어떠한 관계를 맺었을까. 『해동제국기』의 「조빙응접기(朝聘應接紀)」에는 일본으로부터의 왕래자를 모두 4개 부류로 구분했다. 일본 쇼군의 사절인 일본국왕사, 대영주급인 거추사(巨酋使), 규슈절도사·쓰시마도주, 소영주 급인 소추사(小酋使)·쓰시마 수직인 등이다. 즉 조선에서는 쇼군의 사절인 국왕사와는 대등 교린을 하며, 그 외의 나머지 계층을 크게 세 그룹으로 나누어, 이들이 통교를 원하는 경우 조선이 만든 여러 규정을 따르게 하여 이들을 조선 중심의 기미 관계에 편입시켰다.

조선이 실시한 통교 규정은 포소 제한·수직·서계·도서·문인·조어금약·세견선정약 등으로 매우 다양하다. 이러한 제도의 실시와 정착은 1407년 포소의 통제부터 시작하여 1443년 계해약조에 의해 일단락될 때까지 상당히 오랜 기간에 걸쳐 정비되었다.

이상의 여러 가지 통교 규정은 도항자 통제의 1차적인 권한을 쓰시마도주에 위탁하였기 때문에 그 운영에 한계가 있을 수밖에 없었다. 이에 조선에서는 더욱 적극적인 통제책으로 도항자의 세견선 수를 정하여 도항 횟수 및 교역량을 기본적으로 제한했다.

〈표 2〉 조선전기 통교규정

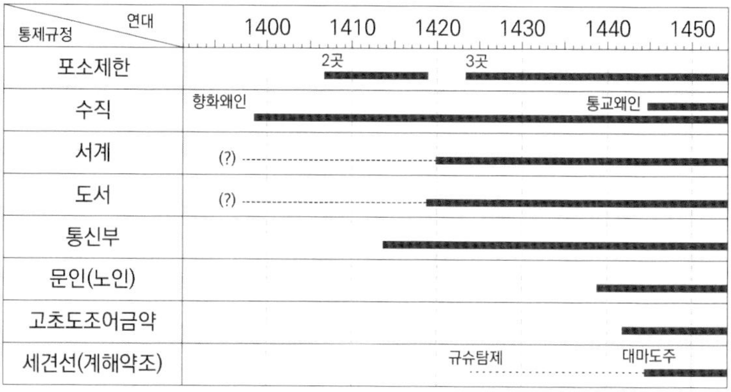

통제규정 \ 연대	1400	1410	1420	1430	1440	1450
포소제한		2곳	3곳			
수직	향화왜인				통교왜인	
서계	(?)					
도서	(?)					
통신부						
문인(노인)						
고초도조어금약						
세견선(계해약조)			규슈탐제		대마도주	

세견선정약은 1424년에 규슈탐제에게 봄과 가을 2회의 견사를 허용한 것이 시초지만, 이를 제도적으로 확립한 것은 1443년(세종 25) 조선과 쓰시마도주 간에 맺은 계해약조(癸亥約條)이다. 주된 내용은 쓰시마도주의 세견선을 매년 50척으로 한정하고, 삼포에 머무르는 자의 체류 기간을 20일로 하고, 상경인의 배를 지키는 자는 50일로 하며 이들에게도 식량을 지급한다는 것이다. 세사미두는 200석으로 하고, 특별한 사정이 있을 때는 특송선을 파견할 수 있도록 하며, 고초도에서 고기잡이하는 자는 지세포 만호에게 문인을 받고 와서 어세를 내야 한다는 내용으로 되어 있다.

조선은 이렇게 통교 제도를 지속적으로 보완하고 정비하여 약탈자 왜구를 평화적인 통교자로 전환시킬 수 있었고, 각종의 규정을 두어 그들의 무제한적인 왕래를 제한했다. 그리고 모든 도항자는 사송선의 형식을 취하게 했다. 도항자의 우두머리는 야인[여진족]이나 유구 사절처럼 상경하여 경복궁에서 국왕에게 조례를 행했고, 교역은 진상과 회사의 형태로 이뤄졌다. 이러한 제규정은 1443년 변효문 통신사를 통해 쓰시마

도주와 계해약조를 체결하게 함으로써 완성했다.[3)]

조선은 이 같은 과정을 통해 고려 말부터 한반도를 약탈해 왔던 동아시아 해역의 왜구 문제를 해결해 갔다. 이후 『조선왕조실록』에서 왜구 약탈 기사를 찾을 수 없다.

2) 왜인들이 왕래와 상경

조일관계가 안정되면서 일본인의 왕래가 본격화되었지만, 전기 조선에 온 일본인이 얼마나 되는지 정확한 수는 알 수가 없다. 그러나 『조선왕조실록』에 기록된 통교자에 관한 기록을 도표화하면 통교 횟수가 4,800여 회에 이른다.

〈표 3〉 조선전기 일본의 각 지역에서 온 통교 회수

지 역	1392~1419	1420~1443	1444~1471	1472~1510	1511~1592	계
막 부	16	7	12	11	25	71
혼슈·시코쿠	42	43	91	144	28	348
규슈	94	178	184	370	19	845
히젠·이키	112	91	355	605	3	1,166
쓰시마	155 (36%)	492 (60%)	607 (48%)	1,056 (48%)	75 (49%)	2,385 (49%)
기타	13	7	5	2	2	29
계	432	816	1254	2,188	152	4,842

(한문종, 『조선전기 대일외교정책 연구』).

3) 손승철, 「제2편 제1장 대마도의 조일 양속관계」, 『조선전기 한일관계, 약탈과 공존』, 2017, 경인문화사 참조

이 통계는 연도에 따라 큰 변화가 있다. 조선 전기 200년간 연평균 24회 이상 왕래했고, 세종~세조대에는 46회, 가장 빈번했던 성종대(1469~1494)에는 58회에 달했다. 한 예로 1439년(세종 21) 예조에서 쓰시마도주에게 보낸 서계에 의하면, 한 해에 조선에 오는 일본인이 1만 명이나 되었고, 그들에게 지급한 쌀이 거의 10만 석에 이르렀다고 한다. 또한 1471년에 편찬된『해동제국기』의 기록을 보면, 한 해에 입국한 선박 수가 220척이나 되고, 입국 왜인 수가 5,500명 내지 6천여 명, 순수한 접대비만도 2만 2천 석에 달했다.

조선에 도항해 오는 모든 왜인들은 모두 삼포를 통해 조선에 입항했다. 이들 왜인은 입항 목적에 따라 사송왜인(使送倭人), 흥리왜인(興利倭人), 항거왜인(恒居倭人)으로 분류한다.

사송왜인은 사자의 명칭을 띠고 도항해 오는 자를 말하며 객왜(客倭)라고도 했다. 흥리왜인이란 무역을 위해 도항해 오는 자를 말하는데 상왜(商倭) 또는 판매(販賣)라고 했다. 또한 왜구로 침입하여 귀순하거나 처음부터 귀화를 목적으로 도항해 오는 왜인이 있었는데, 조선에서는 이들에게 토지나 가옥을 주어 조선에 안주하게 했다. 이들을 항왜(降倭), 투화왜(投化倭) 또는 향화왜(向化倭)라 불렀는데, 모두 조선에 눌러 살았으므로, 항거왜인이라 했다.

이들 항거왜인들은 삼포에 흥리왜인이나 사송왜인의 체류 공간인 왜관과는 별도로 왜인 마을을 형성하여 항구적인 왜인촌으로서의 거주 공간을 확보했다. 오늘날로 치면 가히 '재팬타운'이라고 부를 만하다. 이렇듯 1426년 삼포 제도가 확립되면서, 1510년 삼포왜란에 의해 폐쇄되기까지 「해동제국기」는 책머리에 <해동제국총도> 여섯 장의 일본지도와 <웅천제포지도>, <울산염포지도>, <동래부산포지도> 등 삼포지도 세 장이 있다.

〈그림 1〉 동래부산포지도

〈그림 2〉 웅천제포지도

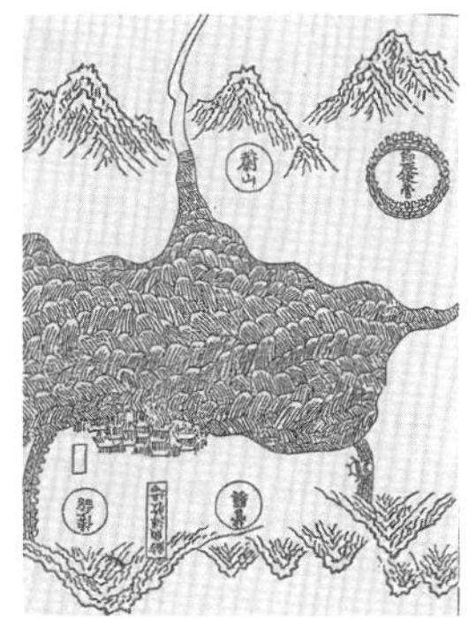

〈그림 3〉 울산염포지도

삼포에 입항한 사송왜인과 홍리왜인들은 그들의 우두머리들이 상경하여 조선의 왕을 알현하고 돌아오는 기간 동안, 삼포에서 무역을 했다. 상경 왜인들은 상경 및 동평관 체류 기간이 정해져 있었고, 삼포 왜인들에게도 체류기간 동안의 모든 비용이 조선 정부에 의해 지급되었다. 국왕사는 체류기한에 제한이 없었지만, 거추사는 상경 전에는 15일, 상경했다가 돌아온 후에는 20일로 기한을 정했다. 또한 사송왜인과 홍리왜인들에게는 도항 이후 조선에 체류하는 동안 선박 수리 지원 등을 비롯해 필요한 모든 물자를 제공했다.

삼포 지도를 보면 포소 내에는 절도 14개나 있고, 승려도 55명이 거주하는 것으로 되어 있어, 일상적인 종교생활도 하고 있었음을 알 수 있다.

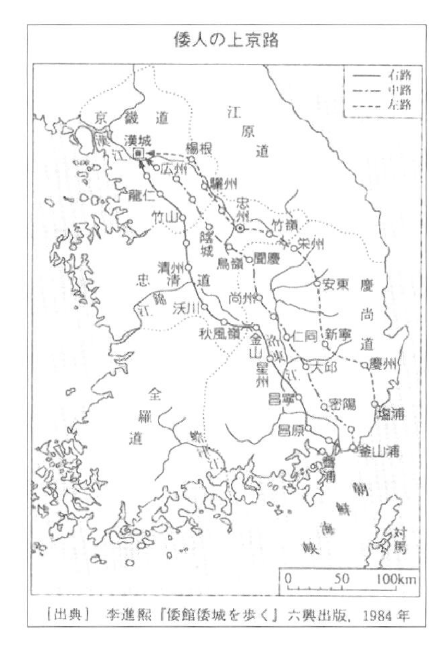

[出典] 李進熙『倭館倭城を歩く』六興出版, 1984 年

〈그림 4〉 왜인의 상경로

삼포에 입항하는 왜인들은 배 한 척마다 기본적으로 정관, 부관, 선장, 선부로 인원을 구성했다. 현대적인 표현으로 비유하자면 정관은 외교사절단장, 부관은 무역책임자인 셈이다. 도항 왜인들이 삼포에 입항하면 정관은 왜관에서 입항 수속을 했고, 수속이 끝나면 예조에서 파견한 경통사와 향통사의 안내를 받아 한양으로 상경했다. 그리고 나머지 사람들은 부관의 통솔하에 무역을 행했다. 사절의 등급에 따라 정해진 상경 인원은 국왕사자 25인, 여러 추장의 사자 15인, 규슈절도사와 쓰시마 특송사자는 각 3인인데, 짐이 5바리[駄]가 넘으면 1인을 추가할 수 있지만 5인을 초과하지 못하도록 했다.

상경이 허락되면, 이들은 정해진 상경로를 통해 한양으로 갔다. 상경로는 크게 육로와 수로가 있었다. 수로는 낙동강과 한강을 이용했고, 14일에서 21일이 걸렸다.

상경 중에 상경 왜인들을 위한 연회를 베풀었는데, 이를 노연(路宴)이라고 한다. 노연 역시 사신 등급에 따라서 각기 차이가 있었다. 국왕사의 경우는 다섯 번, 제추사에게는 네번, 규슈절도사 및 쓰시마도주의 사절에게는 두 번, 그 외는 한 번의 연회를 베풀어 여행의 피로를 달래주었다. 그러나 이들 상경 왜인 때문에 민중들이 겪는 고통과 부담도 적지 않았다.

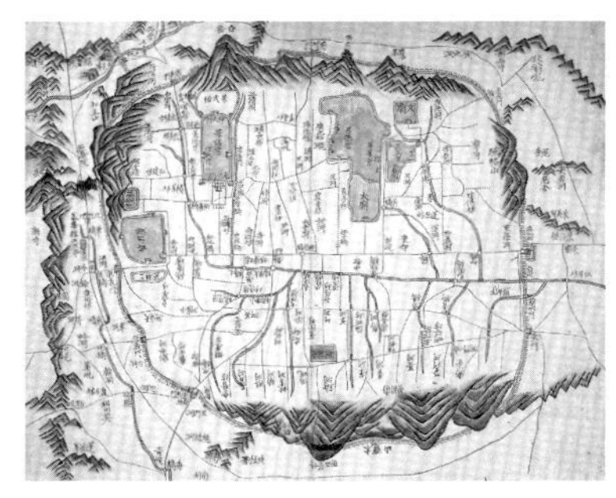

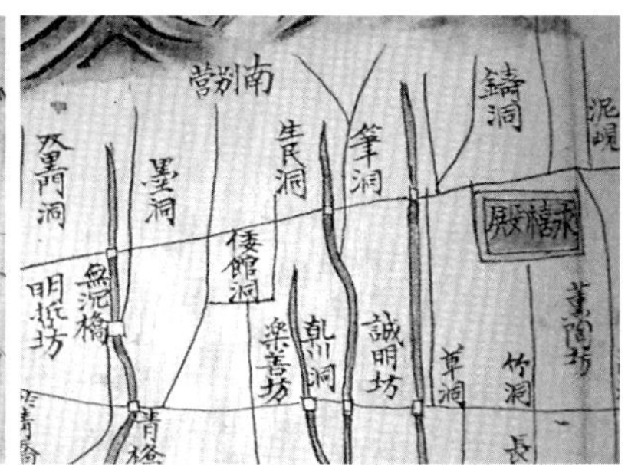

〈그림 5〉 수선전도의 왜관동

조선시대에 외국의 사신이 한양으로 들어오는 경우, 왜인은 반드시 광희문(光熙門)을 통해서 입경하도록 되어 있었다. 따라서 왜인들은 광주에 이르게 되면 두무깨(豆毛浦: 현재의 옥수동)나루로 한강을 건넌 다음, 살곶이 다리를 건너 지금의 왕십리를 거쳐 시구문으로 알려진 광희문을 통해 도성 안으로 들어왔다.

한양에 입경한 왜사들은 일단 왜인들의 전용 숙소인 동평관(東平館)에 여장을 풀었다. 당시 한양에는 입경하는 외국 사신을 위한 여러 객사(동평관, 태평관, 북평관)가 있었는데, 왜인들은 동평관에 묵었다. 동평관은 1409년 2월에 처음 지어졌다. 18세기에 그려진 <수선전도(首善全圖)>를 보면, 한양의 남부 낙선방 왜관동(倭館洞)에 위치해 있었다. 현재의 중구 인현동 2가 192번지 일대로, 충무로 4가 파출소 북쪽에서 덕수중학교 앞에 이르는 중간 지점이다.

왜인들의 동평관 체류 기간은 짐의 양에 따라 정했고, 대개 한 달 이내였다. 상경한 왜인들은 그들의 상경 목적이 끝날 때까지 동평관에서 지냈다. 머무는 동안 조선 측에서 정한 규율에 따라 행동이 제한되었음은 물론이다. 왜인들은 조선으로부터 5일에 한 번씩 식량과 연료 등을 무상으로 지급받았다. 이들에게는 예조에서 정해진 규정에 의해 연회를 베풀어 주었으며, 3일에 한 번씩은 주간에 술대접을 했다.

숙배일에는 경복궁 근정전 앞뜰에서 국왕을 배알했다. 국왕에게 숙배할 때는 조선에서 하사한 관복을 입고, 사절의 등급에 따라 정해진 위치에서 알현했다. 일본국왕사와 유구국왕사는 종2품 서열이었다. 숙배가 끝나면 가져온 물건들을 진상했다. 조선에서는 회사의 형식으로 하사품을 주고, 경회루에서 연회를 베풀었다. 연회가 끝나면, 동평관으로 돌아가서 예조와 미리 약조된 공무역을 했다. 동평관에서 정해진 체류기일이 지나면 길을 되돌아 삼포로 돌아가는데, 역시 정해진 규정에 따라서 환송연으로 하정(下程)과 별하정(別下程)이라는 연회를 열어주었다.

조선 정부는 무슨 이유에서 이렇게 많은 왜인들을 상경시켜 복잡한 절차와 비용을 들여 이들을 접대했을까. 왜인들이 상경을 하여 행하는 가장 큰 의식은 역시 국왕을 알현하고 숙배하는 일이었다. 이것은 중국에서 한대 이후 일반화된 조공과 같은 성격을 가진 것이다. 숙배는 왜인이나 여진인이 조선에 취하는 외교적인 신례(臣禮) 행위로, 조선에 복속한다는 의미를 지닌다. 조선에서는 명을 제외한 주변국에게는 교린 정책을 취해 왔는데, 일본의 막부 쇼군과는 조선 국왕과 대등한 관계를 맺었지만, 그 외 일본의 여러 세력과 유구, 여진에 대하여는 기미관계라고 하는 조선 우위의 특수한 관계를 설정했다.

따라서 조선과 통교무역을 원하는 모든 자들에게 조선이 정한 규정에 따라서 입국하여 국왕을 알현하는 외교적인 절차를 밟게 함으로써, 조선을 대국(大國)으로 섬기는 자세를 취하게 했다. 특히 수직왜인의 경우는 연 1회 삼포를 통해 조선에 입국하여 상경한 후, 조선 국왕을 알현하는 것을 의무화했다. 그리고 반드시 이 절차에 따라야만 공무역을 할 수 있도록 허락했다. 따라서 이들은 공무역을 위해서라도 상경하여 국왕을 알현해야만 했다.[4)]

『세조실록』에 의하면 세조대(1456~1467)에 홍윤성의 일본 관련 기사는 모두 22건, 성종대(1471~1475)에 11건이 나온다. 이 사료들을 분석해 보면, 크게 두 종류로 분류된다. 하나는 수직왜인(受職倭人)과 국왕사(國王使)등 일본사신에 대한 접대와 또 하나는 통신사 파견에 대한 기사이다.

3. 홍윤성의 수직왜인과 일본 국왕사 접대

1) 수직왜인의 접대

수직(受職)이란 조선으로부터 관직을 제수 받은 왜인을 말하는데, 조선에 투화 내지는 귀화하여 관직을 받는 '귀화왜(歸化倭)'와 일본에 거주하면서 조선의 관직을 받는 '통교왜(通交倭)'의 두 가지 종류가 있다.

조선 초 수직은 1396년, 왜선 60척과 수백 인의 왜인을 인솔하고 투항한 구륙에게 조선에서는 '선략장군 용양순위사 행사직겸해도관민 만호'의 관직을 제수했다. 이외에도 1397년에는 임온이 병선 24척을 이끌고 와서 투항하여 선략장군의 관직을 제수 받은 것을 비롯하여 망사문, 곤시라, 사문오라, 삼보라평, 현준 등 쓰시마에 거주하는 많은 왜인 두목들이 투항하여 관직을 제수받았다. 한편 평원해, 등차랑, 간지사야문과 같이 의술, 조선술, 제련술 등의 기술을 가지고 투항하여 수직된 자도 있었으며, 평도전과 같이 쓰시마 도주의 대관으로 내조하여 수직왜인이 된 자도 있었다. 1396년 구륙의 수직 이후 1510년 삼포왜란에 의해 통교관

---

4) 손승철, 「제2편 제2장 조선전기 서울의 東平館과 倭人」, 『조선전기 한일관계, 약탈과 공존』 2017, 경인문화사 참조.

계가 일시 정지될 때까지 총 90명에 달하고 있으며, 이들 중 쓰시마인은 52명에 달한다.

홍윤성과 관련하여 실록에 등장하는 수직왜인은 1444년(세종 26) 일기에 거주하는 등구랑(藤九郎)에게 호군(護軍)의 관직을 제수한 것이 대표적인 사례이다. 조선은 이들 수직 왜인들에게 연1회 조선국왕을 알현하는 특권을 부여함으로써 조선의 정치, 외교질서에 편입시켜 그들을 간접적으로 통제하여 간다는 방책을 취했다. 특히 등구랑은 수직을 한 후에 일자부(一字符)와 이자부(二字符)의 도서(圖書) 2개를 만들어 가지고 가서, 평시에는 일자부를 보내고, 왜구의 움직임이 있을 때는 이자부를 보내어 왜구의 동정을 조선에 보고했다.[5)]

1456년(세조 1) 7월, 예조참의 홍윤성이 왜호군 등구랑의 접견에 참여하여 구주 및 관서지방의 토지·부락·군병 등에 관하여 묻자, 등구랑이 구주 및 오도열도, 혼슈의 소이전(小二殿)과 대내전(大內殿)의 다툼을 자세히 아뢰었다. 그 자리에 배석했던 겸판예조사 강맹경과 등구랑의 대화내용을 소개해 보자.

> 강맹경이 말하기를, "우리나라에서 (일본의) 모든 섬을 대하기를 한 집이나 다름없이 해 왔고, 또 너와 같은 사람들이 힘을 다하고 딴 마음이 없음을 알고 있는 터이므로 진정 이러한 염려는 하지 않는다." 하니, 등구랑이 말하기를, "계해년에 적왜(賊倭)를 추쇄할 때 제가 향도가 되어 구주(九州) 등지에서 많이 체포한 바 있습니다." 하였다. 강맹경이 말하기를, "너는 반드시 생각하기를, 우리들 신임 관원이 너희들의 공로가 있음을 알지 못하고 말한 것이라고 할 것이나, 어찌 모르겠느냐?" 하니, 등구랑이 말하기를, "양국(兩國)이 영구히 통호(通好)하여 변방에

5) 『세종실록』 권104, 26년 6월 정유.

위급함이 일어나지 않게 하는 것이 상책(上策)입니다." 하였다.

강맹경이 말하기를, "우리 나라에서 대하는 법은 시종 무엇이 다르겠느냐? 다만 너희들의 성의 여부에 달려 있을 뿐이다. 내 생각으로는 대마도(對馬島)는 의복과 음식을 오로지 우리 나라에 의뢰해 살고 있으므로 절대로 어기고 거역하는 일은 없을 것이고, 만약 조금이라도 거역하는 일이 있게 되면 기해년 정벌(征伐)이 이미 명감(明鑑)이 될 것이다." 하니, 등구랑이 말하기를, "그렇습니다." 하였다.

강맹경이 말하기를, "우리 나라 병선(兵船)이 할 일 없는 상태에 있다고 말하니 기쁘다. 그러나 나라의 변방(邊方) 대비책(對備策)이란 어느 일단(一端)만이 아니므로 소홀한 형편에는 이르지 않으며, 그 사이의 방략(方略)을 일일이 열거(列擧)할 수 없다." 하니, 등구랑이 머리가 땅에 닿게 절하고 나갔다.

즉 양국 간에는 통호하는 것이 가장 중요한 일이며, 통교규정에 철저히 따르는 것이 가장 우선인 것을 강조하고, 거역할 경우 1419년 이종무의 대마도 정벌을 상기시키고 있다.

또한 1459년(세조 4) 2월, 예조판서 홍윤성이 좌의정 정창손과 우의정 강맹경 등과 대마도주 종성직에게 관직을 내려 주는 것을 의논하였다.

좌의정 정창손(鄭昌孫)·우의정 강맹경(姜孟卿) 등이 의논하여 아뢰기를,

"1. 예로부터 이적(夷狄)을 대하는 도리는 오면 무휼하고 가면 뒤쫓지 않았으니, 단지 기미(羈縻)할 뿐이었습니다. 만약 저들에게 흔단이 있다면 우리가 마땅히 죄를 성토하여야 하겠지만, 이제 먼저 자진하여 직첩을 주었다가 받지 않으면 거절하는 것이 의(義)에 있어 어떠하겠습니까? …

1. 삼포왜인(三浦倭人)을 쇄환하는 일은 이미 서계(書契)를 통하였으니, 이제 만일 관직을 제수하면 저들이 반드시 우리를 의심하여 유인한다 할 것입니다." 하고,

좌찬성 신숙주(申叔舟)는 의논하기를, "종성직에게 진실로 관직을 제수함이 마땅하고, 받지 않으면 또한 죄를 성토함이 당연하나, 만약 저들이 사물(賜物)을 받은 뒤에 대의(大義)를 들어서 말하기를, '우리에게 임금이 있어 이미 벼슬과 토전을 받았는데, 이제 또 조선의 관직을 받는다면 군신의 의(義)에 어떻겠습니까?' 한다면, 우리는 죄를 성토할 말이 없습니다. 또 저들이 노하여 관병(觀兵)하는 일이 있으면, 경상도는 바야흐로 기근이 심하여 급히 군사를 많이 일으키지 못하니, 정대랑이 돌아가서 종성직에게 전유하기를 기다려 정원(情願)을 안 연후에 관직을 제수하는 것이 편하겠습니다. 비록 관병하는 일이 있더라도 가을에 이르면 양향(糧餉)이 두루 족하여 군사를 일으키기도 어렵지 않을 것입니다.…" 하고, 판원사 권람(權擥)·병조판서 홍달손(洪達孫)·지중추원사 홍윤성(洪允成)은 의논하기를, "만약 종성직의 정원(情願)을 안다면 관직을 제수함이 편합니다. 그러나 정대랑이 이제 특별한 은혜를 입어 위(位)는 과의(果毅)에 이르고, 잔치를 내려 주기에까지 이르렀는데, 배주(杯酒)하는 사이에 예조의 물음에 대답하기를, '도주(島主)도 또한 수직(受職)하고자 한다.' 하였으나, 그 말을 급하게 믿을 수 없으니, 정대랑이 유지를 가지고 종성직에게 돌아감을 기다리고, 정원을 안 연후에 관직을 제수하는 것이 어떻겠습니까? 저들이 수직(受職)하지 아니하고 우리가 거절하면 저들이 격노하여 변경을 침략할 것인데, 지금 경상도는 기근으로 장수를 보내어 도적을 막기가 어려울 것 같습니다." 고 하였다.

즉 조선의 대일본 정책의 기본은 교린과 기미정책으로, 조선 국왕과 일본 국왕(쇼군)은 최고 통치자로서 대등한 교린을 하지만, 그 외의 통교세력 들은 그 신분과 세력의 규모에 따라 4등급으로 나누어 기미정책에 대한 관계를 유지했다. 이 점은 북방에 있던 야인 세력에게도 똑같이 적용했다.

따라서 대마도주 종정직도 예외일 수 없으며, 기미의 대상이었다. 그러나 언제 변경을 침략할지 모르므로 군사적인 대비도 함께 할 것을 개진했다. 홍윤성의 이러한 일본 인식과 대책은 기본적으로 신숙주와 궤를 같이 함을 알 수 있다.

뿐만 아니라 1461년(세조 7) 6월, 예조판서 홍윤성은 왜호군 등안길을 집에 초대하여 잔치를 베풀어 주었다.

> 왜호군(倭護軍) 등안길(藤安吉)이 예조판서 홍윤성의 집에 가니, 홍윤성이 잔치를 베풀고 임영대군(臨瀛大君) 이구(李璆)·계양군(桂陽君) 이증(李璔)·익현군(翼峴君) 이관(李璭) 및 승지 등을 맞이하였다. 임금이 유자환(柳子煥)·이문형(李文炯)에게 명하여 가서 〈잔치에〉 나아가게 하고, 인하여 선온(宣醞)과 진귀한 음식을 내려 주었다.

예조판서가 개인적으로 자기 집 사저에 수직 왜인을 초청하여 접대를 하는 경우는 매우 이례적인 일이었고, 왕명을 직접 받아서 자기 집 사저에서까지 공식적으로 외교업무를 진행하고 있음을 볼 수 있다.

세조와 홍윤성과의 개인적인 관계는 실록의 여러 군데에서 구체적으로 기록되고 있다. 예를 들면, 1460년(세조 5) 5월, 예조판서 홍윤성이 어미의 대상을 맞이하자, 충청관찰사에게 명하여 어미의 대상 때문에 충청도 홍산에 가는 홍윤성을 돕게 하였다.

> 홍윤성이 어미의 대상(大祥) 때문에 충청도의 홍산(鴻山)으로 돌아가니, 관찰사로 하여금 그 어미 및 조부모·외조부모의 분묘(墳墓)에 전(奠) 올리는 것을 갖추어 주도록 하고, 또 그 아비 홍제년(洪濟年)에게도 잔치를 내려 주었다.

또한 1462년(세조 7) 6월, 예조판서 홍윤성이 그 아비를 뵈러 홍산에 가니, 승정원에서 교지를 받들어 충청도 관찰사에게 치서를 했다.

> "예조판서 홍윤성이 그 아비를 홍산(鴻山)으로 뵈러 가니, 잔치를 베풀어 위로하고, 아울러 그 어미와 조부모·외조부모의 분묘에도 치제(致祭)하도록 하라." 하였다.

그 어미에 이어 아비에게도 각별한 신임을 보였음을 알 수 있다.

이러한 기사들을 홍윤성이 공식적으로는 예조판서이기는 하지만, 사적으로도 세조의 절대적인 신임을 받아 외교업무를 수행하고 있음을 알 수 있는 대목이다.

2) 일본국왕사의 접대

<앞의 표>에서와 같이 세조 연간 총 7회 일본 쇼군의 사자인 국왕사가 조선을 왕래했다. 그 가운데, 1458년(세조 3) 4월, 임금이 사정전에서 음복연을 베풀었는데, 이 자리에 일본국왕(日本國王)의 사자 중(僧) 전밀(全密) 등과 대내전(大內殿)의 사자인 덕모(德模) 등이 시연(侍宴)하였다.

> 연회의 처음에 임금이 어좌에 오르니, 선전관(宣傳官)이 북을 치기를 상참(常參)의 예와 같이 하였다. 세자가 종친(宗親)·재추(宰樞)와 모든 시연하는 사람과 더불어 동쪽과 서쪽으로 나누어 들어가 전정(殿庭)에 나아가서 사배(四拜)를 행하고 오작(五爵)을 행하고 파하였다. …
>
> 예조판서 홍윤성이 아뢰기를, "지금 연탁(宴卓)을 내려 주시었는데 이를 두 곳에 나누어 보내기가 어려우니, 청컨대 술과 안주를 더 내려

주시어 대내전(大內殿)의 사자로 하여금 일본 국왕의 사자의 하처(下處)에 나아가서 같이 마시게 하소서." 하니, 임금이 말하기를, "좋다." 하고는, 명하여 돼지 3구(口), 해채(海菜) 2쟁반[盤], 술 30병을 내려 주었다.[6)]

당시 예조판서였던 홍윤성은 사정전의 연회에 참석하지 못하고 동평관에 남아있던 사신들에게도 별도로 음식을 내려서 그들을 접대하도록 청하였다. 일본국왕사의 사신 접대에 정성을 다하고 있는 모습이다. 여기서 일본국왕사의 하처(下處)란 동평관을 의미한다.

이어 같은 해 다음 달인 5월에도 모화관에서 술자리를 베풀어 국왕사를 비롯한 왜국 사자들을 위로했다.

임금이 모화관(慕華館)에 거둥하니, 문무백관들이 시위하였으며, 일본 국왕의 사자인 중[僧] 전밀(全密)·영숭(永嵩) 등 9인과 대내전(大內殿) 다다량 교홍(多多良敎弘)의 사자인 중 덕모(德模) 등 80여 인도 또한 시위하였다.

장차 무과를 시험하려다가 해양대군(海陽大君)【예종(睿宗)의 휘(諱).】이 병환이 났다는 말을 듣고는 즉시 어가(御駕)를 돌려 돌아왔는데, 명하여 좌부승지 한계미(韓繼美)·동부승지 김질(金礩) 및 좌찬성 신숙주(申叔舟)·병조판서 홍달손(洪達孫)·예조판서 홍윤성·병조참판 구치관(具致寬)·병조참의 한종손(韓終孫)·겸 지병조사(兼知兵曹事) 권개(權愷)·판내시부사(判內侍府事) 홍득경(洪得敬)을 머무르게 하여 술자리를 베풀어 왜국(倭國)의 사자를 위로하도록 하고, 무사로 하여금 말을 타고 사후(射侯)하도록 하였다.[7)]

6) 『세조실록』 권7, 3년 4월 3일, 병신.
7) 『세조실록』 권7, 3년 5월 6일, 무진.

그리고 1464년(세조 9) 윤7월, 일본국사신들이 사배례를 마치니 불경·법책·채석·의복을 하사하였다, 임금이 근정전(勤政殿)에 나아가니, 일본국 사신 준초(俊超)·범고(梵高)와 경극 무위(京極武衛) 원교직(源教直)의 사자가 모두 뜰에 들어와 사배례를 마쳤다. 일본국 사신이 들어와 전 안으로 나아가서 서향(西向)하여 자리하고, 경극무위(京極武衛) 원교직(源教直) 등의 사자와 여러 종사관이 모두 동계(東階)에 나아가서 서향(西向)하여 자리하였다.

왕세자가 효령대군(孝寧大君) 이보(李補)·임영대군(臨瀛大君) 이구(李璆)·영응대군(永膺大君) 이염(李琰)·봉원부원군(蓬原府院君) 정창손(鄭昌孫)·영의정 신숙주·우의정 한명회 등과 더불어 전 안에 들어와서 동쪽에 앉고, 운성부원군(雲城府院君) 박종우(朴從愚)·우찬성 구치관(具致寬)·판중추원사 심회(沈澮)·우참찬 성봉조(成奉祖)·인산군(仁山君) 홍윤성·예조판서 박원형(朴元亨)·이조판서 어효첨(魚孝瞻)·병조 판서 윤자운(尹子雲)·형조판서 김질(金礩)·병조판서 김국광(金國光) 등이 전 안에 들어와서 서쪽에 앉았다.

> 임금이 박원형(朴元亨)에게 명하여 준초(俊超) 등에게 전지하기를, "내가 너희들의 지은 시를 보건대, 학문이 조예가 깊고 또 석전(釋典)에 능통하니, 내가 매우 가상히 여긴다."하고, 불경·법첩·채석(彩席)·의복 등의 물건을 내려주고서, 전지하기를, "너희 나라에도 또한 법첩(法帖)이 있는가?" 하니, 대답하기를, "우리나라에도 또한 있습니다. 그러나 이 법첩의 해서(楷書)·정자(正字)와 같지는 못합니다." 하고, 즉시 계단을 내려가서 절하고 사례하였다.[8]

8) 『세조실록』 권31, 9년 윤7월 21일, 무인.

일본 사신들에게 불경 등 불구를 하사하는 것은 일본국왕사 뿐만 아니라 유구국 사신들에게도 통상적이었다. 당시 일본에는 각지에 많은 사찰을 세워졌는데, 일본국왕사와 영주들은 그곳에 대장경을 비롯한 경전류와 불화, 동종 등을 안치하기 위해서였다. 무라이쇼스케[村井章介]의 연구에 따르면 1394년부터 1539년까지 불경의 청구 횟수는 78회였고, 50질 이상의 대장경이 왜인들에게 하사되어 일본에 전해졌다고 한다. 그리고 이 중 상당수는 지금도 일본의 사찰 내에 보관되어 있다. 예를 들면 1482년 일본국왕사 영홍(榮弘)이 조선에서 받아갔던 대장경이 현재 동경시내 증상사(增上寺)라는 절에 소장되어 있다.[9)]

불경 요청은 일본국 사신뿐만 아니라 유구국(현 오키나와)도 마찬가지였다. 1461년(세조 7) 12월, 유구국 중산왕은 사신 보수고(普須古) 등을 파견하여 세조를 알현하고 하직하고 돌아가니, 세조는 예조판서 홍윤성에게 명하여 한강에서 전송하게 하였다.

그런데 이 시기 유구와 조선과의 왕래에는 이미 구주 또는 박다의 상인들이 유구국 사신으로 위장한 위사(僞使)로 등장하고 있다. 특히 1453년 3월, 1455년 8월, 1457년 7월의 3회의 유구국사가 모두 왜승(倭僧) 도안(道安)이었고, 1459년 1월 유구국사 도안이 대마도에서 서계와 예물을 약탈당하는 사건도 발생했다.

유구국왕(琉球國王)에게 다음과 같이 답하였다.

> 바닷길이 멀고 막혔는데, 멀리까지 수고하면서 와서 문안을 드리고 물건을 바치어 예의를 삼가 갖추니, 기쁨과 위로가 진실로 많도다. 본

9) 村井章介, 『アジアのなかの日本』, 校倉書房, 1988, 336쪽. 손승철, 「제2장 조선전기 서울의 동평관과 왜인」, 『조선전기 한일관계』, 2017, 경인문화사 참조.

국의 표류한 인구(人口)들이 왕의 속(贖)하라는 명령에 의하여 송환되어 처자와 같이 모여 살게 되었으니, 더욱 후의에 감사한다. 이 앞서 여러 번 일본의 바다 상인[海商]을 통하여 인구(人口)를 찾아 돌려보냈는데, 당시에 온 인편에 부탁하여 감사한 뜻을 조금 전하였으나 도달하였는지의 여부는 알지 못한다. 지금 찾는 《대장경》 1부(部)와 변변치 못한 토물(土物)을 온 사신에게 나아가 부치니, 잘 수령하면 천만 다행하겠다. 앵무(鸚鵡)와 공작(孔雀)을 후일에 오는 사신을 통하여 보내 와서 여망(輿望)에 부응하면 더욱 왕(王)의 교린(交隣)을 미덥게 하는 뜻을 보겠도다. 그 밖에 각각 천록(天祿)을 누리고 길이 교린의 통호(通好)를 굳건히 하기를 바란다. 불선한다.[10)]

그리고는 하사품으로 별폭에 《대장경》 1부, 《금강경》·《법화경》·《사교의(四教儀)》·《성도기(成道記)》·《심경(心經)》·《대비심경(大悲心經)》·《능엄경》·《증도가(證道謌)》·《영가집(永嘉集)》·《기신론(起信論)》·《원각경(圓覺經)》·《번역명의(飜譯名義)》·《능가경소(楞伽經疏)》·《아미타경소(阿彌陁經疏)》·《유마경》·《종요관(宗要觀)》·《무량수의의(無量壽義議)》·《금강경오가해(金剛經五家解)》·《종경록(宗鏡錄)》·《법경론(法經論)》과 법첩 각각 2부, 홍세저포(紅細苧布) 10필, 백세저포(白細苧布)·흑세마포(黑細麻布) 각각 40필, 백세면주(白細綿紬) 30필, 인삼 1백 50근, 호피(虎皮)·표피(豹皮)·웅피(熊皮) 각각 10장(張), 만화석(滿花席)·채화석(彩花席)·만화방석(滿花方席) 각각 15장(張) 표피 좌자(豹皮坐子) 2벌[事], 안자(鞍子) 2면(面), 후지(厚紙) 10권(卷), 유지석(油紙席) 30장(張), 병풍(屛風) 1좌(坐), 석등잔(石燈盞) 4벌[事], 족자(簇子) 2대(對), 백접선(白摺扇) 2백 자루[把], 모편(毛鞭) 6벌[事], 송자(松子) 6백 근, 소주(燒酒) 30병(甁), 청밀(淸蜜) 30두(斗)를 내려주었다.

10) 『세조실록』 권27, 8년 1월 16일, 신해.

4. 홍윤성의 통신사에 대한 입장과 정책

조선 전기에는 일본에 총 7차례 조선통신사를 파견했다. 그런데 1428년(세종 10), 1439년(세종 21), 1443년(세종 25) 3회는 모두 세종대에 파견했다. 그리고 1460년(세조 5), 1475년(성종 6), 1479년(성종 10)에는 사행도중 조난을 당하거나 일본에 내란이 일어나고 정사가 병이 나서 모두 중단되었고, 1590년(선조 23) 임진왜란 직전에 파견되어 7차례 중 4차례만 파견되었다.

1428년의 통신사가 최초의 통신사로 조·일 관계에 통신사파견의 관례를 만들었다면, 1439년의 통신사는 일본과의 교린관계를 거듭 확인하고, 계속되는 왜구의 침입금지를 요청하는 동시에 서일본지역의 통교자 수를 줄이는 문제를 논의하기 위해서였고, 1443년의 통신사는 계해약조에 의해 이를 통교규정으로 완성한 통신사였다.

조난에 의해 실패했지만, 1460년(세조 5) 통신사 파견은 1458년(세조 3) 10월, 일본국왕사 노원(盧圓)·시강(柴江) 등 13인의 방문에 대한 답례였다. 일본국왕사의 서계는 다음과 같았다.

> 일본국(日本國) 원의정(源義政)은 조선 국왕 전하께 글을 올립니다. 조종(祖宗) 이래로 모두 선린(善隣)을 국보로 삼았으므로, 지금 노원(盧圓)이라는 통사(通事)를 보내어 변변치 못한 토물(土物)을 가지고 가서 전호(前好) 를 닦게 하니, 받아들이시기 바랍니다. 이 앞서 천룡 선사(天龍禪寺)에서 홍복의 도움을 명나라에 구하다가, 인사(人事)를 행함에 자못 불궤(不軌) 한 바가 있었습니다. 그러나 성은(聖恩)이 관유(寬宥)하시어 특별히 형장(刑章)을 굽히시었는데, 귀국하는 날에 이르러 수금(囚禁)을 가하셨습니다. 그러므로 내년에 반드시 전사(專使)를 명나라 조정에 보내어 황제의 큰 휴명(休命)을 드높여 아뢰고, 전에 없던 위적

(偉績)을 우러러보며, 겸하여 지난번 죄의 용서를 빌고자 합니다. 엎드려 듣건대, 상국(上國)은 명나라와 강역이 연접하고 빙문이 서로 빈번하다 하니, 청컨대 저의 선용(先容)을 위하여 밤낮으로 먹은 마음을 〈명나라〉에 통하여 주시면, 또한 선린(善隣)이라 하겠으며, 매우 다행하겠습니다.[11]

고 했다. 내용은 전반에는 대장경과 예물하사에 대한 회례라고 칭하면서 인호를 맺고, 후반에는 일본사자가 명에서 저지를 비행에 대해 조선에서 중재해 줄 것을 의뢰하고 있다. 이 사건은 1451년 북경에 도착한 견명사(遣明使)가 무역의 급가(給價)를 둘러싸고, 명조 예부와 다투어 관리를 구타하여 일어난 분쟁이다. 무로마치[室町] 막부는 이 사건으로 명조의 격분을 걱정했기 때문에 조선에 중재를 요청했던 것이다.

그 후 조선에서는 이 문제를 신중하게 검토하여 명으로부터 칙사를 통하여 회답을 받았다. 그 내용은 "일본이 이미 뉘우치고 있다면 조공은 허가하지만 앞으로는 식견이 있고, 신중한 인물을 사자로 하고, 통신사도 신중하고 예의를 아는 인물을 뽑아서 보낼 것, 만일 이전과 마찬가지로 무례한 행위를 한다면 그 죄를 용서치 않는다"는 내용이었다.[12]

이러한 과정을 거쳐 1460년 8월 23일, 송처검(宋處儉)이 통신사에 임명되었다. 지난번 통신사에 이어 18년만에 첨지중추원사 송처검을 일본국의 통신사(通信使)로 삼고, 행 호군 이종실(李從實)을 부사로 삼고, 종부시 주부 이근(李覲)을 서장관으로 삼아 예물을 가지고 수미(秀彌)와 더불어 일본국에 함께 가도록 하였다. 또 명주 3백 필, 백금 5백 냥을 가지고 가서 우리나라에 없는 서적 등의 물건을 사오게 하였다.

11) 『세조실록』 권14, 4년 10월 12일 병인.
12) 『세조실록』 권16, 5년 4월 10일 신유.

당시 세조의 국서는 다음과 같았다.

> 조선 국왕(朝鮮國王)은 일본 국왕 전하(日本國王殿下)에게 서신을 올립니다. 가을날이 서늘한데 기거(起居)가 가승(佳勝)하니 위안이 됩니다. 폐방(弊邦)은 귀국과 더불어 영토가 서로 잇닿아 있으므로 대대로 이웃의 정의를 돈독히 하여 지금에까지 이르게 되었습니다. 내가 즉위한 때부터 지금 5년이나 되었는데, 여러 번 신사(信使)를 보내 와서 은근하게 정성을 다했습니다. 그런 까닭으로 첨지중추원사 송처검(宋處儉)을 보내어 청구한 대장경 및 주해한 여러 경서(經書)와 토산물까지 가지고 가서 애오라지 후의에 보답하니, 영납하면 다행으로 여기겠습니다. 바다의 물결이 넓고 멀어서 소식을 보내기가 진실로 어려우니, 원컨대 더욱 옛날의 정의(情誼)를 돈독히 하여 날로 더욱 새롭게 하기를 바랍니다. 끝으로 나라를 위하여 진중하기를 바랄 뿐입니다.[13)]

일본과의 우호관계 유지 및 일본국왕사 파견에 답례하며, 경전의 요청에 답하며 대장경, 법화경 등을 증정하며 일본과 수호를 맺는다는 것이다. 새로 즉위했던 세조로서는 일본과의 교린관계를 지속하겠다는 의지를 분명히 밝힌 것이다.

아울러 별폭의 예물로 대장경 1부, 법화경 2부, 금강경 2부, 금강경십칠가해(金剛經十七家解) 2부, 원각경(圓覺經) 2부, 능엄경(楞嚴經) 2부, 심경(心經) 2부, 지장경(地藏經) 2부, 기신론(起信論) 2부, 영가집(永嘉集) 2부, 증도가(證道歌) 2건(件), 조학사(趙學士) 서체의 증도가(證道歌) 2건, 고봉선요(高峯禪要) 2부, 번역명의(飜譯名義) 2부, 성도기(成道記) 2부, 소종(小鍾) 2사(事), 운판(雲板) 2척(隻), 동발(銅鈸) 5부, 경자(磬子) 5사(事), 석등잔(石燈盞) 5사(事), 말 안장[鞍子] 1면(面), 여러 가지 연구(緣具), 흑

13) 『세조실록』 권17, 5년 8월 23일 임신.

세마포(黑細麻布) 20필, 백세저포(白細苧布) 20필, 백세면주(白細綿紬) 20필, 남사피(藍斜皮) 10장(張), 인삼(人蔘) 1백 근(觔), 표피심(豹皮心)·호피변(虎皮邊)·전피리(摙皮裏)의 깔개[坐子] 1사(事), 표피(豹皮) 10장, 호피(虎皮) 10장, 잡채화석(雜綵花席) 10장, 만화석(滿花席) 10장, 만화방석(滿花方席) 10장, 잣[松子] 4백 근, 청밀(淸蜜) 15두(斗)를 부송했다.

그리고 예조판서였던 홍윤성은 대내다다량(大內多多良), 전산수리대부(畠山修理大夫), 좌무위(左武衛), 관령(管領), 경극좌좌목씨(京極佐佐木氏) 등 5인의 호족들에게 별도로 서계와 예물을 보냈다.

첫 번째 서계의, 대내다다량(大內多多良)은 『해동제국기』「일본국기」에 의하면, 다타라씨로 대대로 대내현(大內縣) 야마구치[山口]에 거주하면서 스오[周防]·나가토[長門]·부젠[豊前]·지쿠젠[築前] 4주의 땅을 관장하며 군대가 가장 강하다. 일본인이 말하기를 백제왕 온조의 후손이 일본에 들어와 처음 스오주 다타라포[多多浪浦]에 도착했는데, 그 지명으로 성씨를 삼았으며 지금까지 8백 년이 되었다고 한다. 세상에서 칭호를 오우치도노[大內殿]라고 했다고 한다. 오우치의 군대가 강성해지자, 구주 이하가 감히 그 명령을 어기는 일이 없었다. 그 계보가 백제에서 나왔다고 해서 우리나라와 가장 친밀했다. 서일본 지역의 왜구에게 가장 영향력 있는 호족일뿐만 아니라, 조선통신사가 일본내해인 세토내해를 항해하는 경우 통신사의 안전을 담보할 수 있는 호족이었다. 그래서 대내다다랑에게 우선적으로 서계를 보낸 것 같으며, 또한 구주의 패가대[지금의 박다(博多)지역]의 통교자들에 대한 통제를 부탁했다고 판단된다.

대내 다다랑에게 보낸 서계는 다음과 같다.

> 일본국 대내 다다량공 족하(大內多多良公足下)에게 서신을 올린다. 족하는 세계(世系)가 우리나라에서 나온 이유로 선세(先世)를 잊지 않고

여러 번 정성을 다하니, 전하께서 이를 가상히 여기어 특별히 백세면주(白細綿紬) 10필, 백세저포(白細苧布) 10필, 흑세마포(黑細麻布) 10필, 법화경 1부, 금강경 1부, 금강경 십칠가해(金剛經十七家解) 1부, 원각경(圓覺經) 1부, 심경(心經) 1부, 능엄경(楞嚴經) 1부, 지장경(地藏經) 1부, 기신론(起信論) 1부, 영가집(永嘉集) 1부, 증도가(證道歌) 1부, 조학사(趙學士) 서체의 증도가(證道歌) 1부, 고봉선요(高峯禪要) 1부, 번역명의(飜譯名義) 1부, 호피심(虎皮心)·표피변(豹皮邊)·전피리(猠皮裏)의 깔개[坐子] 1사(事), 홍색 전모(氈帽) 1개, 상모 옥정자(象毛玉頂子)·도금대(鍍金臺)·옥압영(玉壓纓)·자초영(紫綃纓)도 갖추었고, 인삼 50근, 남사피(藍斜皮) 3장, 흑사피(黑斜皮) 3장, 변아침석(邊兒寢席) 15장, 표피(豹皮) 2장, 호피(虎皮) 4장, 청밀(淸蜜) 10두(斗), 잣[松子] 70근을 하사하고, 통신사인 첨지중추원사 송처검에게 부송하여서 애오라지 신의를 표시하니 영수하기를 바라며, 이어서 사람을 보내어 호송하기를 바란다.

또 패가대(霸家臺)에 거주하는 사람들이 여러 곳의 문인을 함부로 받아 가지고서 선졸(船卒)을 많이 거느리고 외람되게 나오게 되니, 매우 불편하다. 족하가 이미 이 지방을 관할하고 있으니, 지금부터는 엄하게 금방(禁防)을 제정하여 전일의 폐단을 제거하고 옛날의 정의(情誼)를 더욱 돈돈히 한다면 매우 다행하겠다. 가을날이 서늘한데 절후에 따라 몸을 스스로 아끼도록 하고 이만 줄인다.[14)]

예조판서 홍윤성의 두 번째 서계는 전산수리대부(畠山修理大夫)에게 보내는 것이었다. 『해동제국기』「일본국기」에 의하면, 전산전(畠山殿)은 하타케야마도노라 칭하는데, 천황궁의 동남쪽에 살며 대대로 좌무위(左武衛) 호소가와[細川]와 서로 번갈아 관제(管提)하는데, 곧 관령(管領)이라 한다. 국왕(쇼군)을 보좌하여 정권을 잡았다. 1455년(단종 3)에 조선에 사신을 보내왔는데, 서계에 관제전산수리대부(管提畠山修理大夫) 원의

14) 위와 같음.

충(源義忠)이라 칭했다.

이 내용으로 볼 때, 전산수리대부는 4번째 서계의 관령과 함께 일본 국왕(쇼군)의 최측근의 두 호족으로 여겨진다. 예조판서 이름으로 전산수리대부에 보낸 서계는 다음과 같다.

> 일본국 전산수리대부(畠山修理大夫) 원공 족하(源公足下)에게 서신을 올린다. 멀리서 생각하건대, 거동(擧動)이 가유(佳裕)하다 하니 위안이 되고 위안이 된다. 족하가 멀리서 통신사(通信使)를 보내어 여러 번 정성을 다하니 우리 전하께서 이를 가상히 여긴다. 다만 바다가 멀리 막혔기 때문에 능히 소식을 통할 수가 없었는데, 특별히 토산물인 백세면주(白細綿紬) 10필, 흑세마포(黑細麻布) 10필, 채화석(彩花席) 10장, 표피(豹皮) 1장, 호피(虎皮) 2장을 하사(下賜)하며, 통신사(通信使)인 첨지중추원사(僉知中樞院事) 송처검(宋處儉)에게 부송하여 애오라지 신의(信義)를 펴니, 수납하기를 바라며, 끝으로 절후에 따라 스스로 몸을 소중히 하기를 바란다.[15)]

세 번째 서계는 좌무위(左武衛)에게 보내는 서계이다.

『해동제국기』「일본국기」에 의하면, 좌무위(左武衛)는 국왕전의 남쪽에 있다. 대대로 전산(畠山)·세천(細川)과 서로 교체하며 관령(管領)이 되어 다른 나라의 사신을 접대하는 모든 사무를 관장했다. 1460년에 사신을 보내어 내조했는데, 서계에 좌무위 원의민(源義敏)이라 칭했다. 예조판서 홍윤성의 서계는 다음과 같다.

> 일본국 좌무위(左武衛) 원공 족하(源公足下)에게 서신(書信)을 올린다. 기거(起居)가 청승(淸勝)하다 하니 멀리서 위안이 된다. 족하(足下)는 매

15) 위와 같음.

양 사자를 보내어 성심을 돈독히 하니 우리 전하께서 이를 가상히 여긴다. 수로(水路)가 막히고 멀어서 오랫동안 소식이 막혀 있었는데, 지금 통신사(通信使)인 첨지중추원사 송처검의 가는 편에 특별히 토산물인 흑세마포(黑細麻布) 15필, 백세면주(白細綿紬) 15필, 표피(豹皮) 2장, 호피(虎皮) 4장, 변아침석(邊兒寢席) 15장을 하사하여 부송해서 인도하여 보내니, 영수하기를 바라며, 끝으로 몸을 보전하고 아끼기를 바란다.[16]

네 번째 서계는 관령(管領)에게 보내는 서계이다. 다른 서계와는 달리 관례의 성명이 기재되어 있지 않다. 다른 서계와 비교해 볼 때, 아마도 세천승원(細川勝元, 1430~1473)인 것 같다. 당시 마루마치 막부에서는 전산(畠山), 세천(細川), 좌무위(左武衛) 세 호족이 번갈아 관령을 맡았는데, 이들 3호족에게 모두 예조판서 홍윤성의 명의로 서계와 예물을 보냈다고 볼 수 있다. 예조판서의 서계는 다음과 같다.

일본국 관령 족하(管領足下)에게 서신을 올린다. 가을날이 서늘한데 기거(起居)가 청유(清裕)하다 하니, 위안이 되고 위안이 된다. 족하가 멀리서 정성을 다하여 능히 이웃 나라와의 정의를 돈독히 하니, 우리 전하께서 기뻐하신다. 다만 풍파가 험하고 막혀서 능히 때때로 통문(通問)하지 못했는데, 지금 통신사(通信使)인 첨지중추원사 송처검의 가는 편에 특별히 토산물인 백세면주(白細綿紬) 10필, 백세저포(白細苧布) 10필, 흑세마포(黑細麻布) 10필, 변아침석(邊兒寢席) 15장, 표피(豹皮) 2장, 호피(虎皮) 4장을 하사하여 부송하여서 인도하여 보내니 영수(領受)하기를 바라며, 이어서 조리하여 보신하기를 바란다.[17]

16) 위와 같음.
17) 위와 같음.

다섯 번째 서계는 경극좌좌목씨(京極佐佐木氏)에게 보낸 것이다. 『해동제국기』「일본국기」에 의하면, 경극전(京極殿)은 전산전(畠山殿)의 남쪽에 살며 대대로 형정(刑政)을 맡았다. 1458년(세조 3)에 원지청(源持淸)이 사신을 보내 내조했다. 서계에 경조윤(京兆尹) 강기운삼주자사(江岐雲三州刺史) 주경극(住京極) 좌좌목씨겸(佐佐木氏兼) 태선대부(太膳大夫) 원지청(源持淸)이라 했다. 따라서 경극전은 일본의 도읍지였던 교토[경도]를 다스리던 최고위급 호족 중 한 사람으로 볼 수 있다. 예조판서의 서계는 다음과 같다.

> 일본국 경극 좌좌목씨(京極佐佐木氏) 대선 대부(大膳大夫) 원공 족하(源公足下)에게 서신을 올린다. 가을날이 서늘한데 멀리서 거동이 다복함을 축원한다. 족하는 연전(年前)의 봄철에 전인(專人)을 보내 와 멀리서 정성을 다했으니, 전하께서 이를 가상히 여기어 이에 토산물(土産物)인 백세면주(白細綿紬) 10필, 흑세마포(黑細麻布) 10필, 채화석(彩花席) 10장, 표피(豹皮) 1장, 호피(虎皮) 2장을 통신사(通信使)인 첨지중추원사 송처검에게 부송하여 인도하여서 보내니 영수(領受)하기를 바라며, 끝으로 절후에 따라 조리하고 자중하기를 바란다.[18]

이상, 예조판서 홍윤성의 서계 5통를 보면 1통은 통신사의 항행을 위해 호위와 호송이 절대적으로 필요했던 서일본의 호족 대내씨(大內氏)에게 1통, 그리고 나머지 3통은 일본국왕을 보좌한 관령 3인[畠山殿, 細川殿, 左武衛], 도읍지였던 경조윤 경극전(京極殿) 1통 등 이었다. 그리고 내용도 대내씨에게는 통신사의 호송과 당시 외교문제였던 구주지역 패가대(霸家臺) 통교인들의 통제를 부탁했고, 나머지는 양국의 우호교류의

18) 위와 같음.

지원을 부탁했던 것이다.

그 외에 예조참판 황효원(黃孝源)이 관서도(關西道) 대우원공(大友源公) 족하(足下)에게, 예조참의(禮曹參議) 서거정(徐居正)이 "대마주 태수(對馬州太守) 종공 족하(宗公足下)에게, 예조좌랑(禮曹佐郎) 김영견(金永堅)이, "비전주(肥前州) 송포(松浦) 일기주 태수(一岐州太守) 지좌 원공족하(志左源公足下)에게, 예조좌랑(禮曹佐郎) 김영견(金永堅)이" 일기주(一岐州) 좌지원공 족하(佐志源公足下)에게 각기 서계를 보냈다.

그러나 이 통신사는 아주 비참한 결과를 초래했다. 부산을 출항한 후, 해상조난에 의해 행방불명이 되어 버렸다. 이 사실은 이듬해 살아남은 선군 한을(韓乙)의 보고에 의해 대마도주 종성직(宗盛直)이 세조의 축하연에 보낸 서장에 의해 알려졌다.

그에 의하면, 10월 8일 새벽 통신사 정사 송처검, 부사 이종실(李宗實), 서장관 이근(李覲) 일행 100여 명은 세척의 배에 분승하여 일본국왕사 수미(秀彌)가 탄 배 2척, 대마도 왜선 2척과 함께 출항했는데, 정오경에 대풍을 만나 조난하여 정사와 종사관의 배가 행방불명이 되고, 부사의 배는 침몰했으나 부사 등 5명이 표류했으나 얼마 있지 않아 이들도 행불되었다고 했다. 보고를 받은 세조는 축하연을 중단하고 의정부에서는 해안제읍에 수색을 명했지만 허사였다. 세조는 다시 관리를 파견해 시신을 찾도록 했으나 허사였다. 이후 1461년(세조 6) 9월, 사정전에서 세조는 좌무위의 사자 승 보계(寶桂) 등에게 이 사실을 알리고 금후에는 통신사를 보낼 수 없음을 일본 측에 알렸다.[19]

성종조에 이르러서도 전산전을 비롯해 견사가 끊이지 않았다. 1470년(성종 원년) 8월에는 일본국왕사 심원동당(心苑東堂)이 내조했고, 이듬

19) 『세조실록』 권21, 6년 9월 경자.

해 10월에는 승 광이장주(光以藏主)가 국왕사로 내조하여 성종의 즉위를 축하했다. 성종은 이에 대해 해로가 불안하고, 지난번 통신사선의 침몰, 일본 내의 병란을 이유로 사자를 파견할 수 없다는 뜻을 전하고, 서계 및 예물을 위탁하기에 이르렀다.

성종이 영의정 신숙주에게 통신사파견을 하문한 것은 1475년(성종 6) 4월이었다. 신숙주는 일본에서 병란이 끝나지 않은 것을 알고 조선에 내조하는 일본 사절 가운데 일본 내의 사정에 능통한 인물을 기대했으나 현실적으로 불가능했다. 6월에 이르러 성종은 다시 통신사 파견을 논의하도록 했고, 예조에서는 통신사 파견을 결정했다. 그러나 통신사의 인선과정에서 신숙주는 유사시에 대일 정책이 어려움을 우려하여 정사에는 연소하고 지략있는 인재를 선정하도록 당부하면서 세상을 떠났다. 그리고 성종에게는 "부디 일본과의 화친을 잃지 말 것"을 간청하는 유언을 남기기도 했다. 당시 홍윤성은 우의정이었다.

『성종실록』에는 당시의 논의과정을 다음과 같이 기록했다.

> "경연에 나아갔다. 강(講)하기를 마치자, 임금이 이르기를, "그 전에 들으니, '일본국은 전쟁이 그치지 아니하여 전산전(畠山殿)이 주둔시킨 군사를 풀지 아니하였다.'고 했다. 그러나 어찌 지금에 이르기까지 그치지 아니하였겠느냐? 이제 통신사(通信使)를 보내고자 하는데, 어떻겠는가?" 하니,
>
> 좌의정 정창손이 대답하기를, "두 나라가 통호(通好)하는 것은 옛날의 도리입니다. 다만 저들은 우리가 사신을 보내는 것을 원하지 않는다고 들었습니다. 신의 생각으로는 보내지 않는 것이 좋겠습니다." 하였다.
>
> 그러나 우의정 홍윤성이 아뢰기를, "세조께서 매양 사신을 보내어 통신(通信)하고자 하였으나, 해로가 험하고 먼 것을 염려하여 이루지 못하다가 마침 대내전(大內殿)의 사신이 와서 물소[水牛]를 바치고 인하

여 말하기를, '우리나라가 대국(大國)을 공경하여 섬기는데, 대국은 어찌하여 한 번도 통신을 하지 아니합니까?'라고 하면서 청하는 것이 심히 간절하므로, 마지못하여 송처검을 보내게 되었던 것입니다. 왜로서 향화(向化)한 이예(李藝)의 아들 이종실(李宗實)이 수로(水路)를 알므로 같이 보내게 되었습니다. 이종실이 양식과 물건을 탐내어 배에 실은 것이 매우 무거웠고, 또 날씨가 순조롭지 못하여 송처검이 출발하지 아니하고자 하였으나, 이종실이 송처검에게 술을 권하여 그가 취한 틈을 타서 홑이불로 싸서 배 안에 두고 배를 출발시켰으므로 얼마 되지 아니하여 갑자기 물에 빠져 죽었으니, 이는 스스로 실패를 취한 것입니다. 이보다 앞서의 사신들은 모두 무사히 내왕하였습니다. 변효문(卞孝文)·신숙주(申叔舟)·원효연(元孝然)·김호인(金好仁)과 같은 사람이 이들이니, 만일 사신을 보내고자 한다면 해로(海路)가 험하고 멀다고 해서 그만두는 것은 마땅하지 못합니다."하니,

임금이 이르기를, "병란의 시기에 사신을 보내는 것은 어렵지 않겠는가?" 하므로, 정창손이 말하기를, "왜의 사신이 이미 왕래하는 데에 막힌 바가 없었으니, 길이 막히지 않은 것은 알 수 있습니다. 다만 왜인이 우리가 사신을 보내는 것을 싫어할까 두렵습니다." 하였다. 임금이 이르기를, "지난겨울에 일본국의 사신 정구수좌(正球首座)가 사신을 보내주도록 청하였고, 또 이르기를, '만약 사신을 보내면 내가 마땅히 함께 돌아갈 것입니다.'라고 하였으니, 이를 보면 저들이 어찌 이를 싫어하겠느냐?" 하고, 이것을 예조에 하교하였다.[20]

드디어 7월 후반에 이르러 정사에는 홍문관 수찬 이명숭(李命崇), 부사에는 이측(李則), 서장관에는 이조정랑 채수(蔡壽)를 임명했으나 결국에는 실행되지 못했고, 8월에도 일본국왕사 승 성춘이 내조했을 때도 통신사 파견을 논의했으나, 일본 국내 사정을 잘 모르는 상황에서 대마도

20) 『성종실록』 권56, 6년 6월 4일, 신사.

주로 하여금 가볍게 통신사를 동반하는 것도 위험하다는 여론이 높아 결국에는 성종도 단념하고 말았다. 그리고 이후에도 조선에서는 통신사 파견을 논의했지만 결국 조선통신사의 파견은 1590년 임진왜란 직전까지 이루어지지 못했다.

5. 맺음말

1475년(성종 6) 6월, 승정원에 어서를 내려 대마도 왜인의 왕래에 대해 홍윤성·신숙주 등에게 의논케 한 일이 있었다. 그 내용은 제1조, 재상(宰相)과 감사(監司)를 보내어, 삼포(三浦) 왜인을 선유하여 태반을 그 섬으로 쇄환하게 할 것. 제2조, 장사하는 왜인의 정한 숫자가 없는 것은 옳지 못하니, 비록 1년의 수는 정하지 못하더라도 포구(浦口)에 머무르는 수는 정할 것. 제3조, 관문서를 탈취하는 자는 이문(移文)하여 치죄하도록 하고, 아울러 도주도 견책하도록 할 것을 명했다.

이 하문에 대하여 홍윤성은 "제1조와 제3조는 신의 계책도 또한 그러합니다마는, 제2조는 여러 섬에서 예에 따라 배를 보낸다면 본래 정한 숫자가 있으므로 포구(浦口)에 머무르는 수(數)를 정하는 것이 쉽겠지만, 대마도의 상판(商販)이나 고기를 낚는 왜인 같은 것은 조석으로 내왕하며 본래 상법(常法)도 없으니, 포구에 머무르는 수를 정하는 것이 쉽지 않을 듯합니다."라고 했다.

이에 대해 신숙주는 "제1조에 대해, 북쪽을 도모하고 또 만약 남쪽을 도모한다면 힘이 미치지 못하는 바가 있을까 두려우니, 종성직(宗成職)에게 효유하여 스스로 쇄환하도록 하되, 서서히 그 형세를 보게 하는 것이 좋다고 했고, 제2조는, 여러 도의 배를 보내는 것은 모두 이미 수를 정하였으니, 돌려보낼 때에는 반드시 기곤한 데에 이를 것이니, 마땅히 한도를 정하여 엄체(淹滯)하지 못하게 하고, 제3조는, 동래 현령과 만호를 새로 임명하여 죄를 다스리게 하는 것이 좋겠고, 금후로는 예를 어긴 왜선(倭船)을 돌려보내는 것을 그 사연(辭緣)을 잘 설명하여 기록하게 하도록 했다.[21)]

그로부터 17일 후, 6월 21일, 신숙주가 세상을 떠났다. 결국 세조조와 성종 초기 예조참의, 예조판서, 우의정, 좌의정에 이르기까지 조선의 국방과 외교의 중심에는 늘 신숙주와 홍윤성이 함께 했으며, 정책의 입안에서부터 시행에 이르기까지 같은 입장을 취했던 것이다.

앞서 살펴본 바와 같이 세조대는 조선전기 일본과의 왕래가 제일 빈번했던 시기였다. 삼포에는 2,300여 명의 항거왜인이 상주했고, 일본 쇼군의 사절인 일본국왕사, 대영주급인 거추사(巨酋使), 규슈절도사·쓰시마도주, 소영주 급인 소추사(小酋使)·쓰시마 수직인 등 1471년 편찬된 『해동제국기』에 의하면 한 해에 입국하는 선박수가 220척, 입국왜인이 5,500명 내지 6천여 명, 순수한 접대비만 2만 2천 석에 달했다.

이 시기 예조판서였던 홍윤성은 일본국왕사는 물론이고, 대영주 및 중소영주, 수직왜인의 접대와 나아가서는 통신사의 파견에 이르기까지 대일업무 전체를 예조의 수장으로서 직접 관장했다. 그리고 기본적으로 일본과의 화친과 우호교린 정책으로 일관하여, 조선전기 대일관계가 가장 활발했고, 융성했던 시기로 이끌었다.

그러나 이제까지 세조대의 일본 관계에 대해서는 신숙주에게만 집중했지, 대일업무의 일선에는 홍윤성이 있었으며, 그가 실제로 외교업무를

---

21) 『세조실록』 권28, 8년 3월 9일, 갑진.

주관했다는 사실에 대해서는 전혀 언급된 적이 없었다. 더구나 세조의 말년에는 국정을 총괄하는 영의정이었다는 점을 생각하면 홍윤성이 세조대의 대일 관계 전반을 관장했던 인물임을 알 수 있다.

이 점에서 대일외교에 있어 수직왜인이나 일본국왕사의 접대, 나아가서는 통신사 파견에 항상 적극적이었던 홍윤성의 대일인식 및 정책이 재조명되고 재평가되어야 할 것이다. 뿐만 아니라 중국 관계를 포함하여 조선 외교 전반에 미친 그의 대외인식과 외교적 역할에 대한 종합적인 연구가 요청된다.

세조대 여진 정벌과 홍윤성의 활동

한성주 | 강원대학교 교수

1. 머리말
2. 함길도조전원수 홍윤성의 함길도 파견
3. 부체찰사 홍윤성의 여진 정벌 참여
4. 맺음말

1. 머리말

조선은 북방에 거주하는 여진(女眞)에 대해 강온 양면의 정책을 구사하였다. 여진에 대한 온건책은 그들을 상경(上京)시키는 내조(來朝)와 관직을 수여하는 수직(授職)으로 대표되는 반면 강경책은 강력한 군사적 대응인 정벌(征伐)로 대변된다. 이중 강경책인 정벌은 압록강·두만강 유역에서 여진인들의 침입이 지속적이거나 또는 대규모로 발생하여 조선의 인적·물질적 피해가 심각할 경우 보복 응징의 차원에서 이루어졌다. 조선 전기 여진 정벌은 태종대를 시작으로 선조대까지 약 200여 년 동안 총 15차례 실행되었다.[1)]

이러한 강온 양면의 정책을 통해 조선은 압록강·두만강 유역에 4군 6진을 설치함으로써 실질적인 국경선과 영토 확장을 이루었다. 세종대 4군은 압록강의 지류인 파저강 유역에 거주하던 건주위(建州衛)[2)] 이만주(李滿住) 세력에 대한 정벌 후 설치되었고, 6진은 회령[會寧, 당시 알목하(斡木河)라고도 함] 지역에 거주하던 건주좌위(建州左衛) 동맹가첩목아(童猛哥帖木兒)가 다른 여진인들에게 살해당해 패망하면서부터 설치되기 시작하였다.

세종은 두만강 유역에 6진을 설치하면서 "조종의 옛 땅을 헛되게 버

1) 姜性文, 「조선시대 女眞征伐에 관한 연구」, 『軍史』 제18호, 국방부 군사편찬연구소, 1989, 47쪽.

2) 명(明)나라에서는 여진인들이 거주하는 만주 지역에 위소(衛所)를 설치하였는데, 압록강·두만강 유역에는 건주위(建州衛), 모련위(毛憐衛) 등을 개설하여 여진인 추장들을 위소장(衛所長)으로 임명하였다.

릴 수 없다[조종구지(祖宗舊地), 불가허기(不可虛棄)]"고 하였는데,[3] 조선을 건국한 이성계 집안의 세력 기반이 바로 이 지역, 즉 두만강 유역을 비롯한 소위 동북면(東北面)이었기 때문이었다.[4] 6진 설치 후 세종은 두만강 유역 내외에 거주하는 여진인들을 조선의 울타리인 번리(藩籬)로 구축하였다. 여진 번리들은 조선에 정치·사회·경제적으로 복속하여 여진인들의 동향을 보고하고, 여진인들의 침입을 막는 역할을 하였으며, 그 대가로 내조와 수직을 통해 조선의 관직과 생필품 등 경제적인 혜택을 받았다.

계유정난 이후 즉위한 세조는 자신의 정통성과 왕권 확립을 위해 대외적으로 북방 여진인들과 남방 일본인들의 내조를 대거 받아들였다. 특히 당시 일본인들의 내조는 '조선견사(朝鮮遣使) 붐(boom)'[5]이라고 평가받을 정도로 성황이었다. 여진인들 역시 세종 때 두 차례나 정벌을 당했던 건주위의 내조를 받아들여 단절되었던 건주위와의 관계를 회복하였다. 그러나 명(明)에서는 조선이 건주위와 통교하는 것에 대해서 불만을 제기하며 적극적으로 조선을 견제하였다.

또 두만강 유역에 거주하는 올량합(兀良哈)·알타리(斡朶里)는 그 이북 지역의 올적합(兀狄哈)[6]과 원수가 되어 서로 싸우며 불화하였는데, 세조

---

3) 『세종실록』 권65, 세종 16년 8월 22일 병인.

4) 태조 이성계의 고조부인 목조(穆祖) 이안사(李安社)의 덕릉(德陵)은 원래 두만강 유역인 경흥(慶興)에 있었다가 후에 함흥(咸興)으로 옮겨졌다(『태조실록』 권1, 총서).

5) 高橋公明, 「朝鮮遣使ブームと世祖の王權」, 『日本前近代の國家と對外關係』, 吉川弘文館, 1987, 참고.

6) 조선에서는 여진인들을 종족별로 올량합(兀良哈), 알타리(斡朶里, 오도리[吾都里]), 올적합(兀狄哈), 토착여진(土着女眞)으로, 명나라에서는 지역별로 구분하여 건주여진(建州女眞), 해서여진(海西女眞), 야인여진(野人女眞)으로 구분하였다.

는 이들의 화해를 주관하여 변경의 안정을 이루고자 하였다. 그런데 세조가 여진을 화해시키는 일[화해사(和解事)]은 성공하는 듯하였지만, 모련위(毛憐衛)[7]의 낭발아한(浪孛兒罕)[낭복아한(浪卜兒罕)]이 참여하지 않았고, 조선에서 보낸 통사(通事)를 활로 쏘려는 등 화해사를 방해하였다. 그리고 서울에 있던 낭발아한의 아들 낭이승가(浪伊升哥)가 조선을 떠나 중국으로 향하려던 정상이 드러나자, 세조는 낭발아한 일족을 처형하였다.

그렇지만 살아남은 낭발아한의 아들 아비거(阿比車)가 조선을 침입하였고, 명에서는 조선이 낭발아한을 마음대로 처형한 것을 힐문하며, 조선과 모련위가 화해하도록 하였다. 그러나 조선은 명의 지시를 따르지 않고, 1460년(세조 6) 모련위에 대한 정벌을 단행하였다. 이 정벌을 '경진북정(庚辰北征)', '모련위 정벌(毛憐衛 征伐)' 등으로 부르기도 하며, 신숙주(申叔舟)를 함길도도체찰사(咸鏡道都體察使)로 삼아 정벌의 책임을 맡겼기 때문에 '신숙주의 북정'으로 부르기도 한다.[8]

그동안 세조대 이루어진 '경진북정'에 대해서는 정벌의 배경·경과·영향 등이 밝혀졌고, 정벌의 책임자였던 신숙주의 역할과 활동, 그리고 정벌에 활용된 여진인들에 대한 분석과 함께 조신과 명의 관계 속에서 이 정벌의 역사적 의미를 찾아보려는 시도가 있었다.[9] 그러나 신숙주 이

---

7) 모련위는 경원(慶源)과는 3일 정도 거리에 있었고(『세종실록』 권53, 세종 13년 8월 7일 기해), 모련(毛憐) 등처(等處)는 두만강 유역 중 두문(豆門, 토문[土門])·수주(愁州, 종성[鍾城])·아지랑귀(阿之郎貴, 아적랑이[阿赤郎耳])·동량북(東良北, 무산대안[茂山對岸]) 등지를 말하며, 옛날부터 호마(胡馬)를 생산하여 모린(morin, 말[馬])이라는 명칭이 생겼다.

8) 이인영, 「申叔舟의 北征」, 『진단학보』 15, 1947; 이인영, 『韓國滿洲關係史의 研究』, '제4장 申叔舟의 北征', 을유문화사, 1954. 본고에서는 '신숙주의 북정'보다는 '경진북정', '모련위 정벌' 등의 용어를 쓰기로 한다.

9) 1460년(세조 6) '경진북정'과 관련된 연구는 다음과 같다. 이인영, 앞의 논문, 1947; 이인영, 앞의 책, 1954; 河內良弘, 「申叔舟の女眞出兵」, 『朝鮮學報』 71,

외에 '경진북정'에 참여한 주요 인물들, 특히 조선의 정벌 이전에 함길도에 파견되었던 홍윤성(洪允成)이 어떤 역할과 활동을 하였는지는 전혀 밝혀진 바가 없다.

홍윤성은 1450년(문종 즉위년)에 문과에 급제한 이후, 수양대군(首陽大君)에게 계유정난(癸酉靖難)을 권유하고, 적극적으로 가담한 것으로 알려져 있으며, 이에 정난공신(靖難功臣) 2등으로 책봉되었다. 홍윤성은 세조 즉위 후에 예조참판, 병조참판 등을 거쳤고 예조판서를 지내면서 외교와 국방에 관한 업무에 중추적인 역할을 담당하였다. 그는 예종 즉위 후에 원상(院相) 중 한 명으로 국정 운영의 중심에 있었으며, 좌의정을 거쳐 영의정에 오르기도 하였다. 홍윤성은 인산부원군(仁山府院君)에 봉해졌고, 위평(威平)이라는 시호(諡號)를 받았는데, 그의 졸기에 "용맹하여 강인한 결단력이 있음이 위(威)이며, 능히 화란(禍亂)을 평정함이 평(平)이다"라고 기록되어 있다.[10] 그가 받은 시호처럼, 홍윤성은 무재(武才)가 있어 세조는 평소에 오위도총관을 맡기기도 하고, 강무(講武) 행사를 시행하며 군사 훈련을 시행하도록 하였으며, 도적을 잡는 일을 그에게 맡기기도 하였다.

특히 홍윤성은 '경진북정' 시 예조판서였는데, 본고에서는 홍윤성의

1974; 강성문, 앞의 논문, 1989; 오종록, 「申叔舟의 軍事政策과 재상으로서의 經綸」, 『역사학논총』 3·4, 2003; 謝肇華, 「浪孛兒罕事件与女眞民族精神的覺醒」, 『滿族研究』 5, 2005; 王臻, 「明朝与李朝在郎卜爾罕問題上的政策之比較研究」, 『史學集刊』 1, 2006; 황선희, 「世祖 초기의 女眞關係와 北征」, 서강대학교 석사학위논문, 2007; 한성주, 「朝鮮 세조대 毛憐衛 征伐과 여진인의 從軍에 대하여」, 『강원사학』 22·23, 2008; 이규철, 「조선초기의 對外征伐과 對明意識」, 가톨릭대학교 박사학위논문, 2013; 안선미, 「세조대 申叔舟의 對女眞活動과 備邊對策」, 한국교원대학교 석사학위논문, 2020.

10) 『성종실록』 권59, 성종 6년 9월 8일 갑인.

함길도 파견과 '경진북정'에서 그의 역할에 대해 살펴보고, 홍윤성의 파견이 갖는 의미를 찾아보고자 하였다. 이를 통해 홍윤성의 북방 파견과 여진 정벌 참여를 조명하고, 당시 이루어진 여진 정벌에 대한 종합적인 이해를 돕는데 기여하고자 한다.

2. 함길도조전원수 홍윤성의 함길도 파견

낭발아한의 구체적인 거주지는 회령진(會寧鎭)에서 120여 리 떨어진 하동량(下東良)이었으며, 조선에서는 그에 대해 족류가 강성하고 추장은 1등급이라고 분류할 정도로 강한 세력을 가지고 있었다.[11] 또한 낭발아한은 명의 관직인 모련위도독첨사(毛憐衛都督僉事)와 조선의 관직인 정헌대부(正憲大夫) 지중추원사(知中樞院事) 및 도만호(都萬戶)의 관직을 이중으로 받아 조선과 명 양쪽에 복속하였고, 특히 조선에서는 그가 청구하는 모든 것을 다 들어줄 정도로 후하게 대우하고 있었다.[12] 그리고 낭발아한의 아들 낭이승가는 조선에 상경(上京)하여 임금을 근시(近侍)하고 있었다.[13]

1459년(세조 5) 8월 28일, 세조는 낭발아한과 그의 아들 낭이승가 및 그 일족을 참수하였다. 그 이유는 첫째, 조선의 여진 화해사를 방해하고, '조선이 여진을 정벌하려 한다'는 헛소문을 퍼트려 변방의 분쟁을 일으

11) 1455년(단종 3)에 조선은 두만강 유역에 거주하는 여진인들의 세력을 1~4등급으로 나누어서 파악하고 있었다(『단종실록』 권13, 단종 3년 3월 24일 기사).

12) 『세종실록』 권103, 세종 26년 1월 12일 임술; 『단종실록』 권12, 단종 2년 12월 20일 병신; 『세조실록』 권19, 세조 6년 3월 10일 정해.

13) 『세조실록』 권16, 세조 5년 5월 11일 신유; 권17, 세조 5년 7월 17일 병신.

켰으며, 그의 휘하가 조선의 통사를 쏘려고 한 것, 둘째, 여진 화해사를 주관하러 간 함길도도체찰사 신숙주가 불렀는데도 오지 않은 것, 셋째, 그의 아들 낭이승가와 내응하여 모반(謀叛)한 것이었다.[14] 이때 참수된 낭발아한 및 그의 일족은 모두 17명이었는데,[15] 낭발아한의 아들 아비거와 낭이승가의 아들 13~14세쯤 된 어린아이 등이 도망하였다.[16]

조선이 낭발아한 일족을 처단한 3개월 뒤인 11월 24일, 건주위 이만주가 사람을 보내어 "낭발아한의 친당(親黨) 화라온올적합(火剌溫兀狄哈)의 가창합(可昌哈)이 1천여 명의 군사를 거느리고 변방을 침범하려고 한다"고 알려왔다.[17] 이에 세조는 화라온올적합의 침입에 대비하게 하면서도 그들에게 도망한 아비거가 도착하면 즉시 잡아 와서 중한 상을 받도록 하라는 말을 전하게 하였다.

또 아치랑귀(阿赤郎貴)에 거주하는 낭발아한의 아우 사은도합(舍隱都哈)과 종제(從弟) 좌화루(佐化婁) 등도 여진인들에게 군대를 청하며, "조선에서 우리 족친(族親)을 죽였으므로 군사를 모아 보복한다"고 말하였는데, 대부분의 여진인들은 호응하지 않았으나 낭발아한의 세력 범위에 있던 동량북(東良北)에 거주하는 8~9백 명은 호응하여 조선의 변방을 침범하려 하였다.[18]

이렇듯 낭발아한에 대한 조선의 처벌에 대해 여진인들의 보복 침입 소식이 들려오자, 세조는 여진인들에게 다만 죄지은 괴수(魁首)만 죽여 처벌하였을 뿐이지 나머지 일족과 동류에게는 죄를 묻지 않고 그대로

14) 『세조실록』 권17, 세조 5년 8월 28일 정축.
15) 『세조실록』 권19, 세조 6년 2월 6일 계축.
16) 『세조실록』 권17, 세조 5년 8월 23일 임신.
17) 『세조실록』 권18, 세조 5년 11월 24일 갑신.
18) 『세조실록』 권18, 세조 5년 12월 24일 임신.

대우한다는 뜻을 알리게 하였고,[19] 도망친 낭발아한의 아들인 아비거가 스스로 오면 그 죄를 용서하고 생업에 안정하도록 지시하였으나,[20] 아비거가 동류를 규합하여 조선의 변경을 침입하는 일은 이미 예견된 일이었다.

결국 아비거는 군사 1천 5백여 명을 사지(斜地)[21]에 모아서 주둔하더니, 1460년(세조 6) 1월 28일에 회령(會寧)을 침입하였다.[22] 이때 함길도도절제사(咸吉道都節制使)였던 양정(楊汀)은 병영(兵營)과 경성(鏡城)·부령(富寧)의 군사들을 거느리고 회령에 이르러서 7백여 명의 군사들을 3위(衛)로 나누었고, 아비거의 침입에 대비하고 있었다.

아비거가 회령의 장성(長城)[23] 밖에 와서 주둔하다가 목채(木寨)를 헐고 들어왔는데, 양정이 출병하여 적(賊) 20여 명을 죽이자 아비거가 후퇴하였고, 다시 다음날 적의 공격을 양정이 다시 3위를 거느리고 힘껏 싸우자 적이 후퇴하여 도주하였다. 이 전투로 아비거가 거느린 여진인들은 50여 명이 죽었고, 조선 군사는 4명이 화살에 맞아 죽었다.

그런데 이 전투 이후 함길도도절제사 양정의 보고를 보면, 근방의 여진인들이 모두 놀라고 두려워 산으로 올라갔고, 회령의 고령성(高嶺城) 밖 고라귀동구(古剌貴洞口)에 적 1백여 기(騎)가 와서 진을 치는 한편 성 밑에 거주하던 여진인들이 모두 두만강을 건너 도망해 숨고는 아비거와 같이 모의하여 떼를 지어 도둑질을 하는 등 그 침입이 계속되고 있었다.[24] 이에 양정은 함길도 홍원(洪原) 이남의 군사를 징발하여 갑산(甲

19) 『세조실록』 권18, 세조 5년 12월 27일 을해.
20) 『세조실록』 권19, 세조 6년 1월 11일 기축.
21) 사지(斜地)는 회령진(會寧鎭) 서쪽 90리에 있었다(『단종실록』 권13, 단종 3년 3월 24일 기사).
22) 『세조실록』 권19, 세조 6년 1월 18일 병오.
23) 두만강 유역에 조선이 쌓은 장성(長城)은 행성(行城)이라고도 불리는데, 적의 침입을 막기 위해 길게 직선으로 쌓은 성을 말한다.

山)에, 북청(北靑) 이북은 6진에 들어와 방어하게 하였고, 세조에게 서울의 정예 무사(武士)와 화포(火砲)를 보내줄 것을 청하였다.

그러자 1460년 2월 3일, 세조는 영의정 강맹경(姜孟卿)·좌의정 신숙주·영중추원사 홍달손(洪達孫)·예조판서 홍윤성·병조참판 김질(金礩), 승지 등을 불러서 의논하고는, 홍윤성을 함길도조전원수(咸吉道助戰元帥)로, 병조참의 임득정(林得楨)을 도진무(都鎭撫)로, 최청강(崔淸江)을 종사관(從事官)으로 삼아, 부장(部將) 4명, 장사(壯士) 50명과 함길도의 갑사(甲士)[25]로서 번상(番上)[26]한 자 50명을 거느리고 회령에 가서 양정의 지휘[節度]를 받게 하였다.[27] 이때 홍윤성이 임명된 조전원수(助戰元帥)는 주장(主將)을 돕는 원수(元帥)라는 뜻으로, 쉽게 말하면 전투를 돕는 가장 높은 계급이었으며, 임시 무관직이었다.

1461년(세조 7)에 편찬된 『북정록(北征錄)』에는 조전원수 홍윤성에게 경군사(京軍士)와 훈련관사(訓鍊觀使) 김계손(金繼孫) 등 1백여 명을 거느리게 한 것으로 기록되어 있다.[28] 훈련관은 무예를 훈련하고, 병서와 전진(戰陣)을 교습시키는 병조 소속의 관청으로, 당시 훈련관사는 정3품직 1명이 맡고 있었다. 따라서 세조는 홍윤성을 파견하면서 여진인들의 지속적인 침입에 대비하여 6진 지역의 군사들을 훈련시키려는 의도 또한 가지고 있었다고 할 수 있다.

그리고 세조는 홍윤성을 함길도조전원수로 파견하면서 특별히 그에

---

24) 『세조실록』 권19, 세조 6년 2월 4일 신해.

25) 조선 초기의 갑사는 무반에 포함되어 사직(司直)·부사직(副司直)·부사정(副司正) 등의 품직을 갖는 수록군사(受祿軍士)로, 일반 무반직과는 다르게 번상(番上)할 때만 녹을 받았으며, 신장·힘·기·예를 모두 갖춘 자를 뽑았다.

26) 번상(番上)은 지방의 군사를 뽑아서 중앙에 보내는 것을 말한다.

27) 『세조실록』 권19, 세조 6년 2월 3일 경술.

28) 『북정록(北征錄)』 권지3, 1460년 2월 5일 임자.

게 내구안구마(內廏鞍具馬) 1필(匹)을 내려 주었는데, 그 안장은 금(金)으로 용(龍)을 그렸고, 주홍(朱紅)의 말다래[첨(韂)][29]와 붉은색의 털[홍모(紅毛)]이 말의 앞과 뒤에서 빛나는 장식이 있었다.[30]

내구안구마는 조선시대 궁궐의 마구간과 임금이 타는 말을 관리하던 내사복시(內司僕寺)의 안장 갖춘 말[馬]이며, 용은 일반적으로 왕과 왕실을 상징한다. 후에 사헌부에서는 이 화룡점(畫龍韂)과 홍모영(紅毛纓)의 수식(首飾)은 신하가 착용할 물건들이 아니며, 그 장식이 승여(乘輿)[어가(御駕)]와 다름없는데도 홍윤성이 아무렇지도 않게 타고 갔다고 그를 탄핵하였으나, 세조는 "보냈으니 다시는 말하지 말라, 말한다면 반드시 크게 견책(譴責)하겠다"고 하였다.[31] 따라서 세조가 홍윤성에게 임금이 타는 말을 주고, 그 안장에 왕을 상징하는 용의 그림이 그려져 있었다는 것은, 곧 임금인 세조를 대신해서 홍윤성을 파견한다는 의미가 부여되었다고 할 수 있다.

결국 아비거의 침입과 여진인들의 동요로 함길도도절제사 양정이 정예 무사와 화포를 청한 점, 이에 대해 영의정을 비롯한 재상들이 논의한 점, 그 논의의 결과 세조의 가장 측근 중 한 사람인 예조판서 홍윤성을 파견한 점, 그리고 홍윤성에게 용 그림이 있는 내구안구마를 하사한 점 등으로 볼 때 세조가 무게감과 중요성이 있는 권신(權臣)인 홍윤성을 파견한 것은 자신을 대리해서 파견한다는 의미가 있었다고 볼 수 있다.

그런데 당시 홍윤성의 관직은 예조판서로 정2품직이고, 양정의 관직은 함길도도절제사로 종2품이었다. 즉 관직과 품계로 보면 홍윤성이 양

29) 말다래[韂]는 말을 탄 사람에게 흙이 튀지 않도록 하기 위해 안장 양쪽에 달아 늘어뜨려 놓은 기구이다.

30) 『세조실록』 권19, 세조 6년 2월 3일 경술.

31) 『세조실록』 권20, 세조 6년 4월 9일 을묘.

정보다 높았다. 그렇지만 세조는 홍윤성을 조전원수로 파견하며 양정의 지휘를 받게 하였고, 특별히 양정에게 다음과 같이 지시하였다.

<기사 1>

조전원수(助戰元帥) 홍윤성(洪允成)이 하직하니, 어찰(御札)로 함길도 도절제사(咸吉道都節制使) 양정(楊汀)에게 유시(諭示)하기를 "이미 경(卿)의 소식을 다 알고는, 홍윤성을 보내어 경의 지휘[節度]를 받아서 조전(助戰)하게 하였다. 경은 높은 관직을 혐의스러워 말고 안심하여 편비(偏裨)로 삼아서 마음을 같이하고 힘을 합하여 큰 공을 세우도록 힘쓰라."고 하고, 또 장수와 사졸에게 유시(諭示)하기를, "내가 너희들이 새로 큰 공을 세운 것을 가상히 여겨, 조전원수 홍윤성을 보내어 잔치를 내려서 위로하니, 한 번 마시는게 좋겠다. 대저 큰 일에 임하면 술을 참는 것이 상책(上策)이다. 술의 실수를 다 말하기란 어려우나, 하나는 계획을 그르치는 것이요, 하나는 일을 망치는 것이요, 하나는 후회를 일으키는 것이니, 아울러 이러한 뜻을 알고 마음에 잊지 말도록 하라."고 하였다.[32]

조선 초기 도절제사는 병마도절제사(兵馬都節制使)로 한 도(道)의 군사책임자였기 때문에 당시 함길도의 주장(主將)은 양정이 맡는 것이 당연한 것이었다. <기사 1>을 보면, 세조는 홍윤성을 파견하면서 그가 양정보다 관직과 품계가 더 높다는 것을 잘 인지하고 있었고, 양정에게 홍윤성의 관직이 높다고 꺼리지 말고 편비[33]로 삼도록 하고 있었다. 그런데 함길도의 장수와 사졸들에게 홍윤성의 파견 목적이 큰 공을 세운 군사들에게 잔치를 내려 위로하는 것이라고 알린 것은 양정보다 높은 관

32) 『세조실록』 권19, 세조 6년 2월 5일 임자.

33) 편비(偏裨)는 편장(偏將)으로 일부 군대를 다스리며 대장을 보좌하는 장수를 말한다.

직이었던 홍윤성의 파견으로 군사들이 동요를 불러일으킬 것을 염려한 세조의 세심한 조치였다고 생각한다.

그렇지만 세조가 양정에게 홍윤성과 마음을 같이하고 힘을 합할 것을[同心協力] 당부하고 있는 점, 홍윤성이 주장을 보좌하는 역할을 하는 종사관을 거느리고 가는 점, 세조가 홍윤성에게 용이 그려진 안장을 갖춘 내구마를 하사한 점, 양정보다 높은 관직인 홍윤성의 파견으로 함길도의 장수와 사졸들의 동요를 염려한 점 등을 보면, 세조는 양정을 한편으로 대우하면서도 사실상 홍윤성을 파견하여 양정을 지휘 감독하게 하였다고 생각한다.

세조는 실제로 하직하고 길을 떠난 홍윤성에게 활시위와 각궁(角弓)을 더 보내면서 경군사와 군기(軍器) 등을 위임하였고, 완급을 짐작하여 함길도로 가는 길에서 먼저 잘 헤아려서 적의 침입로인 갑산(甲山)과 삼수(三水) 등의 지역에도 나누어 주되, 후에 양정과 그 배분을 함께 의논하게 한 것을 보면,[34] 세조가 사실상 홍윤성을 중심으로 양정을 지휘하여 여진인들의 침입에 대비하려 하였음을 알 수 있다.

특히 홍윤성은 문신이고, 양정은 무신이었던 점도 이를 뒷받침한다. 6진 개척의 큰 공이 있는 김종서(金宗瑞)나 함길도도체찰사로 파견되었던 신숙주 모두 문신으로, 고려시대와 조선시대에 고관의 문신을 파견하여 무신을 지휘 감독하는 것은 일반적인 정책이었다.

더구나 세조는 홍윤성에게 양정을 만나면, 서울에 있을 때 받은 방략대로 시행하라고 지시하였다.[35] 세조가 홍윤성에게 준 방략의 구체적인 내용은 알 수 없지만, 조선을 침입한 올량합들이 내조하자 그들을 꾸짖

---

34) 『세조실록』 권19, 세조 6년 2월 6일 계축.
35) 『세조실록』 권19, 세조 6년 2월 11일 무오.

으며 한 말에서 그 대략의 뜻을 알 수 있다.

<기사 2>

임금이 말하기를, "처음으로 도둑질한 것이니, 마땅히 거병하여 죄를 물어야 하겠으나[宜擧兵討罪], 내가 본래 너희들을 무휼(撫恤)하였기 때문에 오히려 너희들끼리 스스로 혐극(嫌隙)을 풀게 하려고, 올적합(兀狄哈) 등에게 금(禁)하여 서로 공격하지 말게 하였다. 또 너희들이 옥석구분(玉石俱焚)될까 염려하여 위엄을 거두고 분노를 머금으며 홍윤성으로 하여금 용서하겠다는 뜻을 유시(諭示)하게 하였다. 너희들이 말하기를, '잘못을 뉘우치고 귀순하겠습니다.'라고 하였기 때문에 지금 또한 용서한다. 비록 귀순한다고 말하더라도, 또한 너희들을 보호할 수는 없다. 너희들이 뒤에도 만약 도둑질한다면, 마땅히 멀리 달아날 계책을 우선으로 해야 할 것이다. 그렇지 않으면 남아있은 종족이 없게 될 것이다."고 하니, 올량합(兀良哈) 등이 머리를 조아리고 감격하여 사례하였다.[36]

<기사 2>를 보면, 세조는 여진인들의 침입에 대해 군사를 일으켜 정벌하려고 하였으나, 옥석이 모두 타 버릴까 염려하여 분노를 참으면서 홍윤성을 보내 용서하겠다는 뜻을 전하게 하였다고 한다. 즉 여진을 정벌하게 되면 조선을 침입하지 않았던 여진인들도 피해를 보는 것이 분명하므로, 우선 홍윤성을 보내 여진의 귀순을 유도한 것이라고 할 수 있다.

세조는 성 밑의 여진인들이 아비거의 편이라며 이들의 정토(征討)를 청하는 양정에게 욕됨을 참고 신중을 지키며 싸우지 않고 적을 굴복시키도록 지시하였다.[37] 결국 세조가 홍윤성에게 준 방략은 선부른 정벌보

36) 『세조실록』 권20, 세조 6년 4월 24일 경오.
37) 『세조실록』 권19, 세조 6년 2월 11일 무오.

다는 홍윤성으로 하여금 여진인들을 귀순·복속시키는 방책이었다고 할 수 있다. 즉, 세조를 대신하여 그의 권신(權臣)인 홍윤성을 파견함으로써 도망간 여진인들을 안정시켜 되돌아오게 하고, 배반한 여진인들을 귀순시킴으로써 두만강 유역에서 더 이상 조선과 여진과의 싸움이 확전되는 것을 막으려는 것이었다.

그러나 홍윤성 파견 이후 모련위와 건주위가 연결되었다는 말이 있자, 세조는 노하여 "정병 5백 명으로 건주위를 곧바로 공격함이 옳다"고 하면서 모련위와 건주위를 멸망시키려고 계획을 세우고 때를 기다리고 있었다.[38)]

이에 더해 적 8백여 기병이 종성(鍾城)을 침입하고,[39)] 내륙 지역인 부령(富寧)까지 약탈하였으며, 심지어는 적 1백여 기병이 경성(鏡城)의 오촌구자(吾村口子)에 들어와서 별차(別差) 전 만호(萬戶) 송헌(宋憲) 등 6명을 죽이고 남녀 9명과 우마 39마리를 노략질하는 사건이 일어났다.[40)] 또 양정이 재차 경성의 주을온구자동(朱乙溫口子洞)에 침입한 적 1백여 기병을 공격하여 26명을 죽이고, 말 40여 필을 탈취하였으며, 이 전투에서 아비거를 죽이는 전과를 올리기도 하였다.[41)]

한편 세조는 양정에게 반목하는 여진 세력을 이용하여 올적합으로 올량합을 공격하는 계책[이만이공만이(以蠻夷攻蠻夷)][42)]을 홍윤성과 비

38) 『북정록(北征錄)』 권지3, 1460년 2월 12일 기미. 이 내용은 『세조실록』에는 없고, 1461년(세조 7)에 편찬된 『북정록』에만 기록되어 있다.

39) 『세조실록』 권19, 세조 6년 2월 19일 병인.

40) 『세조실록』 권19, 세조 6년 2월 24일 신미.

41) 『세조실록』 권19, 세조 6년 3월 1일 무인.

42) 이만이공만이(以蠻夷攻蠻夷)는 만이로써 만이를 공격하는 것을 말하는데, 이이제이(以夷制夷)라는 말은 여기에서 유래되었다(단국대학교 동양학연구소 편저, 『漢韓大辭典(1)』, 단국대학교출판부, 1999, 872쪽).

밀히 숙계(熟計)하여 시행할 것을 지시하였다.[43] 또 홍윤성에게 비밀히 계획하여 서울에 내조하였다가 돌아가는 니마차올적합(尼麻車兀狄哈)의 비사(非舍)와 팔리(八里)가 오면 올량합을 공격하도록 하고, 기회를 틈타서 적들을 섬멸하도록 하였다.[44] 즉 세조는 홍윤성과 양정에게 여진인들의 반목을 이용하고, 기회를 틈타서 조선을 침입한 여진인들을 정벌할 것을 지시한 것이다.

조전원수로 임명되어 함길도로 향한 홍윤성은 1460년(세조 6) 2월 5일에 출발하였는데, 그가 회령에 도착하여 세조에게 첫 보고를 올린 것은 3월 3일이었다.[45] 홍윤성이 회령에 이르자, 근방에 거주하는 여진인들이 차츰 와서 알현하였으며, 홍윤성이 국가에서 무휼(撫恤)하는 뜻으로 타이르자 모두 귀순하기를 원하였다. 세조의 권신이자 예조판서인 홍윤성이 오자 여러 종족의 여진인들이 찾아오는 자가 끊이지 않아서 그들에게 줄 어염(魚鹽)과 미포(米布)가 부족할 정도였다. 또 홍윤성은 형세상 적들이 장차 귀순할 것이 틀림없다고 세조에게 보고하면서 아비거에게 낭발아한의 가재와 우마를 주어 귀순시킬 구체적인 방법을 제시하기도 하였다.[46]

홍윤성은 처음 세조가 준 방략대로 여진인들을 귀순시키는 것에 적극적으로 나서고 있었다. 즉 그는 낭발아한의 손자 시랑가(時郎哥)를 귀순시키려 하였고, 회령에 온 시랑가를 죽이지 않고 세조의 지시를 기다리는 한편 귀순의 조건으로 여진인들에게 부령과 경성에서 약탈한 인물

43) 『세조실록』 권19, 세조 6년 2월 24일 신미.

44) 『세조실록』 권19, 세조 6년 3월 2일 기묘.

45) 『세조실록』 권19, 세조 6년 3월 3일 경진.

46) 이때까지 세조와 홍윤성에게 경성의 주을온구자동 전투에서 아비거가 죽은 사실이 전달되지 않았다.

들을 쇄환할 것을 요구하였다. 홍윤성의 노력으로 여러 여진 종족이 모두 집으로 돌아와 점차 그들의 생업이 안정되고 있었다.[47] 당시 투항하고 귀순하는 자가 잇따르고 있었으며, 홍윤성은 귀순한 추장들을 서울로 상경시키기도 하였다.[48]

세조는 아비거의 사망 소식과 홍윤성의 보고를 듣고, 홍윤성에게 "내가 진실로 경의 재주를 알기 때문에 경에게 한 지방을 맡기었다. 경이 지금 하늘에 가득할 만한 공을 이루었다"며 치하하였다.[49] 또 세조는 "전일에 거병(擧兵)하여 북정(北征)하라고 지시하였지만, 지금 모두 귀순하여 복종하니, 정벌하는 것은 미편(未便)한 듯하다"고 하면서 여진 정벌을 일시 중지시켰다.

하지만 세조는 여진 정벌을 일시적으로 중지한 것이지 여진 정벌 자체를 완전히 정지한 것은 아니었다. 세조는 "은혜로써 복종시키지 못한다면 반드시 공격하여 쳐야 할 것"이라며, 조선을 침입한 여진인들에게 약탈한 조선의 사람과 물건을 모두 쇄환하게 하였고, 홍윤성과 양정에게 여진인들이 쇄환하지 않는 틈을 타서 군사를 일으켜 멸망시키는 것이 좋겠다고 하였다.[50]

또 아비거가 사망하였지만, 여진인들의 침입이 완전히 그친 것은 아니었다. 여전히 함길도 내륙인 경성의 운첩위동(云帖委洞)과 부령의 석막리(石幕里)에 여진인들의 침입이 계속되었다.[51] 더구나 명에서는 명의 관직을 가진 낭발아한을 처벌한 것에 대해 조선에 칙서와 사신까지 보

47) 『세조실록』 권19, 세조 6년 3월 8일 을유.
48) 『세조실록』 권20, 세조 6년 4월 1일 정미.
49) 『세조실록』 권19, 세조 6년 3월 10일 정해.
50) 『세조실록』 권19, 세조 6년 3월 17일 갑오.
51) 『세조실록』 권19, 세조 6년 3월 13일 경인; 22일 기해.

내어 조선을 힐책하고 있었다.

마침내 세조는 좌의정 신숙주를 불러 북정할 것을 의논하여 정하고, 대신들과 여진을 정토할 대책을 정하였으며, 신숙주를 함길도도체찰사로 삼아 홍윤성과 양정 및 도절제사 이하 모두를 지휘하게 하였다.[52] 또 홍윤성에게는 별도로 유시하여 경군사를 신숙주에게 교부하여 주고 올라오도록 하였지만, 신숙주에게는 함길도로 가서 정벌의 시기를 살펴보고 홍윤성의 함길도 체류 여부를 결정하게 하였다.

세조가 결정한 여진 정벌 계획이 홍윤성에게 전해진 것은 1460년(세조 6) 4월 1일로 경차관(敬差官) 김국광(金國光)이 함길도로 가서 세조의 뜻을 전하면서였다.[53] 함경도에 도착한 신숙주 역시 군사를 모으고 4월 15일에 홍윤성, 양정, 강순(康純), 김사우(金師禹)와 길을 나누어 여진을 정벌할 계획을 정하였다.[54] 하지만 신숙주는 북방 지역의 얼음과 눈이 녹기 시작하는 것을 직접 확인하고, 홍윤성의 활동으로 여진인들이 귀순하기 시작하므로 가을까지 정벌 시행을 늦추고, 서울로 돌아가 친히 세조의 명령을 받겠다고 보고하였다.[55]

정벌이 연기되자 1460년(세조 6) 5월 10일에 홍윤성은 서울에 돌아와 복명하였는데,[56] 그가 함길도조전원수로 활동한 기간은 약 3개월 간이었다. 서울로 돌아온 홍윤성은 다시 예조판서가 되었으며,[57] 신숙주 역시 1460년 6월 2일에 서울로 돌아왔다.

52) 『세조실록』 권19, 세조 6년 3월 22일 기해.
53) 『세조실록』 권20, 세조 6년 4월 1일 정미.
54) 『세조실록』 권20, 세조 6년 4월 10일 병진.
55) 『세조실록』 권20, 세조 6년 4월 10일 병진; 26일 임신.
56) 『세조실록』 권20, 세조 6년 5월 10일 을유.
57) 『세조실록』 권20, 세조 6년 5월 24일 기해.

3. 부체찰사 홍윤성의 여진 정벌 참여

당시 명은 낭발아한이 중국의 고관(高官)이라며 조선에서 명에 보고하지 않고 그를 처벌한 것을 문제 삼아 여러 차례 칙서와 사신을 보내 조선을 압박하였다. 조선에 온 명의 사신과 세조는 낭발아한의 처벌에 대해 논쟁까지 할 정도였다. 세조는 낭발아한이 오랫동안 조선의 지경에 살아서 호적에 편입된 백성[편맹(編氓)]과 다르지 않기 때문에 조선에서 부르면 오지 않을 수 없고, 죄를 지으면 조선의 법대로 처벌하는 것이 관례였다고 하였지만, 명에서는 세조의 주장을 인정하지 않았다.

곧 명에서는 "왕(王)의 법(法)에 의하여 죄를 주는 것은 다만 왕국(王國)에서만 행할 수 있지, 인경(隣境)에서는 행할 수 없는데 왕국의 법으로 인경의 사람을 죄 준 것과 명 조정에 주문하지 않고 죄를 준 점은 잘못된 것이며 붙잡은 여진인들을 돌려주며 화해하도록" 다시 칙서를 보내왔다.[58] 세조는 이에 대해 "본국 후문(後門)의 지경(地境) 위의 야인들은 편맹과 다름이 없고, 낭발아한 또한 인경의 사람이라 볼 수 없으나 칙지(勅旨)를 받들어 강화하겠다"[59]고 답신하였다.

이런 상황에서 세조는 서울로 돌아온 홍윤성에게 어찰(御札)을 보냈는데, 그 내용은 다음과 같다.

<기사 3>

어찰(御札)로 구치관(具致寬)·홍윤성(洪允成)에게 유시(諭示)하기를, "야인(野人)들이 발호(跋扈)하여 중국(中國)의 명(命)을 따르지 않기 때문에

58) 『세조실록』 권20, 세조 6년 6월 9일 갑인; 『명영종실록(明英宗實錄)』 권314, 천순(天順) 4년 4월 갑술.

59) 『세조실록』 권20, 세조 6년 6월 19일 갑자.

중국에서 이를 무서워한다. 우리나라에서는 매사(每事)에 명(命)을 어기지 않기 때문에 중국에서도 가볍게 보고, 야인과 비교하여 양국(兩國)으로 보니, 이것은 우리나라에서 능히 오랑캐를 제어(制御)하지 못한 소치이다. 지금까지 야인들이 와서 침입할 적마다 중국에서는 문책(問責)하지 않았다. 우리나라에서는 매양 명을 따르는데, 야인들이 날마다 이와 같이 교만(驕慢)해진다면. 나라의 위신은 다 깎여서 장차 중국의 군(郡)·현(縣)이 되고 말 것이다. 지혜스러운 자는 싹이 나기 전에 본다는데, 어느 때에나 볼 것인가? 내가 분(憤)하여 밤낮으로 문득 누웠다가 문득 일어났다가 하면서 활을 끌어 잡고 칼을 어루만지지만, 이윽고 책을 펴고 거문고를 뜯으면서 얼굴을 억지로 두터이 하여 말하고 웃는다. 이미 일을 꾀할 사세(事勢)가 아니니, 경륜(經綸)할 기회를 바로잡도록 할 뿐이요, 능히 번거롭게 말할 것이 없다. 애오라지 고굉(股肱)의 신하와는 서로 마음으로 통하니, 가을이 깊어지기까지 기다리도록 하라."고 하였다.[60]

당시 명은 여진 세력의 발호로 요동(遼東) 지역이 심각한 침입을 받고 있었다. 세조는 이러한 정세를 잘 알고 있었기 때문에 여진인들이 중국의 명령을 따르지 않으므로 중국에서 이것을 무서워한다고 한 것이다. 반면에 조선은 항상 중국의 명령을 어기지 않기 때문에 중국에서 가볍게 보고 여진인들과 비교하여 두 나라로 취급하는데, 이것은 조선에서 오랑캐들을 제어하지 못하였기 때문이라고 하였다. 결국 오랑캐들은 교만해지고 조선의 위신이 깍이게 되면 조선은 장차 중국의 군현이 되고 말 것이라고 하였으며, 세조는 밤낮으로 문득 누웠다가 문득 일어났다가 활을 끌어 잡고 칼을 어루만진다며 그 분함을 홍윤성에게 전한 것이다. 그리고 세조는 지금은 정벌할 사세가 아니니 번거롭게 말할 필요가 없

60) 『세조실록』 권20, 세조 6년 5월 27일 임인.

고, 마음에 부족하나마 고굉(股肱)[61], 즉 자신이 가장 중하고 신뢰할 수 있는 신하와는 서로 마음이 통한다며 가을까지 기다리자고 하였다.

명의 조선 압박과 동시에 여진인들은 한편으로 귀순하고 한편으로는 조선을 침입하는 것을 멈추지 않았다. 1460년 5월 25일에 적이 갑산(甲山)의 영파보(寧波堡) 앞 들에 들어와 남녀 6명을 죽이고, 사람을 사로잡아 갔으며, 우마(牛馬)를 약탈해 간 것이다.[62] 6월 2일에도 적이 단천(端川) 지경에 들어와 남녀 19명을 사로잡고, 남녀 8명을 죽였으며, 우축(牛畜)을 약탈하였다.[63]

그러던 중 명의 사신 마감(馬鑑)이 칙서를 가지고 모련위에 와서 여진인들에게 조선에서 노략질한 물건을 돌려주고, 조선과 화해하도록 하였다.[64] 그런데 명사 마감은 칙서가 조선과 관계되는 것이 아니었음에도 조선의 회령 성내에 들어오려고 하였고, 조선에서 잡은 낭발아한 일족과 물건을 돌려주었는지 물으며 조선을 또다시 압박하였다.

당시 세조는 여진인들이 여러 번 변방 지방을 침범하고, 낭발아한 사건을 가지고 마감에게 호소하면서도 오히려 침구하고자 도모하고 마감도 이를 두둔하므로 매우 노하였다고 한다.[65] 결국 1460년(세조 6) 7월 27일, 세조는 홍윤성과 신숙주를 급히 불러 북정(北征)할 계획을 결단하고, 즉시 신숙주를 강원함길도도체찰사선위사(江原咸吉道都體察使宣慰使)로 삼고, 홍윤성을 부사(副使)로 삼았으며, 두 사람을 바로 그날 함길도

61) 고굉(股肱)은 팔과 다리로, 여기서는 고굉지신(股肱之臣)을 뜻하며, 팔과 다리처럼 임금이 가장 중하고 신뢰할 수 있는 신하를 말한다.

62) 『세조실록』 권20, 세조 6년 5월 25일 경자.

63) 『세조실록』 권20, 세조 6년 6월 2일 정미.

64) 『세조실록』 권21, 세조 6년 7월 5일 기묘; 25일 기해.

65) 『세조실록』 권21, 세조 6년 7월 27일 신축; 『북정록(北征錄)』 권지5, 1460년 7월 27일 신축.

로 떠나게 하였다.[66] 홍윤성과 신숙주를 선위사라 칭한 것은 적이 놀라 도망할까 염려하며, 마감을 만나 성 안의 관사(館舍)에 청하고 후대하게 하려는 것이었다. 그리고 홍윤성과 신숙주에게 강원도와 함길도의 병사를 징발하여 길을 나누어 진격해서 여진인들의 소굴을 소탕하게 하고, 마감을 서울로 보내게 하였다. 따라서 세조의 계획은 홍윤성과 신숙주를 선위사라 칭하고 마감을 성에 피신시킨 후에 여진을 정벌하고, 마감을 서울로 오게 하는 것이었다.

또 세조는 마감을 상경시킬 때는 강원도의 길이 아니라 평안도의 양덕(陽德)과 맹산(孟山)의 길로 오게 하면 자신이 일찍 출발해서 순행(巡幸)하다가 평양(平壤)에서 그와 회합한 뒤 건주위를 진압하는 것을 모의하겠다고 하여 두만강 유역의 모련위를 정벌한 후 압록강 유역의 건주위까지 정벌하는 것을 염두에 두고 있었다.[67]

홍윤성과 신숙주가 함길도로 출발한 직후, 한명회(韓明澮) 등은 황제의 사신이 아직 모련위에 머물고 있는데, 갑자기 군사를 일으켜서 공격하는 것은 불순하다며 세조에게 비밀히 아뢰었다.[68] 세조는 신숙주에게 이러한 우려를 전달하면서도 기회를 놓칠 수 없으니 모름지기 모두 섬멸하고 돌아오라고 하였는데, 신숙주는 "신 등이 이미 출발해 와서 비록 선위라고 하였으니, 일을 중지할 수 없음이 명백하다"며 "물이 괸 곳이 줄어드는 8월 20일 이후가 거사를 할 시기이므로 천천히 가면서 남쪽의 군사가 모이기를 기다리겠다"고 보고하였다.[69]

---

66) 위와 같음. 이 사실은 『국조보감(國朝寶鑑)』에도 기록되어 있다(『국조보감』 권지11, 경진 세조조2 5년 7월).

67) 『세조실록』 권21, 세조 6년 7월 29일 계묘; 8월 8일 신해; 13일 병진.

68) 『세조실록』 권21, 세조 6년 7월 29일 계묘.

69) 『세조실록』 권21, 세조 6년 8월 2일 을사.

당시 홍윤성과 신숙주는 비가 심하게 와서 경기도 영평(永平)[지금의 포천(抱川)]의 양문역(梁文驛) 앞의 내[川]를 건너지 못하다가 옷을 벗고서야 건너는 등 행로에 어려움을 겪었고,[70] 강원도의 김화(金化), 그리고 회양(淮陽)을 거치면서 강원도관찰사 김계손에게 영동과 영서의 용사(勇士)들을 징발하게 하여 길주(吉州)에 와서 명령을 기다리게 하였다.[71]

그런데 그 사이에 마감은 "두 재상(홍윤성과 신숙주)이 대인을 선위하러 온다"는 말을 듣고도, 조선의 강경한 자세와 여진인들이 도망하는 등 동요하기 시작하자 모련위 지역을 떠나게 되었다. 그리고 홍윤성과 신숙주는 길주(吉州)의 명원참(明原站)에서 마감이 명으로 이미 출발하였다는 소식과 여진인들이 조선의 정벌을 의심하여 건주위로 도망한다는 소식을 듣고, 그들이 의심하지 않도록 종자(從者)를 줄여 회령으로 급히 가게 되었다.[72]

세조는 마감이 명으로 돌아가고 여진인들이 건주위로 도망한다는 소식을 듣고 크게 노하여 한명회 등과 건주위까지 정토할 일을 논의하고, 바로 한명회를 황해도평안도도체찰사(黃海道平安道都體察使)로 삼았다.[73] 그리고 세조는 서울에 있던 대신들과 의논하고 홍윤성과 신숙주에게 "이미 거병하는 기미가 크게 드러났다", "경 등이 도착하지 않았는데도 여진인들이 스스로 숨었으니, 위엄을 크게 보인 것"이라고 하면서도 "공격하거나 공격하지 않거나 모두 사리에 통한다"며 여진에 대한 정벌 결

70) 『세조실록』 권21, 세조 6년 7월 29일 계묘.

71) 『세조실록』 권21, 세조 6년 8월 2일 을사; 『북정록(北征錄)』 권지5, 1460년 7월 29일 계묘; 『세조실록』 권21, 세조 6년 8월 5일 무신.

72) 『세조실록』 권21, 세조 6년 8월 12일 을묘.

73) 『세조실록』 권21, 세조 6년 8월 13일 병진. 한명회는 8월 14일 황해도와 평안도로 출발하였다(『세조실록』 권21, 세조 6년 8월 14일 정사).

정을 현지에서 판단하게 하려 하였다.[74]

그런데 세조의 이러한 유시가 있기 전에 신숙주는 "마감이 돌아갔다 하더라도 그 형세가 더욱 간편해졌으니 일을 중지할 수 없다"고 하였고 "신 등이 급속히 말을 달려 나아가겠다"고 보고하였다.[75] 그리고 홍윤성과 신숙주는 회링에 도착해서 적의 추상 중 회령에 온 90여 명을 모두 잡아 참수하였으며, 여러 군사의 부서를 나누고, 남쪽으로는 상동량(上東良)까지 북쪽으로는 상가하(常家下)까지 8월 27일에 길을 나누어 모두 진군하여 바로 적의 소굴을 공격한다고 보고하였다.[76]

이후 마침내 신숙주의 승전 보고가 왔는데, "신이 여러 장수와 길을 나누어 공격하고 토벌하여 그 굴혈을 다 없애고 돌아왔는데, 잡아 죽인 것이 430여 급이고, 불태워 없앤 집이 9백여 채로 재산을 함께 없앴고, 죽이거나 사로잡은 우마가 1천여 마리"라고 하였다.[77]

신숙주는 여진을 정벌할 때 총 8,300명의 군사를 동원하였는데, 이들을 다시 4로군으로 편성하였다.[78] 제1로군 4천 1백 명으로 신숙주가 지휘하였는데, 이중 강효문이 기병 1백 명을, 김사우·조방림이 기병 1천 명을, 김계손·김귀손이 기병 1천명을, 신숙주는 홍윤성·이극배·정식·허형손·박형·박대생을 거느리고 기병 2천을 맡았다. 신숙주가 지휘한 제1로군은 종성에서 두만강을 건너 수주, 하이란, 상가하, 모리안 등지의 여진인을 정벌하고 각각 종성과 회령으로 돌아왔다.

---

74) 『세조실록』 권21, 세조 6년 8월 15일 무오.
75) 『세조실록』 권21, 세조 6년 8월 15일 무오.
76) 『세조실록』 권21, 세조 6년 9월 4일 정축.
77) 『세조실록』 권21, 세조 6년 9월 11일 갑신.
78) 『세조실록』 권21, 세조 6년 9월 11일 갑신. 이인영은 『세조실록』를 토대로 당시 조선군을 4로군으로 파악하였다(이인영, 앞의 책, 1954, 116쪽).

제2로군은 2천 5백 명으로 양정이 지휘하였는데, 곽연성이 보병과 기병 6백 명을, 임득정·우공이 보병과 기병 1천 3백 명을, 양정이 김처지를 거느리고 보병과 기병 6백 명을 맡았다. 양정이 지휘한 제2로군은 회령에서 두만강을 건너 하동량, 중동량, 사지, 무아계, 여포, 하아안하주, 모리안 등지의 여진인을 정벌하고 회령으로 돌아왔다. 제3로군은 보병과 기병 9백 명으로 강순이 독자적으로 지휘하였는데, 내륙인 부령에서 곧바로 가로질러 지금의 무산 부근인 허수라를 거쳐 중동량 지역의 여진인을 정벌하고 회령으로 돌아왔다. 제4로군은 보병과 기병 8백 명으로 오익창이 독자적으로 지휘하였는데, 역시 내륙인 경성에서 곧바로 오촌과 박가비라를 거쳐 상동량 지역의 여진인들을 정벌하고 다시 경성으로 돌아왔다. 제1~3로군은 27일 진격한 반면 경성은 제일 남쪽에 있어 제4로군은 23일에 진격하였다.

이 중 홍윤성과 신숙주가 함께한 제1로군의 여진 정벌 상황은 다음과 같다.

홍윤성은 신숙주와 함께 27일에 종성을 출발하여 두만강을 건너 수주(愁州)를 따라 고개를 넘었고, 기병 2천 명이 아치랑귀(阿赤郎貴) 대천(大川)의 숲을 끼고 좌우에서 공격하여 여진인들의 집을 불태우고, 급히 2백여 리를 행군(行軍)하여 아치랑귀 상리(上里)에 이르렀다.

제1로군은 소재(所在)한 곳마다 영(營)을 쳤는데, 날이 저물자 적이 밤을 틈타 4면에서 공격하여 교란(攪亂)하였다. 이에 조선군이 진(陣)을 굳게 지키며 움직이지 않고, 활을 잘 쏘는 자에게 방패를 가지고 영(營) 밖으로 나가서 번갈아 쏘게 하자, 적이 화살에 많이 맞고 도주하였다.

29일에는 박형·김귀손으로 하여금 5백 명의 정예 기병을 뽑아서 진군하여 모리안(毛里安)을 공격하고, 양정 등과 만나 지름길로 회령에 돌아오게 하였다. 또 허형손이 주둔한 곳을 적이 길에서 요격하자, 이를 공격하여 패주시켰고, 김사우도 1일 전에 이미 상가하(常家下)를 공격하고 돌아와 허형손과 만나서 주둔하였다. 이날 저물녘에 비가 오고 또 천둥이 치니, 적들이 4면에서 공격하여 교란하므로, 또 활을 잘 쏘는 자들로 영(營)을 나가서 쏘게 하자, 적들이 많이 화살에 맞고 그제서야 도주하였다.

30일에 제1로군의 모든 군사가 종성으로 돌아왔는데, 적들이 혹은 요격(邀擊)하기도 하고 혹은 미격(尾擊)하기도 하였다. 김사우·김계손·강효문이 종일 비를 무릅쓰고 힘껏 싸워서 이를 패주시키고 죽이거나 사로잡은 것이 많았다.

이를 통해 볼 때 홍윤성이 속한 제1로군은 27일부터 30일까지 종성 → 수주 → 아치랑귀 → 아치랑귀 상리 → 모리안[박형 공격] → 종성[신숙주, 홍윤성], 회령[박형]의 순서로 이동하였다.

신숙주는 정벌 후 천천히 6진을 순행하면서 가까이 사는 여진인들을 어루만지고, 여러 장수에게 방어하며 공격하고 토벌할 계책을 지시하였다.[79] 이 과정에서 홍윤성은 신숙주와 동행하였으며, 특히 홍윤성과 신숙주는 함께 이성(利城)에서 갑산(甲山)·삼수(三水)·혜산(惠山)으로 들어가 몸소 형세를 살펴보고 방어할 여러 일을 나누어 주고서 길주의 영동참(嶺東站)을 거쳐 북청(北靑)·함흥(咸興) 등지로 돌아왔다.[80] 이것은 여진인들이 두만강에서 내륙을 가로질러 함길도의 내륙 지역인 부령·경성 등을 침입하자, 그 침입 경로를 막고자 회령의 아래 지역, 즉 지금의 무산 일대에 소위 영북진(寧北鎭)을 설치하는 것이 타당한지 조사하는 것이었다.

---

79) 『세조실록』 권21, 세조 6년 9월 24일 정유.
80) 위와 같음.

이 여진 정벌, 즉 '경진북정'은 강원함길도도체찰사인 신숙주가 정벌의 총책임자였으며, 홍윤성은 부체찰사(副體察使)로 부책임자였다. 이는 세조가 여진 정벌이 성공하자 내린 포상에서도 잘 드러난다. 세조는 여진 정벌 직후, 홍일동(洪逸童)을 함길도선위사(咸吉道宣慰使)라고 파견하여 신숙주에게 표리(表裏) 3벌을, 홍윤성에게 표리 2벌을 하사하고, 또 표리 15벌을 보내 공이 있는 여러 장수들에게 나누어 주게 하였다.[81]

여진 정벌이 성공했다는 소식을 들은 세조는 10월 4일 황해도와 평안도를 순행(巡幸)하였는데,[82] 홍윤성은 신숙주와 함께 양덕을 거쳐 평양에 이르렀다가 10월 14일에 황주(黃州)에서 세조를 알현하였다.[83] 세조는 노상에서 어가를 멈추고 홍윤성과 신숙주에게 각각 표주박에 술을 올리게 하였고, 홍윤성을 사자위장(獅子衛將)으로 삼았다. 사자위(獅子衛)는 임금이 친히 열무(閱武)하고 강무(講武)할 때 군사 1백 명을 뽑아 어가를 호위하는 친위대로, 사자위장은 사자위의 책임자였다.

세조는 낮 수라를 드는 주정소에서 홍윤성과 신숙주 및 종친과 재추를 불러 보고 술자리를 베풀어 위로하였고, 중화(中和)의 생양관(生陽館)에 이르러 다시 홍윤성과 신숙주 등에게 술자리를 베풀어 매우 즐기고 그들에게 옷 1벌씩을 하사하였다.[84] 평양에 들어가서 신숙주가 정벌에 따라간 장수와 군사들의 군공 등급을 올리자, 세조는 이조에 명하여 북정한 군공에 따라 품계 1~2개씩을 올려주었다.[85] 당시 북정한 군공(軍

81) 『세조실록』 권21, 세조 6년 9월 11일 갑신.

82) 『세조실록』 권22, 세조 6년 10월 4일 병오.

83) 『북정록(北征錄)』 권지6, 1460년 9월 27일 경자; 『세조실록』 권22, 세조 6년 10월 14일 병진; 『국조보감(國朝寶鑑)』 권지11, 경진 세조조2 5년 10월

84) 『세조실록』 권22, 세조 6년 10월 14일 병진.

85) 『세조실록』 권22, 세조 6년 10월 15일 정사; 18일 경신; 『북정록(北征錄)』 권지 6, 1460년 9월 27일 경자.

功)을 녹훈(錄勳)할 때 제일 먼저 기록된 인물은 홍윤성이었으며, 그 내용은 "예조판서 홍윤성에게 숭정대부(崇政大夫)를 더한다"라는 것이었다. 조선시대 예조판서는 정2품이고, 숭정대부는 종1품 문신의 하계(下階)에 해당한다. 따라서 북정의 포상으로 홍윤성의 품계가 관직보다 더 높아지게 되었다.[86)]

또 세조는 신숙주에게는 노비 10명을 주고 친아들 3명에게 모두 1개의 품계를 더하여 주었으며, 홍윤성에게는 노비 8명을 주고 자제(子弟) 1명에게 품계를 더하여 주었다.[87)] 그리고 나머지 장수들에게는 노비만 3~4명을 주었다.

세조는 중궁(中宮)의 탄일연(誕日宴)을 베풀면서 북정한 장수들을 불러 잔치를 베풀었는데, 신숙주에게는 안구마 1필과 붉은 활[동궁(彤弓)] 1개를, 홍윤성 등에게는 내구마(內廏馬) 1필과 활 1개씩을 하사하였다.[88)] 이때 세조는 홍윤성을 통해 종사관(從事官) 및 군관(軍官) 등에게 "너희들이 모두 나라를 위하여 죽을 땅에 나갔다가 돌아왔으니, 참으로 불쌍히 여긴다. 이제는 마땅히 실컷 취하고 마음껏 즐기라"는 명(命)을 대신 전하게 하였다.

이후 홍윤성은 여진과 관련된 문제가 발생하였을 때 세조가 의논하는 중요 인물 중 한 사람이 되었다. 세조는 여진인들이 내조하였을 때 여진인들을 인견(引見)하는 문제 등을 홍윤성과 상의하였고, 홍윤성을 통해 여진인들에게 음식을 먹이게 하거나 세조의 왕지(王旨)나 목계(木

86) 이때 홍윤성은 병으로 순안현(順安縣)에 머물렀는데, 병을 참고 견디면서 어가를 따르려고 하자, 세조는 병이 나은 뒤에 조리(調理)를 더하고 오라는 유시를 내렸다(『세조실록』 권22, 세조 6년 10월 22일 갑자).

87) 『세조실록』 권22, 세조 6년 11월 10일 임오.

88) 『세조실록』 권22, 세조 6년 11월 11일 계미.

契)를 전하게 하기도 하였다.[89]

또 홍윤성은 여진과 관련된 비변(備邊) 대책에 다수 참여하게 된다. 함길도에 여진인들의 침입 소식이 들려오자 세조는 홍윤성을 불러 그 대책을 의논하기도 하였고, 여진에 대한 일들을 함께 의논하기도 하였으며, 재차 여진을 정벌하는 일을 상의하였다.[90] 그리고 1461년(세조 7)에 세조는 '경진북정'의 배경과 과정을 기록한 『북정록』을 편찬하게 하였는데, 여진 정벌에 참여했던 홍윤성과 신숙주 등에게 그 내용을 교정하게 하였다.[91]

그러던 중 1461년 9월 17일에 건주위 세력으로부터 평안도 의주(義州)가 침입을 받아 남녀 182명이 죽거나 사로잡히는 등의 피해를 입자, 세조는 홍윤성을 황해평안도도체찰사(黃海平安道都體察使)로 삼았고, 홍윤성으로 하여금 두 도의 군무(軍務)를 주관하고 장수들을 지휘하여 건주위를 정벌하려 하였다.[92]

그런데 홍윤성이 하직하여 출발하는 날에 세조는 대신들을 불러 "내가 심사숙고하건대, 지금 이 거사는 너무 급한 듯하여 아직은 정지하고 이만주 등을 개유하여 적이 빼앗아간 인축(人畜)을 쇄환하게 하고, 중국 조정에 주문하여 쇄환을 주청한 뒤 형세를 관망하여 다시 의논하자"고 하여 홍윤성의 파견이 중지되었다.[93]

세조는 다시 신숙주를 평안황해도도체찰사로 삼고, 홍윤성을 편비(偏

89) 『세조실록』 권22, 세조 6년 12월 26일 무술; 권23, 세조 7년 1월 17일 무오; 5월 22일 신유; 권25, 세조 7년 8월 13일 경진; 권26, 세조 7년 11월 9일 을사.

90) 『세조실록』 권24, 세조 7년 4월 11일 신사; 23일 계사; 5월 15일 갑인; 권25, 세조 7년 8월 3일 경오.; 9월 26일 계해.

91) 『세조실록』 권23, 세조 7년 3월 24일 을축.

92) 『세조실록』 권26, 세조 7년 9월 28일 을축; 29일 병인.

93) 『세조실록』 권26, 세조 7년 10월 1일 정묘.

裨)로 삼아 북방에 파견하려고 하였는데,[94] 이는 마치 '경진북정' 계획의 데자뷰(deja vu)를 연상시키지만, 이것 역시 파견이 중지되었고, 이후 건주위 정벌은 1467년(세조 13)에 강순(康純)·어유소(魚有沼)·남이(南怡) 등이 통솔하여 실행되었다. 비록 홍윤성과 신숙주의 건주위 정벌은 중지되었지만, 세조가 홍윤성의 함길도 지역에서의 경험과 여진 정벌 참여 경험을 활용하였음을 확인할 수 있다.

한편 1460년(세조 6)의 '경진북정' 전까지 조선은 총 3차례의 여진 정벌을 단행하였다. 1410년(태종 10)에는 모련위 정벌에 나서 여진인 180명을 죽이고 27명의 포로를 잡았고, 1433년(세종 15)에는 건주위를 공격하여 183명을 죽이고 248명의 포로를 잡았으며, 1437년(세종 19)에 재차 건주위를 공격하여 46명을 죽이고 14명의 포로를 잡았다.[95] 1460년의 '경진북정', 즉 모련위 정벌은 여진인 430여 명을 죽이고, 9백여 채의 집과 재산을 불태웠으며, 죽이거나 사로잡은 우마가 1천여 마리였다. 이렇게 보면 홍윤성과 신숙주가 주축이 된 '경진북정'은 조선의 여진 정벌 중 최대의 전과를 올렸다고 할 수 있고, 향후 모련위가 재기할 수 없을 정도의 강력한 영향을 끼쳤다고 할 수 있다.

이러한 '경진북정'의 성공이 가능했던 것은 무엇일까? 첫째는 정벌의 책임자로 홍윤성과 신숙주를 파견했다는 점을 들 수 있다. 이들은 모두 세조의 친신(親臣)으로, 세조는 신숙주와 홍윤성을 각각 정벌의 책임자와 부책임자로 파견함으로써 장수와 군사들에게 정벌의 의지를 굳건하게 보이고 실천할 수 있었다.

둘째는 홍윤성과 신숙주 모두 문신으로, '경진북정'은 조선의 여진

---

94) 『세조실록』 권26, 세조 7년 11월 25일 신유.

95) 안선미, 앞의 논문, 2020, 51쪽.

정벌 중 무신이 아닌 문신들이 지휘관이었던 최초의 정벌이었다는 점이다. 조선의 여진 정벌이 있었던 1410년에는 조연(趙涓)이, 1433년에는 최윤덕(崔潤德)이, 1437년에는 이천(李蕆)이 지휘관이었으나, 이들은 모두 무신들이었다. 따라서 세조는 조선의 여진 정벌사에 최초로 문신인 홍윤성과 신숙주를 파견하여 무신들을 지휘하게 한 것이다. 이들은 정벌 전에 여진 지역을 철저하게 파악하여 무신인 장수들에게 도로의 멀고 가까움과 험하고 쉬운 것, 그리고 여진 부락의 다소를 가르쳐 주고 장수들을 나누어 공격을 명령하였다.

물론 당시에도 함길도도절제사 양정이 있었지만, 양정은 성급하게 정벌을 주장한 적이 있고, '경진북정' 시에는 공을 세우려고 조급히 진군하여 오익창이 화살에 맞아 죽는 원인을 제공하였다. 결국 고려시대 여진 정벌을 단행했던 윤관(尹瓘), 조선시대 6진 개척의 공로가 있던 김종서(金宗瑞) 등도 또한 모두 문신이었던 점을 생각해 보면, 세조는 문신이었던 홍윤성과 신숙주를 파견하여 공을 세우는 것을 앞세우는 무신들을 자제시키는 한편 철저한 정보 파악을 바탕으로 한 군사 행동을 계획했다고 할 수 있다.

셋째는 조선의 군사 행동이 단기간에 전 군사가 전방위로 기습 공격을 하고 철수하였다는 점이다. '경진북정' 시 조선군의 출발일은 다소 차이는 있지만, 전 군사가 8월 27일에 맞추어 강을 건넜으며, 30일에는 회령과 종성 등으로 돌아오게 되어 있었다. 양정이 지휘하던 임득정의 군사가 30일에 수주의 고성(古城)에 이르렀다가 9월 4일에 종성으로 돌아왔지만, 이것은 일부에 지나지 않았다. 따라서 조선군의 작전은 총 4일의 기간으로, 기습 공격과 조속한 철수로 최대한의 전과를 올리고 피해를 최소화할 수 있었다.

마지막으로 홍윤성의 파견을 들 수 있다. 함길도조전원수의 임무를 수행하고 돌아와 다시 예조판서가 된 홍윤성을 신숙주와 함께 여진 정벌에 참여시킨 이유는 무엇일까? 그동안 정벌의 책임자였던 신숙주의 활동에만 국한하여 홍윤성의 파견 이유를 간과한 것은 아닐까? 세조는 처음에 함길도조전원수로 홍윤성을 파견하면서 자신을 대리한 듯 임금이 타는 말과 용이 그려진 안장을 하사하였다. 또 홍윤성은 문신이지만 세조와 같은 무인(武人)의 자질과 무재(武才)를 가지고 있었다. 그는 세조에게 계유정난을 일으킬 것을 제일 처음 주장하였으며, 세조는 도둑을 잡는 일부터 군사들의 진법(陣法) 훈련까지 홍윤성에게 지시하였는데, 이는 그의 무인적 기질을 높이 평가하고 활용한 것이었다. 즉 세조는 홍윤성의 무인적 자질을 통해 신숙주를 보완하게 하여 문무(文武) 양측면에서 정벌의 성과를 이끌어 내게 한 것이다.

4. 맺음말

조선의 '경진북정'은 모련위의 추장이었던 낭발아한을 조선이 처벌하자, 그의 아들 아비거가 여진인들을 규합하여 조선의 변경을 침입한 것에서 기인하였다. 세조는 여진인들의 침입이 격화되자 홍윤성을 조전원수로 삼아 함길도로 파견하였다.

그런데 당시 함길도는 도절제사인 양정이 방어를 책임지고 있어서 홍윤성의 파견은 사실상 홍윤성을 중심으로 여진인들의 침입에 대비하게 한 것이었다. 즉 세조는 홍윤성을 파견하며 그에게 내구마와 금으로 용을 그린 안장, 주홍의 말다래, 홍모영의 장식을 하사하였다. 사헌부에서는 홍윤성이 받은 화룡점과 홍모영의 장식은 신하가 착용할 물건이 아니며 그 장식은 어가와 다름없다고 하였지만, 세조는 이러한 비판을 일축하였다. 이러한 사실을 통해 홍윤성의 파견은 곧 임금인 세조를 대신해 파견한다는 의미가 부여되었다고 할 수 있다.

세조는 홍윤성에게 우선 여진인들을 귀순·복속시키고자 하는 방책을 지시하였는데, 이것은 여진을 정벌하면 조선에 침입하지 않았던 여진인들도 구분없이 피해를 보는 것이 분명하였기 때문이었다. 세조는 권신인 홍윤성을 파견함으로써 도망간 여진인들을 안정시켜 돌아오게 하고, 배반한 여진인들을 귀순시켜 두만강 유역에서 조선과 여진과의 싸움이 확전되는 것을 막으려 하였다. 이에 홍윤성은 세조의 방책에 따라 여진인들을 적극적으로 귀순시켜 여러 여진 종족이 모두 집으로 돌아오게 하였고, 그의 활동으로 투항하고 귀순한 자가 잇따랐으며, 홍윤성은 귀순한 추장들을 서울로 상경시켰다.

세조는 아비거가 조선을 침입하다가 죽고, 홍윤성의 여진 초무가 성공을 거두자, 여진 정벌을 일시적으로 중지하였다. 그러나 여진인들이 조선에서 잡아간 인물을 쇄환하지 않고, 함길도 내륙인 경성과 부령 등을 침입하자 마침내 북정을 결심하였다. 결국 신숙주를 함길도에 파견하였는데, 신숙주는 북방의 기후 사정과 홍윤성의 활동으로 여진인들이 귀순하는 것을 보고는 가을까지 정벌을 연기할 것을 주장하여, 여진 정벌은 일시 중지되고, 홍윤성은 서울에 돌아와 다시 예조판서가 되었다.

그러던 중 명은 조선의 낭발아한에 대한 처벌을 문제시하고 여러 차례 칙서와 사신을 보내고 조선을 압박하였다. 이때 여진인들은 명의 조선 압박을 이용하여 조선에 한편으로는 귀순하고, 한편으로는 침입하는 것을 멈추지 않았다. 또 그들은 명나라 사신에게 낭발아한의 사건에 대해 호소하고 마감 역시 여진인들의 침입을 두둔하고 있었다.

결국 세조는 명의 사신이 모련위 지역에 머물고 있음에도 홍윤성과 신숙주를 파견하여 여진에 대한 정벌을 실행하게 하였다. 당시 정벌의 총지휘관은 신숙주였고, 부지휘관은 홍윤성으로, 이들은 총 8,300명의 군사를 동원하여 4로군으로 편성하였다. 홍윤성과 신숙주는 제1로군을 지휘하였는데, 이들은 종성을 출발하여 여진인들의 거주 지역을 기습 공격하고 4일만에 다시 종성으로 되돌아왔다.

'경진북정'으로 조선군은 여진인 430여 명을 죽이고, 9백여 채의 집과 재산을 불태웠으며, 죽이거나 사로잡은 우마가 1천여 마리에 이르는 등 이전 3차례에 걸친 여진 정벌보다 최대의 전과를 올렸다.

'경진북정'의 성공이 가능했던 것은 다음과 같다. 첫째, 세조의 권신인 신숙주와 홍윤성을 각각 정벌의 책임자와 부책임자로 파견하여 장수들에게 정벌의 의지를 강력하게 보이고 실천하였다. 둘째, 이 정벌은 문신들이 지휘관이 된 최초의 여진 정벌로, 이들은 당시 공을 앞세워 성급한 정벌을 주장하는 무신들을 제어하면서 여진 지역에 대해 철저하게 파악하여 준비하였다. 셋째, 조선의 군사 행동이 단기간에 전 군사가 전방위로 기습 공격하고 철수하였다. 마지막으로 세조가 무인의 자질과 무재를 가진 홍윤성을 파견함으로써 자신을 대리화시키고 신숙주를 보완하게 함으로써 문무 양측면에서 정벌의 성과를 이끌어 낸 것이다.

그동안 '경진북정'에 대해서는 신숙주의 활동만이 부각된 점이 많다. 반면에 여진 정벌 전 홍윤성을 함길도조전원수로 파견한 점과 정벌시 부체찰사로 파견한 점이 잘 알려지지 않았다. 정벌 전후 홍윤성 파견의 역사적 의미를 파악하고, 그의 활동을 재조명하면서 조선의 '경진북정'에 대한 역사적 사실에 보다 접근되기를 기대해 본다.

홍윤성의 사후평가와 후대기억

임선빈 | 역사지식정보센터 대표

1. 머리말
2. 실록을 통해 본 실재와 평가
3. 잡록을 통해 본 평가와 후대기억
4. 맺음말

1. 머리말

역사 서술은 역사적 사실이라고 인정되는 믿을만한 사료에 입각한 해석적 재현이다. 그러나 간혹 우리의 역사 지식은 믿을 수 없는 자료를 근거로 역사적 실재와 동떨어져 이루어진 서술에 입각하여 형성된 경우도 없지 않다.[1] 홍윤성에 대한 그동안의 우리 역사 지식도 그 가운데 하나이다.

그동안 홍윤성에 대해서는 역사학계에서 본격적인 연구를 하지 않았다. 반면에 국문학 분야에서는 홍윤성과 직·간접적으로 관련한 연구들이 다수 있었다. 그런데 국문학 분야의 연구는 홍윤성 인물 자체에 대한 연구는 아니고, 주로 홍윤성을 소재화한 문학적 관점의 연구였다.[2] 따라서 역사적 실재 여부를 다룬 것이 아니었다. 홍윤성에 대한 역사적 실재

1) 과거에 발생했던 수많은 사건과 인물 가운데 우리는 무엇[누구]을 기억하고 무엇[누구]을 망각하는가? 우리가 기억하고 있는 것은 과연 역사적 실체와 얼마나 가까운 것인가? 기억과 망각에 주체자의 의지는 얼마나 작용하는 것인가? 역사 연구에서 문헌기록은 그동안 절대적 신뢰를 지닌 강자로 군림해 왔으며, 오늘날에도 여전히 그 지위를 누리고 있는데, 기록으로 남아 있는 문헌이라고 해서 과연 그대로 믿을 수 있는 것인가? 필자는 이와 같은 문제의식으로 역사를 연구한 바 있다. 임선빈, 「절재 김종서의 사후평가와 '영웅만들기'」, 『사학연구』 68, 2002; 임선빈, 『역사적 실재와 기억의 변주곡』, 민속원, 2020.

2) 이경선, 「홍장군전 연구」, 『한국학논총』 5, 한양대 한국학연구소, 1984; 곽정식, 「홍장군전의 형성과정과 작자의식」, 『새국어교육』 81, 2009; 오윤선, 「홍장군전의 창작경위와 인물형상화의 방향」, 『고소설연구』 12, 2000; 류정월, 「홍윤성 일화의 재현 방식과 현실 맥락」, 『서강인문논총』 29, 2010; 류수민, 「구활자본 한글소설 『홍장군전』의 『수호전』 전유 양상 소고」, 『중국소설논총』 61, 2020; 이강옥, 『조선시대 일화연구』, 1998, 태학사.

와 다르게 형성된 후대인들의 기억과 지식의 간극을 밝히는 것은 그들의 주된 관심 대상이 아니었다.

본고는 인물 홍윤성의 역사적 실재가 어떠했으며, 후대의 평가와 기억은 역사적 실재와 얼마나 부합하는가에 대해 살피고자 하는 글이다. 먼저 조선 초기에 홍윤성 관련 실록기사를 통해서 홍윤성의 생애와 관직활동에 대해 살펴보았다. 그 중에서도 후대의 잡록 기록에서 거론되는 홍윤성 일화와 관련이 있는 내용에 대해서 더욱 자세하게 알아볼 것이다. 다음으로 실록에 수록되어 있는 당대인의 홍윤성에 대한 평가를 살펴보았다. 홍윤성이 살아있던 시기와 죽은 후의 조정에서의 평가가 어떻게 달라지는가에 대해서도 엿볼 것이다.

조선시대에는 역대 선왕들의 실록이 빠짐없이 편찬되었지만, 4질 혹은 5질을 제작하여 춘추관과 지방의 사고에 보관하던 이 실록의 기록은 특정한 상황에서 특정인들만이 부분적으로 접할 수 있었다. 따라서 실록에 수록되어 있는 역사지식정보를 조선시대 사람들은 대부분 알지 못했다. 홍윤성에 대해 실록에 수록되어 있는 기록도 조선시대에는 볼 수 없었던 내용들이다. 사실 문집이나 잡록에 수록된 홍윤성에 대한 기록이 조선시대 사람들이 접할 수 있었던 홍윤성에 대한 정보의 전부였다고 해도 과언이 아니다. 본고에서는 이들을 분석하여 오늘날 우리가 알 수 있는 실록에 기록되어 있는 홍윤성에 대한 역사적 실재와 무엇이 동일하고 무엇이 어떻게 다른가 살펴볼 것이다. 나아가 잘못 알려져 있거나 왜곡되어 있는 부분이 있다면, 이를 바로잡아 홍윤성에 대한 역사 지식정보의 실재에도 다가가고자 한다.

2. 실록을 통해 본 실재와 평가

1) 홍윤성 생애의 실재

홍윤성(1425~1475)은 세종 7년에 태어나 성종 6년 9월 8일에 51세의 나이로 타계했다. 그의 생애와 관직생활을 실록기사를 토대로 정리하면 다음의 표와 같다.

서력 (왕력)	나이	품계	본직	겸직	주요활동/비고
1425 세종 7	1				태어남
1450 문종 즉위	26				10월 문과급제(전력:教導)
			(승문원)부정자 [종9품]	사복직	문무겸비
1451 문종 1	27		(한성부)참군 [정7품]	(사복시)직장 [종7품]	
			(사헌부)감찰 [종6품] (통례문)봉례랑 [종6품]	(사복시)주부 [종6품]	
1453 단종 1	29			(사복시)판관 [종5품]	前 主簿[종6품직]로 정난공신 참여
1454 단종 2	30		(사헌부)장령 [정4품]	소윤(少尹)	
1455 단종 3 세조 1	31	威毅將軍	守忠佐侍衛司大護軍 [종3품서반직]	(사복시)판사[정3]	輸忠協策靖難功臣[3등] 책훈
		통정대부 [정3품(상)]	(예조)참의 [정3품당상]		윤6월 세조 즉위 推忠協策靖亂佐翼功臣 책훈
1456 세조 2	32	가선대부 [종2품(하)]	(예조)참판[종2품] (병조)참판		병조참판 40일 재임
		가정대부 [종2품(상)]	(예조)참판		

서력(왕력)	나이	품계	본직	겸직	주요활동/비고
1457 세조 3	33	자헌대부 [정2품(하)]	(예조)판서 [정2품]	都鎭撫	6월 明使 陳鑑 접대 [皇華集 간행]
			지중추원사 [정2품]	겸 경상우도도절제사	7월 母喪 중 起復 외관직의 京官兼差
1458 세조 4	34		지중추원사	겸 함길도도절제사	7월 조정에서 모친상 중 혼사 여부와 有妻娶妻 논란
1459 세조 5	35		예조판서 판중추원사[종1품] 예조판서	경상도도순찰사	
1460 세조 6	36	정헌대부 [정2품상계]	예조판서	함길도조전원수 강원함길도도체찰사선위부사	毛憐衛征伐:함길도도체찰사(신숙주),함길도도절제사(양정) 선위사(신숙주)
1461 세조 7	37		예조판서	황해도평안도도체찰사 입직 도진무	두 道의 軍務 주관
1462 세조 8	38		예조판서 판중추원사	안태사 도진무(파직)	
1463 세조 9	39	숭정대부 [종1품하계]	판중추원사 인산군	세자좌빈객 독권관	仁山君 봉작
1464 세조 10	40		인산군	겸 판예조사 의금부제조	11월 父 洪濟年→正憲大夫同知中樞院事(제수)
1467 세조 13	43	대광보국숭록대부[정1품상계]	인산군 우의정[정1품] 인산군	겸 오위도총관 겸 선전관	우의정:5월~9월
1468 세조 14 예종 즉위	44		인산군	원상제도 실시 [院相 참여]	2월·3월 나계문처 윤덕령사건 9월 7일 예종 즉위
1469 예종 원년 성종 즉위	45		좌의정[정1품] 영의정[정1품]	좌의정으로 謝恩使	좌의정:윤2월~8월 예종의 誥命 謝恩使 4월 민수의 옥 영의정:8월~4월 11월 28일 성종 즉위
1470 성종 원년	46		영의정 인산군(4월) 인산부원군(5월)	원상	仁山府院君

서력 (왕력)	나이	품계	본직	겸직	주요활동/비고
1471 성종 2	47		인산부원군	원상 영경연사(領事)	純誠明亮經濟弘化佐理功臣[1등]
1472 성종 3	48		인산부원군	충청도전라도제언체찰사 원상 영경연사	
1473 성종 4	49		인산부원군	원상 영경연사	
1474 성종 5	50		인산부원군	원상 영경연사 산릉도감도제조	
1475 성종 6	51졸		인산부원군	영경연사 제언사제조	9월 8일 졸

홍윤성은 세종대에 면천군 향교에서 교도로 근무했으며, 문종 즉위년에 문과에 급제했다. 그런데 『문과방목』의 기록은 홍윤성이 아니고, 홍우성(洪禹成)이다. 원래의 초명은 홍우성이었고, 후에 홍윤성으로 개명한 것이다. 개명 사유나 시기는 확인되지 않는다. 『문과방목』에 의하면, 을사생으로 본관은 회인(懷仁), 자는 수옹(守翁), 호는 경해(傾海)이며, 아버지는 홍제년(洪齊年), 할아버지는 홍용(洪容)이고, 증조부는 홍연보(洪延甫)이다. 외조부는 기록되어 있지 않은 것으로 보아 드러난 가문은 아닐 것이다. 반면에 처부는 남육(南陸)과 김자모(金子謀) 2인이 함께 수록되어 있다. 급제 당시의 전력은 교도였으며, 성적은 병과 3위로 이는 전체 급제자 33명 가운데 6위에 해당하는 좋은 성적이다.[3] 당시 장원급제자는 권람이었다.[4]

---

3) 이 시기에는 문과 급제자의 科次를 정할 때 아직 甲科 없이 乙科부터 정했으므로, 式年試의 경우, 乙科 3인, 丙科 7인, 丁科 23인으로, 을과 1위가 장원급제에 해당했다.

홍윤성의 전력 교도는 조선 초기에만 일시적으로 사용되던 관직이다. 세종 초에 작은 고을의 향교 교육을 위해서 회시 초장에 강경으로 합격한 생원·진사를 파견했는데,[5] 교관을 회피하는 풍조가 만연하여 다시 세종 10년부터는 유학(幼學)이라도 사서와 일경의 강에 합격하면 임용토록 하였다가,[6] 1447년(세종 29)에는 문과 회시의 초장 강경에 합격하고 급제하지 못한 자를 외방의 교도로 보냈다.[7] 그렇다면 당시 홍윤성의 경우에도 문과 회시의 초장 강경에만 합격하고 급제하지 못한 상태에서 면천의 교도로 근무했을 것이다.[8]

홍윤성의 본관은 회인이지만, 그의 주된 거주지와 생활 기반은 홍산현이었다. 홍윤성이 언제부터 무슨 연유로 관향지인 회인을 떠나 홍산에서 살게 되었는지는 확인되지 않는다. 다만 1459년(세조 5) 5월에 홍윤성이 어머니 상(喪)을 당해 충청도 홍산으로 돌아가니, 세조는 충청도관찰사로 하여금 그 어미 및 조부모, 외조부모의 분묘에 전 올리는 것을 갖추어 주도록 하고, 또 그 아비 홍제년에게도 잔치를 내려 주었다고 한

---

4) 원래 殿試의 對策에서 試官이 뽑은 壯元은 金義精이었고, 권람은 4등이었다. 그러나 김의정은 한미한 출신으로[부친이 水軍] 명망이 없는데 대책을 잘 지었다고 장원으로 삼는 것이 마땅하지 않다는 여론이 있었고, 권람은 권제의 아들, 권근의 손자로 명망가 집안일뿐만 아니라, 향시와 회시에서 으뜸이었으므로 장원을 삼는 것이 타당하다는 문종의 의견에 의해 장원이 권람으로 바뀌었다[『문종실록』 권4, 문종 즉위년 10월 12일(임오)]. 한미한 가문 출신인 김의정은 현달하지 못하고 결국 현감에 머물렀다.

5) 『세종실록』 권8, 세종 2년 5월 11일(무인).

6) 『세종실록』 권42, 세종 10년 12월 4일(신사).

7) 『세종실록』 권116, 세종 29년 5월 1일(신묘). 이상의 교도에 대한 서술은 임선빈, 「조선초기 외관제도 연구」, 한중연박사논문, 1998, 56~61쪽 참조.

8) 따라서 홍윤성이 문과에 급제하기 전에 생원이나 진사를 거쳤는지 여부는 확인할 수 없다.

점으로 미루어 볼 때,[9] 홍산에는 그의 부모가 거주하였고, 조상의 분묘[적어도 조부모와 외조부모]도 있었음을 알 수 있다.

문과 급제 후 홍윤성은 승문원 부정자로 관직생활을 시작했는데, 문무를 겸비했다 하여 겸직으로 사복직을 지니기도 했다. 문무의 재능을 겸임한 홍윤성은 일찍부터 김종서의 눈에 띄었으며, 김종서는 홍윤성을 자기 편으로 끌어드리려 했다는 일화가 『단종실록』에 다음과 같이 전한다.

① 그전에 김종서가 충청도에 갔다가 돌아왔는데[先是 金宗瑞往忠淸道而還], 민신과 조순생은 모두 사복 제조(司僕提調)로서 술과 안주를 갖추어 김종서의 집에서 맞이하여 위로하였다. 사복 직장(司僕直長) 홍윤성도 또한 참석하였다. 주연(酒宴)이 한창 벌어질 무렵 김종서가 민신·조순생에게 이르기를, "그전에 안평 대군께서 누추한 우리 집에서 위로해 주었으며, 또 맹계(盟契)를 약속하였으나, 보답할 길이 없었으니, 청컨대 안평 대군께서 친애하는 사람들을 모두 요로에 있도록 하고, 아마(兒馬)의 반사(頒賜)가 있을 때에 특별히 천거해 보내라." 하니, 민신과 조순생이 대답하기를, "우리들은 이미 이러한 뜻을 알고 있습니다." 하고, 인하여 국가의 불안과 용인(用人)·비변(備邊)하는 일들을 의논하다가 술이 취하여 파하였다.

이튿날 밤중에 김종서가 사람을 시켜 홍윤성을 부르니 홍윤성이 이르렀을 때, 이현로는 뒷문으로 가만히 나가고 김승규도 따라서 나간 연후에야 홍윤성을 들어오도록 하였다. 김종서는 비스듬히 누웠고, 세 첩은 뒤에 앉고, 강궁(强弓) 잡이 2명은 그 곁에 서 있었다. 홍윤성을 불러 앞으로 나오게 하고 말하기를, "너는 문생(門生)이므로 친자식같이 대접하니[汝爲門生 待如親子], 어제 우리

9) 『세조실록』 권16, 세조 5년 5월 27일(무신), 동 권23, 세조 7년 1월 24일(을축), 동 권29, 세조 8년 8월 17일(기묘).

들이 논한 것을 누설하지 말라." 하고, 그 첩을 불러 말하기를, "이 사람은 술을 잘 마신다." 하며, 술을 부어 마시게 하였다. 첩이 작은 잔[小酌]에다 술을 부어 가지고 오자 김종서는 웃으며 말하기를, "이 사람은 술고래다. 큰 사발에 부어와야 한다.[此人鯨也宜用大鉢]" 하고, 이어서 세 번 큰 사발에 부어 마시게 한 다음 또 웃으면서 말하기를, "너는 바로 유경승(劉景升)의 큰 소[大牛]가 아니냐?" 하고, 활을 당기게 하니, 홍윤성이 힘껏 잡아당겨 활이 부러졌다. 김종서가 말하기를, "네가 술을 마시고 활을 당기는 것은 번쾌(樊噲)요, 어버이를 잃은 것은 자서(子胥)이다. 수양 대군은 엄하고 어질지 못하여 전혀 사람을 구제하지 못하니, 남의 윗사람이 되기에 족(足)하지 못한데도 너는 그를 섬기고 있다. 안평 대군은 거칠고 더러운 무리를 포용하여 도량이 크고, 뜻을 남에게 벼슬을 주는 데 두었다. 만약 백성을 다스리게 한다면 천하에 우월할 것인데, 너는 도리어 섬기지 아니하니 무슨 까닭이냐? 또 이현로는 수학(數學)에 정통한데 매양 안평 대군을 일컬어 '끝까지 대군의 지위에서 늙을 분이 아니다.'고 하였다. 하물며 지금 임금은 어리고 국가는 불안하니, 마땅히 삼가야 할 것은 진퇴(進退)이다. 섬기는 데 마땅한 사람을 얻게 되면 공명(功名)을 누리는 데 무슨 걱정이 있겠는가? 너는 문생(門生)인 까닭에 감히 경계하는 것이다. 만약 이말이 누설된다면 오직 나뿐만 아니라 너도 역시 면하기 어렵다." 하고, 드디어 한 개의 활[弓]을 주니, 홍윤성이 거짓으로 응하는 체하며 받아 가지고 물러났다.[10)]

위 실록 기사는 1453년(단종 1) 3월 22일(기묘)조의 기사이지만, 일화는 이보다 앞선 시기 김종서가 충청도에 다녀왔을 때 있었던 일이다. 그렇다면, 아마 좌의정 김종서(1383~1453)가 3개월 전인 1452년(단종 즉위

10) 『단종실록』 권5, 단종 1년 3월 22일(기묘).

년) 12월에 충청도 공주에 소분하고자 다녀왔을 때[11]의 일화일 것이다. 김종서는 홍윤성과 같은 충청도[김종서는 공주목, 홍윤성은 홍산현] 출신이었으며, 홍윤성이 문과에 급제할 때 고시관이었다. 게다가 둘은 문과에 급제하여 관직에 나아갔음에도 문무를 겸전한 인물이라는 공통점을 지니고 있었다.[12] 따라서 노 정승[당시 70세] 김종서는 젊은 인재[28세] 홍윤성의 재능에 대해 각별한 관심을 지니고 있었을 것이다. 그러나 홍윤성은 김종서와 정치적 행보를 함께 할 수 없었다.

홍윤성의 생애에서 큰 사건 중 하나는 수양대군과의 만남과 계유정변에 참여한 일이다. 홍윤성은 수양대군이 문종의 명을 받아 『진서(陣書)』를 찬술할 때 좌랑으로 참여하였다. 그 뒤 문종이 죽고 어린 단종이 즉위하자, 수양대군은 홍윤성에게 정변의 뜻을 비추었고 홍윤성은 수양대군에게 권람을 천거하였다. 앞서 언급했듯이 권람은 홍윤성과 함께 과거에 급제한 동년으로 장원급제자이다. 나이는 권람이 병신생(1416)이고, 홍윤성이 을사생(1425)이니, 9년 차이이다. 권람은 권근-권제-권람으로 이어지는 명문가이며 장원급제자였으니, 홍윤성의 권람 천거는 수양대군에게 큰 힘이 되었을 것이다. 이후 홍윤성은 1453년(단종 1)의 계유정변에 적극 가담하였고, 그 공으로 정난공신 2등에 책록된 데 이어, 사복시판관·장령을 거쳐 1455년에는 판사복시사가 되었다.

세조 즉위 후에는 예조참의에 임명되고, 세조의 즉위를 보좌한 공으로 좌익공신(佐翼功臣) 3등에 책록되었으며, 1457년(세조 3) 1월에는 33세의 젊은 나이에 예조판서에 올랐다.[13] 그리고 예조판서로서 명나라에

---

11) 『단종실록』 권4, 단종 즉위년 12월 15일(계묘).

12) 사실 김종서는 체구가 작고 술은 본디 마시지 못했다. 반면에 홍윤성은 체구가 웅장하고 술을 매우 즐기는 인물이었다. 김종서에 대해서는 임선빈, 「절재 김종서의 사후평가와 '영웅만들기'」, 『사학연구』, 2002.

서 온 사신 진감(陳鑑)을 접대하기도 했다. 다음은 당시의 실록기사이다.

> ② 진감 등이 한강에 유람(遊覽)하고 제천정(濟川亭)에 올랐다. 임금이 문관 김수온·서거정·김수녕 등에게 명하여 도감(都監)과 더불어 잔치를 베풀고 여러 잔을 돌린 뒤에 파하였다. 드디어 배를 타고 흐름을 따라서 내려가다가 고기잡이하는 사람을 시켜 고기를 잡게 하고, 진감 등은 심히 즐거워하면서 잉어[鯉魚] 두 마리를 사옹관에게 주어서 진상하였다. 임금이 예조판서 홍윤성·동부승지 김질에게 명하여 곧바로 노량의 여울 위로 가서 진감 등을 마중하여 알현하게 하였다. 드디어 배를 같이 타고 천천히 노를 저어서 내려와 용산 여울 아래에 이르렀다. 비를 만났으나 서로 더불어 부·시를 짓고 술잔을 들어 서로 권하였다. 가을두(加乙頭)에 이르러 배를 버리고 뭍으로 올라오니, 예빈시에서 술자리를 마련하여 김질이 궁온(宮醞)과 어육(魚肉)을 진감 등에게 대접하였고, 홍윤성 이하가 각각 차례대로 술을 돌렸다.[14]

명나라 사신 진감과의 이러한 교유와 인연은 이후에도 계속 이어졌다.[15] 이 시기 홍윤성은 세조 3년 7월에 모친상을 당했다. 그러나 세조는 상중인 홍윤성을 기복시켜 경상우도 병마도절제사에 제수하였다. 홍윤성은 문무를 겸비한 인물이기에 세조는 그를 기복시켜 변방의 중책을 맡긴 것이다.[16]

1458년(세조 4) 34세에는 홍윤성의 유처취처(有妻娶妻) 논란이 발생

13) 『세조실록』 권6, 세조 3년 1월 18일(계미).

14) 『세조실록』 권8, 세조 3년 6월 7일(기해).

15) 특히 홍윤성이 좌의정이 되어 명나라 북경에 예종의 고명사은사로 갔을 때 진감을 다시 만났으며, 융숭한 접대를 받고, 당호인 '傾海堂' 글씨를 받아오기도 했다.

16) 『세조실록』 권8, 세조 3년 7월 21일(임오).

한다.[17] 사실 유처취처가 조선 초기까지는 종종 있었다. 고려시대에는 대소원인(大小員人)이 경외(京外)에 양처(兩妻)[경처와 향처]를 함께 둔 자도 있고, 다시 장가들고서 도로 선처(先妻)와 합한 자도 있으며, 먼저 취첩(娶妾)하고 뒤에 취처(娶妻)한 자도 있고, 먼저 취처하고 뒤에 취첩한 자도 있으며, 또 일시(一時)에 삼처(三妻)를 함께 둔 자도 있어서, 죽은 뒤에 자식들이 서로 적자(嫡子)를 다투게 되니 쟁송(爭訟)이 다단(多端)하였으나, 당시에는 처(妻)를 두고 취처함을 금하는 법이 없었다고 한다.[18]

그러나 1413년(태종 13)에 이르면 처가 있는데 또다시 처를 맞이하는 유처취처(有妻取妻)를 법으로 금지시켰고, 정처를 반드시 신고하도록 하였으며, 처와 첩의 구별을 엄격히 하였다. 또 법을 어기면 엄한 처벌 규정도 반포하였다.[19] 그러나 이전부터 관행적으로 유처취처를 하던 풍속이 있었으므로, 이를 소급하여 적용시키기가 어려웠고, 일시에 모두에게 적용하기도 쉽지 않았다. 이 법이 시행되기 시작한 태종 13년 3월 11일 이후부터 적용하였으나, 관행이 하루아침에 없어지지 않아 유처취처는 조정에서 자주 논란이 되었다. 그리고 세종 2년에는 예조에서 『경제육전[원·속육전]』에 실린 판지를 관리들이 받들어 시행할 30조를 아뢰어 세종이 모두 따랐는데, 여기에도 유처취처에 관한 다음과 같은 조항이 포함되어 있다.

> ③ 영락 10년에 사헌부가 계한 것인데, 부부가 있은 뒤에 군신도 있게 되는 것이므로, 부부라는 것은 인륜의 근본이 되나니, 적처(嫡妻)와 첩(妾)의 구별을 문란케 할 수 없는 것이다. 그러나 고려 말

17) 『세조실록』 권13, 세조 4년 7월 29일(갑인).
18) 『태종실록』 권33, 태종 17년 2월 23일(경진).
19) 『태종실록』 권25, 태종 13년 3월 10일(기축).

> 기에 예의(禮義)의 교화가 시행되지 못하여 부부의 도가 드디어 문란하게 되었다. 경사대부(卿士大夫)로서 흔히 처가 있으면서 또 처를 두게 된 자도 있고, 때로는 첩으로 처를 삼은 자도 있게 되어, 드디어 지금에 이르러 처첩이 서로 송사하기에 이른 폐단이 생겨서, 원망과 싸움이 자주 일어나게 되어 화기를 손상하고 변괴가 일어나게 되니, 이것은 적은 손실이 아니다. 이것을 바로잡지 아니할 수 없는 것이니, 신 등은 삼가 안찰하건대, 『대명률』에 말하기를, '무릇 처를 첩으로 삼는 자는 장(杖) 1백도로 하고, 처가 있는데 첩으로 처를 삼는 자는 장 90도의 형으로 한다고 모두 개정한다.' 하였으며, '만약 처가 있는데 또 처를 맞이하게 된 자는 또한 장 90도에 처하고, 다음에 얻는 처는 따로 떠나게 한다.' 하였으니, 신 등은 청컨대, 중매 절차와 혼례식의 구비하고 소략한 것으로 처와 첩을 작정하게 하고, 남자 자신이 현재에 첩을 처로 삼은 자나, 처가 있는데 또 처를 맞이한 자는 모두 법률에 의하여 죄를 주라 하였다.[20]

이와 같은 엄격한 유처취처를 금하는 율이 시행되고 있었는데도, 조선 초기 관료사회에서는 여전히 유처취처가 종종 있었으며, 태종대에는 사헌부가 탄핵을 해도 처벌하지 않았으나,[21] 세종대부터는 발각되는 대

20) 『세종실록』 권10, 세종 2년 11월 7일(신미). 이 有妻娶妻 형벌은 세조 7년에 반포된 『경국대전』 형전에는 수록되지 않았으나, 구례에 의해 시행하는 조항에 포함되었으며[『세조실록』 권25, 세조 7년 7월 9일(정미) 一 永樂癸巳三月十一日以後有妻娶妻者 痛懲離異 其有不卽發覺 身歿後子孫爭嫡者 以先爲嫡], 그후 『大典續錄』에 수록되었다.

21) 실록을 통해 有妻娶妻의 사헌부 탄핵과 처벌에 대해 살펴보면, 태종 12년에 검교 判漢城府事 卞季良이 사헌부의 탄핵을 받고 사직을 청했으나 태종은 윤허하지 않았고[『태종실록』 권23, 태종 12년 6월 26일(기묘)], 태종 17년에는 知价川郡事 閔壽山이 사헌부의 탄핵을 받았으나 또한 태종이 과거 동방이라고 용서하였다[『태종실록』 권34, 태종 17년 12월 5일(병술)].

로 탄핵을 받고 처벌받았다.[22] 그런데 홍윤성은 유처취처를 했음에도,[23] 이로 인한 처벌을 받지 않았으며, 여기에는 세조의 비호가 있었던 것이다.

홍윤성은 세조 13년 5월에 43세의 나이로 우의정에 제수되었다.[24] 드디어 정승의 반열에 오른 것이다. 그리고 이 시기 홍윤성의 노비들이 홍산 정병 나계문을 살해하는 사건이 발생했다. 세조 14년에 나계문의 처 윤덕녕(尹德寧)이 세조가 온양의 행궁에 행차했을 때 밤 4고(鼓)에 북문 밖에서 곡(哭)을 하여 곡성이 대내(大內)에 통하게 되고 상서(上書)하여 억울함을 아뢴 것이다. 상서의 대략 내용은 다음과 같다.

> ④ 홍윤성의 비부(婢夫) 김석을산(金石乙山)[김돌매]은 세도하는 가문을 빙자하여 향곡(鄕曲)을 짓밟고, 자주 눈을 치뜨면서 흘김으로 인하여 첩의 지아비를 곤욕(困辱)하였으나 오히려 감히 항거하지 못하였습니다. 지난해 12월에 또 첩의 지아비를 길에서 만나 무례함을 책망하고, 엄동 설한의 얼은 땅에 의복을 발가벗기어 함부로 숙홍역자(宿鴻驛子)인 윤동질삼(尹同叱三)[윤똥석] 등 6명을 불러다가, 사령(使令)을 삼아서 수없이 구타하여 끝내 운명하기에

22) 세종 7년에는 司成 李敉가 탄핵을 받고 律에 의해 杖 90도의 처벌을 받았으며 [『세종실록』 권30, 세종 7년 11월 16일(신해)], 세종 8년에는 前判官 史周卿이 장 80에 처해졌고[『세종실록』 권33, 세종 8년 8월 23일(갑신)], 세종 29년 中樞院副使 李蓁의 경우에는 娶妻의 子女 爵牒은 추탈하였으나 이진의 장형은 시행하지 않았으며[『세종실록』 권117, 세종 29년 9월 23일(임자)], 세종 30년 知麟山郡事 李耕�는 파면당했고[『세종실록』 권120, 세종 30년 5월 9일(계사)], 문종 1년 成均學正 孫孝文은 취처자와 이혼하고 본처와 살도록 했으며[『문종실록』 권6, 문종 1년 2월 4일(계유)], 제주출신 獻納 高台弼은 파직당한 후, 다시 장 90대를 집행하고 후처와 이혼시키고 전처와 다시 합하게 하였다[『문종실록』 권8, 문종 1년 7월 11일(정미), 동 권12, 문종 2년 3월 29일(임술)].

23) 『세조실록』 권13, 세조 4년 7월 29일(갑인).

24) 『세조실록』 권42, 세조 13년 5월 20일(갑신).

이르렀는데, 현감 최윤은 오히려 위세에 협박되어 단지 윤동질삼 등 3명만을 가두고, 김석을산 등은 다 불문(不問)하여 두었습니다. 홍윤성의 종 귀현(貴賢)·동질삼이 또 겁옥(劫獄)하여 윤동질삼 등을 탈취하여서 돌아갔기 때문에, 누누이 고소하였더니 겨우 잡아 가두었는데, 관찰사 김지경은 또 유지(宥旨)를 칭탁하여 한결같이 모두 방면하여 주고, 도리어 첩(妾)의 형 한산 교수(韓山敎授) 윤기(尹耆)와 첩의 지아비의 종형(從兄) 나득경 등에게 정승을 모해하였다고 어거지로 얽어서 죄를 만들어 다 잡아다가 공주의 옥에 가두었습니다. 권세하는 집이 자못 위복(威福)을 베풀어 소재지는 잔인하게 해를 끼쳐 백성이 의지하여 살 수가 없고, 위협당하여 쌓이는 것을 상하가 서로 용납하여서 옹폐(壅蔽)의 화(禍)를 이루는 것을 점점 자라게 할 수 없으니, 첩은 그윽이 통절하게 여기옵니다."[25]

사실 이 나계문 사건의 배경을 이해하려면, 이 시대의 경재소에 대해 알아야 한다. 당시 경재소는 '인민(人民)을 종주(宗主)하고 유품(流品)을 견별(甄別)하며 부역을 균평히 하고 풍속을 바르게 하는' 기능을 표방한 고려시대의 사심관(事審官) 기능을 계승하였다. 경재소는 해당 군현의 유향소와 긴밀한 유대를 가지면서 유향소의 좌수. 별감의 임명, 향리의 규찰, 향중 인물의 천거, 향풍의 교화, 공부(貢賦)·진상(進上)의 수납, 공물 방납 등 여러 가지 일에 간여하고 있었다. 사실상 경재소는 공식적 국가 기구는 아니었지만, 반(半)국가 기구와 같은 역할을 수행하였다. 그런데 정승이 된 홍윤성이 홍산 고을 경재소의 당상이 되자, 이와 같은 사단이 발생했던 것이다. 우의정 홍윤성이 홍산현의 경재소를 맡자 현감을 자의로 천거하고 임명하였으며, 또 그의 노복들을 호장·형방으로 앉

25) 『세조실록』 권45, 세조 14년 2월 20일(신해).

히는 등 홍산이라는 하나의 읍을 마치 자기의 사유지처럼 여겼던 것이다. 이 사건은 이후 세조가 충청도 관찰사 김지경을 불러 사건의 정황을 물었으나 제대로 대답하지 못했으므로 국문을 열고 김지경의 고신을 거두었다. 그러나 얼마 지나지 않아 세조의 건강이 안 좋아지면서 반역이나 살인자 이외에는 모두 놓아주도록 했는데, 이때 김지경 또한 고신을 돌려받았다. 당시 홍윤성은 항상 서울에 있었으니 홍산의 인물들을 잘 알지 못한다고 변명하였으며, 사헌부의 탄핵에도 불구하고 처벌받지 않았다.[26)]

홍윤성은 1469년(예종 1) 윤2월에 좌의정에 올랐으며,[27)] 그 해에 사은사(謝恩使)로 명나라에 다녀왔다. 그리고 실록에는 수록되어 있지 않지만, 명나라에서는 진감을 만났으며, 그로부터 홍윤성의 당호인 '경해당(傾海堂)' 글씨를 받아 왔다.[28)] 1469년 8월에는 45세로 드디어 '일인지하 만인지상'의 영의정에 올랐으며,[29)] 다음 해 인산부원군(仁山府院君)에 진봉되었다. 그리고 1471년(성종 2)에는 성종의 즉위를 보좌한 공으로 좌리공신 1등에 책록되었다.

홍윤성은 한미한 집안 출신으로 어려서부터 편안하게 공부만 한 인물이 아니었다. 따라서 생산노동에도 직접 종사했을 것이며, 이러한 경험은 재상의 지위에 오른 후에도 국가의 정책 결정 과정에 적극 활용되었을 것이다. 다음은 1473년(성종 4) 49세 10월에 경연석상에서 강이 끝나자,

---

26) 『세조실록』 권45, 세조 14년 3월 5일(을축). 羅季文의 아내 尹氏는 위세를 두려워하지 않고 지아비의 원수를 갚았으니, 節義가 가상할 만하다고 인정하면서, 官에서 쌀 10石을 주고, 특별히 그 집을 復戶하였다.

27) 『예종실록』 권4, 예종 1년 윤2월 10일(을축).

28) 명나라 한림학사 진감으로부터 당호 글씨를 받아온 이 일은 당시 '一大事件'이었을 것이다. 이에 대해서는 후술한다.

29) 『예종실록』 권7, 예종 1년 8월 22일(계유).

영경연사였던 홍윤성이 성종에게 아뢴 내용이다.

> ⑤ 홍주 합덕의 제방[堤堰]은 고려 때부터 쌓기 시작하였고, 조선조에 이르러 정분(鄭苯)이 또 감독해서 쌓았는데, 길이가 2천 7백여 척이고 일곱 고을이 수리(水利)를 입고 있습니다. 그러나 둑이 본래 낮고 약해서 이제 또 비로 인하여 터져서 무너졌으니, 청컨대 제언별감(堤堰別監)을 보내어 쌓게 하소서.

홍윤성은 문과에 급제하여 영의정까지 오른 인물이었으나, 가난한 집에서 태어나 어렵게 성장한 '흙수저' 출신이었고, 일찍이 과거에 급제하기 전에 합덕제의 인근 고을인 면천 향교의 교도로 근무했던 적이 있었으니, 합덕제의 당시 실정과 농사에서 수리가 중요하다는 것을 그 누구보다도 잘 알고 있었을 것이다.[30] 이러한 홍윤성의 건의는 곧 바로 성종에게 받아들여졌다.

2) 사후 실록의 기록과 평가

실록에는 홍윤성 기사가 『문종실록』부터 『명종실록』에 이르기까지 모두 789건 등장한다. 이 가운데 1475년(성종 6) 8월까지의 744건은 홍윤성 생존 시의 기사이고, 성종 6년 9월 8일[졸기] 이후의 45건은 홍윤성 사후의 기사이다. 그런데 『문종실록』, 『단종실록』, 『세조실록』, 『예종실록』은 모두 홍윤성이 살아있을 때 실록청이 설치되어 편찬되었으나,

30) 『세종실록지리지』의 홍주목에는 합덕에 있는 蓮池에 대해 길이 3060척이며, 논 130결에 물을 댄다고 설명하고 있다.[『세종실록』 권149, 지리지 충청도 홍주목]. 합덕지가 지금은 당진시에 속해 있지만, 조선시대에는 홍주목의 관할이었다.

『성종실록』 기사 247건은 모두 홍윤성이 죽은지 24년 후에 실록청을 설치하여 『성종실록』을 편찬하면서 정리된 기록물이다.[31] 이상의 홍윤성 관련 실록 기사를 정리해 보면 다음과 같다.

<table>
<tr><th rowspan="2">실록</th><th>국왕재위</th><th colspan="2">홍윤성 기사(건)</th><th rowspan="2">비고(실록편찬시기)</th></tr>
<tr><th>시기</th><th>건</th><th>연/월/일</th></tr>
<tr><td>문종실록</td><td>1450-1452</td><td>1</td><td>1451/10/24</td><td></td></tr>
<tr><td>단종실록</td><td>1452-1455</td><td>11</td><td>1452/7/15~
1455/1/24</td><td></td></tr>
<tr><td>세조실록</td><td>1455-1468</td><td>454</td><td>1455/윤6/28~
1468/9/7</td><td>1469년(예종 1) 4월 춘추관에서 명을 받아 찬술하기 시작하여, 1471년(성종 2) 12월 완료</td></tr>
<tr><td>예종실록</td><td>1468-1469</td><td>72</td><td>1468/9/7~
1469/12/11</td><td>1471년(성종 2) 12월 『세조실록』찬술 완료 후, 『예종실록』찬술 시작하여 1472년(성종 3) 5월 완료</td></tr>
<tr><td rowspan="2">성종실록</td><td rowspan="2">1469-1494</td><td>206</td><td>1469/11/28~
1475(성종6)/8/28</td><td rowspan="2">1499년(연산군 5) 2월 22일 춘추관에서 교지를 받들어 찬진.
* 홍윤성이 졸하고, 24년후 정리된 기록</td></tr>
<tr><td>41</td><td>1475/9/8(졸기)
~1491/10/26</td></tr>
<tr><td>연산군일기</td><td></td><td>1</td><td>1506/2/10</td><td></td></tr>
<tr><td>중종실록</td><td></td><td>1</td><td>1508/2/18</td><td></td></tr>
<tr><td>명종실록</td><td></td><td>2</td><td>1553/4/5
1556/8/26</td><td></td></tr>
<tr><td></td><td></td><td>789</td><td></td><td></td></tr>
</table>

우선 『성종실록』에는 홍윤성의 졸기가 다음과 같이 수록되어 있다.[32]

⑥-㉠ 인산부원군 홍윤성이 졸하니, 철조(輟朝)·조제(弔祭)·예장(禮葬)하기를 예(例)와 같이 하였다. 홍윤성의 자는 수옹(守翁)이니,

31) 『성종실록』은 홍치 12년(1499, 연산군 5) 2월 22일 춘추관에서 敎旨를 받들어 撰進하였다.

32) 『성종실록』 권59, 성종 6년 9월 8일(갑인).

회인현(懷仁縣) 사람이다.

㉡ 경태 경오년[1450, 문종 즉위년/26세]에 문과에 급제하여 승문원 부정자로 선보(選補)되었고, 무재(武才)가 있다하여 특별히 사복직(司僕職)을 겸하였다. 신미년[1451, 문종 원년/27세]에 한성 참군(漢城參軍)을 뛰어 배수하고, 통례문 봉례랑·사복 주부를 역임하였으며, 세조가 잠저에 있을 때, 문종이 명하여 진서(陣書)를 찬하게 하니, 홍윤성은 낭좌(郎佐)로 참여하였다.

㉢ 문종이 승하하자 세조는 주상이 젊으므로 나라가 위태함을 근심하였었는데, 홍윤성을 보고는 기이하게 여기어 은미한 뜻을 나타내니, 홍윤성이 제일 먼저 권람을 천거하였다[及文宗昇遐 世祖以主少 國危爲憂 見允成奇之 微示以意 允成首薦權擥]. 계유년[1454, 단종 원년/29세]에 세조가 정난(靖難)하여서는 수충협책정난공신(輸忠協策靖難功臣)의 호(號)를 내려 주고, 본시(本寺)[사복시] 판관으로 승직하였으며, 갑술년[1454, 단종 2년/30세]에 또 소윤(少尹)에 오르고, 얼마 있다가 사헌 장령으로 천전(遷轉)하였다. 을해년[1455, 단종 3년/31세]에 판사복시사가 되었다.

㉣ 세조가 즉위하니, 통정대부 예조참의를 제수하고, 또 좌익공신의 호(號)를 내려 주었다. 병자년[1456, 세조 2년/32세]에 계자(階資)가 가선대부에 참판으로 올라, 인산군을 봉(封)하였고, 얼마 있다가 병조에 천직하였다가 또 가정대부에 올라 다시 예조에 제배(除拜)되었다. 천순 정축년[1457, 세조 3년/33세]에 자헌대부 판서에 오르고, 이 해에 모상(母喪)을 당하였는데, 기복(起復)하여 경상우도 도절제사를 삼았다. 기묘년[1459, 세조 5년/35세]에 다시 예조판서에 제배되었고, 경진년[1460, 세조 6년/36세]에 정헌대부를 더하였다. 당시에 모련위(毛憐衛) 낭보군(浪甫軍)이 반란하니, 세조께서 신숙주를 장수[將]로 삼고, 홍윤성을 부장(副將)으로 삼아 토벌하게 하였으며, 돌아오자 숭정대부를 더하였다. 갑신년[1464, 세조 10년/40세]에 인산군 겸판

예조를, 성화 정해년[1467, 세조 13년/43세]에 대광보국숭록대부 의정부 우의정을 제배하였다.

㉤ 기축년[1469, 예종 원년/45세]에 좌의정에 오르고, 예종이 고명(誥命)을 받음에, 사은사(謝恩使)가 되어 북경에 갔다가 돌아오자 영의정에 올랐다. 경인년[1470, 성종 원년/46세]에 인산부원군(仁山府院君)으로 체봉(遞封)되고, 신묘년[1471, 성종 2년/47세]에 순성명량경제홍화좌리공신(純誠明亮經濟弘化佐理功臣)의 호(號)를 내려 주었는데, 이에 이르러 발에 종기[足瘇]를 앓다가 졸(卒)하니, 나이는 51세이다.

㉥ 시호(諡號)는 위평(威平)이니, 용맹하여 강인한 결단력이 있음이 위(威)이며, 능히 화란(禍亂)을 평정함이 평(平)이다.

㉦ 홍윤성(洪允成)은 용모가 웅위(雄偉)하고, 체력이 남보다 뛰어났으며, 젊어서는 가난하였는데 힘써 배워서 급제하니, 사람들이 재능이 있는 웅걸로 기대하였다. 세조를 만나게 되자, 총애하여 돌봄이 매우 융숭하였고, 홍윤성이 본시 빈궁하였음을 알고 많은 양전(良田)을 내려 주었다. 홍윤성이 재화를 늘리는 데 힘써 홍산 농장에 쌓인 곡식은 거만(鉅萬)[아주 많은 것]이었고, 노복(奴僕)은 세도를 믿고 함부로 방자하여서 조금이라도 어기고 거슬리는 것이 있으면 혹 장살(杖殺)하기도 하였다. 세조가 온양에 거둥하여 목욕할 제, 사족(士族)의 부인 윤씨(尹氏)가 상언하여, 그 지아비[夫]가 홍윤성의 노복에게 살해되었음을 호소하니, 명하여 유사(有司)에 국문하게 하여, 그 노복을 환형(轘刑)하고 홍윤성은 국문하지 않았다. 사헌부에서 탄핵하여 아뢰기를, "홍윤성의 거칠고 광망(狂妄)한 태도와 교만하고 제 마음대로 날뛰는 형상을 성감(聖鑑)은 통조(洞照)하소서." 하니, 당시에 이르기를, "그의 잘못을 똑바로 맞추었다." 고 하였다. 시첩(侍妾)·노복(奴僕)이 조금이라도 어기고 거슬리면 문득 용서하지 않고, 궁검(弓劍)을 쓰기까지 하였으며, 아내[妻] 남씨(南氏)에게 자식이 없어서 같은 고을의 사족(士族) 김자모(金自謀)

의 딸을 강제로 취하여 장가들었다.

이 졸기가 실록에 수록된 시기는 『성종실록』이 편찬되면서 정리된 것이므로, 홍윤성이 타계한 지 24년 후이다. 따라서 이 졸기는 홍윤성에 대한 당대의 공식적인 기록이지만, 당대인들의 홍윤성 사후 기억이기도 하다. 내용을 분석해 보면, 홍윤성 일대기를 간단하게 정리하면서 중요한 역사적 사실[㉠~㉤]을 기록하고, 시호에 대해 설명한 후[㉥], 사관의 사론[㉦]을 정리해 놓았다.

졸기에서는 홍윤성이 문과에 급제하여 벼슬길에 나아갔으나, 무재를 지니고 있어서 서반직도 겸직하였으며, 특히 문종대에 왕명을 받들어 수양대군과 함께 『진서(陣書)』를 편찬했음을 밝히고 있다. 홍윤성은 일찍부터 수양대군과 공적인 네트워크가 형성되어 있었던 것이다. 또한 단종이 즉위한 후 수양대군이 계유정변을 도모할 때 이를 주도한 인물도 홍윤성이었음을 기록하고 있다. 특히 홍윤성은 과거 동년인 권람을 수양대군에게 제일 먼저 천거하였다. 이와 같은 홍윤성이었기에 정난공신에 책봉되었고, 수양대군이 왕위에 오르자 좌익공신에도 책훈되었으며, 세조의 절대적인 신임을 받으면서 관직생활도 승승장구하였다.

그런데 문무를 겸전한 홍윤성이었지만, 실제 6조에서는 주로 예조의 일을 관장하였다. 앞서 살펴본 것처럼, 세조가 즉위하자마자 예조참의에 제수되었으며, 잠깐[40일간] 병조참판을 맡았던 것을 제외하고는 정승의 반열에 이르기까지 거의 예조를 떠나지 않았다. 홍윤성은 세조가 즉위하자 과거에 급제한 지 5년만에 당상관이 되었으며, 다시 4년 후인 35세의 젊은 나이로 예조판서의 지위에 오르고, 43세에는 의정부 우의정에 올랐다. 그리고 예종이 즉위하자 좌의정에 제수되고 명나라에 고명사은사로 다녀온 후에는 45세의 젊은 나이에 영의정에 제수되었다. 졸기에서는 이와 같은 홍윤성의 초고속 승진에 대해서도 초점을 맞추어 기록하고 있다.

그러나 사관의 사론을 정리한 것으로 여겨지는 평판 기록은 매우 비판적이다. 홍윤성에 대한 객관적인 인물평인 용모, 체력, 학문, 재능에 대해서는 호의적이지만, 다소 주관적인 사론은 세조와의 사적인 관계를 통한 축재와 포학성을 드러내고 있으며, 마지막에는 홍윤성의 유처취처에 대한 불법성을 부각시키려 하였다. 아마 이와 같은 인물평은 한미한 집안 출신으로 젊은 나이에 고위직에 올랐던 홍윤성에 대한 당시의 세평, 특히 사관의 직[참외관]에 있던 젊은 등과 엘리트들의 평가가 반영된 것으로 여겨진다.

실록의 기록에 의하면, 홍윤성 사후에도 조정에서는 홍윤성을 여러 차례 거론하고 있다. 그 가운데 가장 우리의 주목을 끄는 기록은 홍윤성이 죽은지 7개월밖에 지나지 않은 시점인 성종 7년의 유처취처 논란이다. 당시 홍윤성과 전처 남씨의 사이에서는 딸만 1명 있었고, 후처 김씨와의 사이에서는 아들이 있었다. 논란의 시작은 남씨의 상언으로 비롯되었는데, 구체적으로는 남씨의 사위인 심담이 상소를 작성하여 올린 것이었다. 사헌부와 사간원의 젊은 관료들은 홍윤성의 후취인 김씨의 적첩(嫡妾)을 명백히 구분하여 강상을 바르게 해야 한다고 주장하였다. 그러나 성종은 처음부터 홍윤성이 살아 있을 때에는 한 사람도 말하지 않았었는데, 죽은 뒤에서야 변정하려고 하는 것은 불가(不可)하다는 입장을 분명히 한다.

그러나 이 논쟁은 이듬해 초까지 계속되었다. 논쟁의 주요 쟁점은 남씨와 김씨가 전처와 후처의 개념인가, 처첩의 개념인가였는데, 남씨와 김씨는 문지가 서로 비슷한 양반이었으므로 신분상으로는 처첩으로 논하기 어려웠다. 전처 남씨가 있는 상태에서 김씨와의 혼례가 정당하였는가의 여부도 목격자마다 서로 달랐다. 김씨가 작첩을 받은 외명부의 일원으로 궁궐을 출입하였는가의 여부도 중요한데, 이조로 하여금 작첩(爵牒)이 있는지의 여부를 상고해 보니, 전처와 후처 모두 작첩이 없었다. 성종은 홍윤성을 알고 있는 정승들에게 의논하도록 하였으며, 그 결과를 받아들여 최종적으로는 김씨를 첩이 아닌 후처로 논정토록 명하였다.

3. 잡록을 통해 본 평가와 후대기억

오늘날의 우리들은 관찬자료인 실록을 통해서 홍윤성에 대해 자세하고 정확한 정보를 많이 알 수 있다. 그러나 쉽게 실록을 볼 수 없었던 조선시대 사람들은 실록에 수록되어 있는 내용을 대부분 알수 없었다. 홍윤성은 예조에 오랫동안 몸담았고 많은 활약을 했던 문신 관료였으므로 그가 지은 글도 제법 있었을 것이다. 그러나 문집을 남기지 않았으므로 자신의 행보에 대해 후대인들에게 직접 전해주는 정보는 거의 없다. 따라서 일반인들의 홍윤성에 대한 이해는 제3자의 단편적인 기록이나 후대인의 기억과 전문(傳聞)에 의존할 수밖에 없었다.

실록 외 당대인의 기록 가운데 홍윤성에 대한 이야기를 가장 풍부하게 전하는 자료로는 이승소(1422~1484)의 경해당 기문이 있다. 경해당은 홍윤성의 당호이다. 이승소는 홍윤성보다 3세 연상이었던 인물로 홍윤성이 죽은 후에도 9년을 더 살았다. 그리고 그가 지은 경해당기는 홍윤성이 타계하기 4년 전(1471)의 기록이다. 경해당기의 전문(全文)을 소개하면 다음과 같다.

⑦ 하늘이 거룩한 임금을 내어 크나큰 국운을 열어 주었을 경우, 그 사이에는 반드시 세상에 이름을 울릴 만한 사람이 나와서 서로 더불어 덕을 한결같이 하고 마음을 같이하여 큰 공훈을 모으는 법이다. 우리 세조께서 일어나심에 인산부원군 홍 상공(相公)이 실로 세조의 좌우에서 잘 도와 중흥(中興)의 대업을 이룩하였는바, 참으로 이른바 세상에 이름을 울린 사람이다.

어느 날 세조께서 여러 신하들과 더불어 내전(內殿)에서 곡연(曲宴)을 베풀었는데, 공이 곁에서 모시고 앉아 있었다. 그때 세조께서 공의 당(堂)에 경해당(傾海堂)이라고 이름을 지어 주고는 이르기를 "공이 술을 많이 마시면서도 술주정을 하지 않아서 이 이름을 지어 주는 것이다." 하였다. 이것이 비록 한 때에 장난삼아 한 말에서 나온 것이기는 하지만, 역시 공의 큰 도량을 표현해서 여러 신하들에게 총애가 각별함을 보인 것이다.

예종께서 즉위하여 황제께서 고명(誥命)을 하사함에 따라 공이 표문(表文)을 받들고 경사(京師)에 가서 사은(謝恩)하게 되었다. 그때 동오(東吳)의 진 선생(陳先生) 감(鑑)이 한림학사(翰林學士)로 있었는데, 이 사람은 일찍이 우리나라에 사신으로 나왔다가 공의 사람됨을 보고는 좋아하여 의기(意氣)로써 서로 허여하고는 평생을 사귄 사람처럼 기뻐하면서 마음속으로 잊지 않고 있던 사람이다. 그러므로 공을 보고는 후하게 예우하면서 객관(客館)으로 사람을 자주 보내어 안부를 물었다. 그러다가 공이 돌아올 때에 시와 서문(序文)을 지어 주면서 전송하였으며, 또 경해당이란 글씨를 써서 공에게 선사하였다.

공이 동쪽으로 돌아온 뒤에 이를 가지고 와 나에게 보여 주면서 한마디 말을 해 주기를 부탁하였다. 이에 내가 말하기를, "한 고을의 착한 선비는 한 고을의 착한 선비를 벗으로 삼는 법이고, 천하의 착한 선비는 천하의 착한 선비를 벗으로 삼는 법입니다. 지금 진학사(陳學士)는 황제의 고명을 맡고 있으면서 경악(經幄)에서 모시고 있으므로 천하의 사람들이 모두 그의 이름을 외우면서 그의 풍모를 흠모하고 있습니다. 그런즉 역시 천하의 착한 선비라고 할 만합니다. 공은 바다 동쪽의 한쪽 귀퉁이에서 태어났습니다. 그런데도 능히 황제를 경악에서 모시고 있는 중신(重臣)으로 하여금 공을 몹시 좋아하면서 후하게 대우함이 이와같이 정성스럽도록 하였습니다. 그런즉 공의 이름은 비단 우리 동방에서만 중한 것이 아니라 반드시 천하에서 중해질 것입니다. 그러니 어찌 천하의 착한 선비가 천하의 착한 선비를 벗으로 삼는 것이 아니겠습니까." 하였다.

그러자 공이 말하기를, "그것을 이른 것이 아니다. 술을 마시는 것은 선철(先哲)들이 경계한 바인데도 경해당이라고 이름 지은 것에 대해 사람들이 의혹을 가지고 있으므로 그대가 나를 위하여 해명해 주기를 바란 것이다." 하였다. 이에 내가 다시 말하기를, "그릇이 큰 자는 작게 받아들일 수 없는 법이고, 그릇이 작은 자는 크게 받아들일 수 없는 법입니다. 사람이 술을 마시는 데도 한량이 있는 법입니다. 이는 하늘이 부여해 준 바로, 억지로 그렇게 되게 할 수는 없습니다. 그러므로 조금이라도 양에 지나치게 마시면 정신이 흐릿해져서 자세가 흐트러지거나 혹 미쳐서 본성을 잃게 됩니다. 오직 양이 그것을 이겨낼 수 있고, 덕이 그것을 통제할 수 있은 다음에야 능히 술에 의해 부림을 당하지 않게 됩니다. 그러므로 요(堯) 임금과 순(舜) 임금은 천 잔의 술을 마셨고, 공자(孔子)는 백 잔의 술을 마셨습니다. 그런데도 공자의 덕을 찬미하는 자들은 역시 말하기를, '술을 한량을 두지 않고 마시되 어지러운 데에는 미치지 않았다.' 하였습니다. 이는 바로 이른바 '엄숙하고 성스러운 사람은 술을 마시되 온순함으로 이겨낸다.' 라고 하는 것입니다. 이와 같은즉 술을 마시는 것이 무슨 허물이 되겠습니까. 더구나 공은 세조 임금을 도와 큰 난리를 평정하면서 나아가서는 장수가 되고 들어와서는 정승이 되어 이 세상을 태평성대에 올려놓음으로써 우리 임금을 왕도에 나아가게 하였습니다. 그런즉 참으로 관중(管仲)과 같이 그릇이 작은 자는 미칠 수 없는 바입니다. 세조께서는 공이 크게 받아들이는 것은 가하나 작게 받아들이는 것은 불가하다는 것을 잘 알았으므로 술을 마시는 것으로 인하여 그 이름을 붙여 공의 드넓은 도량과 크나큰 그릇을 드러내 보인 것입니다. 그러니 한갓 술을 많이 마시는 것만 가지고 경해당이라고 이름 지은 뜻을 구한다면, 이는 말을 제대로 아는 자가 아닌 것입니다." 하였다. 그러자 공이 말하기를, "나를 일으켜 세우는 자는 그대이다. 바라건대 그것을 기록하여 뒷날 이 당에 오르는 자들이 상고할 바가 있게 해 주기를 바란다." 하였다. 이에 이를 기록한다.

성화(成化) 7년 신묘년(1471, 성종2) 겨울에 양성(陽城) 이승소는 기한다.[33]

이 경해당 기문에 의하면, 홍윤성은 술을 매우 즐기는 인물임을 알 수 있다. 그리고 세조는 홍윤성에게 여기에 부합하는 '경해당(傾海堂)'이라는 당호를 지어 주었다. 그러나 당시 사람들은 이 당호를 그대로 부르지 않고 비아냥거린 듯 하다. 아마 일찍이 김종서가 일컬었던 '이 사람은 술고래[此人鯨也]'라는 표현이 회자되었을 가능성이 높다. 한편, 홍윤성은 1469년(예종 1)에 고명사은사로 명나라의 수도인 북경에 다녀올 때, 예전부터 친분이 있던 명나라의 한림학사 진감으로부터 '경해당' 당호 편액 글씨와 송별시를 받아 왔고, 2년 후에 이승소가 홍윤성의 부탁으로 이 기문을 찬하였다.[34]

---

33) 이승소의 『三灘集』 권10, 記 傾海堂記(1471)

34) 당시 홍윤성이 진감의 글씨와 시를 받아오자, 정인지(1396~1478), 정창손(1402~1487), 신숙주(1417~1475), 최항(1409~1474), 서거정(1420~1488), 이승소(1422~1484) 등 여러 상공이 和詩를 지었는데, 서거정이 지은 6수와 이승소가 지은 4수의 시가 다음과 같이 전해진다. 英雄遭遇本多奇 一謁光陵受聖知 纔見靑雲起平地 旋扶紅日出咸池 奇謀帷幄良平得 大業經綸魏丙期 麟閣策勳誰第一 堂堂文彩盖當時 / 功名將相笑談

그런데 이 경해당 액호가 『대동야승』에서 인용한 서거정의 「필원잡기」에서는 다음과 같이 '경음당(鯨飮堂)'으로 바뀌어 있다.

> ⑧ 위평공 홍윤성이 젊은 나이에 정승이 되어 집이 매우 부호하였다. 날마다 귀빈을 초대하여 연회를 개최하니, 음식이 풍부하고 정결하여 그 비용이 만 전(萬錢)씩이나 되었으니, 비록 하증(何曾)이라 할지라도 능히 이를 따르지 못했을 것이다. 위평은 주량이 매우 강한지라, 당시 열성공 황수신과 정선공 김하가 주량이 위평과 서로 대적할 만하여 비록 종일 마음껏 마셔도 조금도 취한 빛이 없었다. 광릉(세조)이 일찍이 위평을 별호하여 경음당(鯨飮堂)이라 하고, 도서(圖書)를 새겨 하사하였다. 이웃에 한 선비가 있었는데, 또한 술 마시는 것을 좋아하여 일찍이 명함에 글을 써

中 黑髮釣衡少似公 上國揚知賢宰相 遠人爭說舊南宮 黃扉事業規模壯 紫塞風雲氣勢雄 出入多時紆睿想 姓名知已到兒童 / 間氣乾坤挺世英 文星曾與將星明 謫仙才調三千首 小范胸韜十萬兵 雨露金甌尊上府 山河鐵券屹長城 三朝翊亮扶元氣 陶鑄生靈見大平 / 重來穩步坐三台 奉使明廷屬大才 天襯燕山擎表入 雲開鳳闕侍朝回 海東人物驚中國 天下聲名照後來 內翰文章褒盛美 已敎名姓動瀛萊 / 傾海堂高揭繡簾 金樽日畝酒頻添 長鯨吸盡滄溟倒 浮蟻渾承雨露涵 雅興東山能自鏗 風流北海頗相兼 地靈人傑如公在 文物升平入勝談 / 春官三載忝僚儕 禮數從容笑語開 夏日畏兼冬日愛 小巫還謁大巫來 深堂幾得厭厭飮 劇醉仍敎緩緩回 攀附龍門眞不分 至今東閣許追陪[『四佳詩集』 卷21 第14, 詩類, 仁山府院君洪相公(允成) 奉使翰天 陳內朝鑑 有送別詩幷序 使還 鄭河東 鄭蓬原 申高寧 崔寧城 諸相公 皆有和詩 僕亦奉和(六首)]. 渭上非熊不世才 中興勳業冠雲臺 挽河淨洗乾坤出 引手親扶日轂來 大樹威風吹萬里 星纏瑞采動三台 一身能佩安危重 坐見東方壽域開 / 十萬兵藏小范胸 弱齡文武已稱雄 一鳴冀北空凡馬 三顧隆中起臥龍 推轂將壇曾獨步 運籌帷幄幾從容 華夷莫不知名姓 試向天山早掛弓 / 使星曾下紫薇垣 玉署儒仙雅望尊 一揖淸芬如舊識 頻開芳宴接春溫 燕山邂逅重相見 綵筆殷勤又贈言 千里神交非所擬 聲名磊落動中原 / 君臣契合古無今 舟揖鹽梅眷倚深 每被宣招陪曲宴 常傾晉接罄歡心 嘉名肇錫承天寵 盛事爭傳動士林 日向高堂留客飮 內廚分膳送相尋[『三灘集』 卷5 詩 題傾海堂額後(四首)]

성명을 통하기를, '주인도 술고래 객도 술고래[鯨飮主人鯨飮客] 주인이 마시는데 객이 어찌 사양하리[主人鯨飮客何辭]' 하니, 한때 서로 전해가며 웃었다.

『필원잡기』는 서거정이 역사에 누락된 사실과 조야의 한담을 소재로 서술한 수필집으로 홍윤성 사후 12년이 지난 1487년(성종 18)에 초간본이 간행되었다. 그런데 이 초간본이 임진왜란·병자호란의 병화로 많이 산실되고 사본도 얻어 보기 어렵게 되자, 서거정의 6대손 서정리(徐貞履)가 의성군수로 재임 중 중간(重刊)에 착수하였으며, 안동부사 임담(林墰)과 전주부윤 김남중(金南重) 등의 도움으로 10여 개월 만인 1642년(인조 20)에 나왔다. 『대동야승』에서 인용한 필원잡기가 초간본인지 중간본인지는 불분명하지만, 홍윤성의 당호 '경해당'이 '경음당'으로 바뀐 상황에는 사실의 정확한 기록보다는 200여 년간에 걸친 세간의 풍문, 후대인들이 기억하고 싶은 방식으로 기억된 '경음당'으로 바뀌었을 가능성이 높다.

서거정은 『필원잡기』 외에도 『동국여지승람』에서 홍윤성에 대한 기록을 다음과 같이 남겼다.

⑨-㉠ [회인현 인물] 홍윤성 : 젊어서 불평객으로 행동이 구속 받지 않았다. 문종조에 과거에 올랐고, 세조를 도와 정난좌익공신이 되었으며, 인산부원군에 봉했으며 벼슬이 영의정에 이르렀다. 시호는 위평(威平)이다.[35]

⑨-㉡ [면천군 명환] 홍윤성 : 문과에 오르기 전에 본군의 교도(敎導)가 되었다.[36]

⑨-㉢ [한산군 열녀] 윤씨(尹氏) : 사성(司成) 윤기(尹耆)의 누이로서

35) 『신증동국여지승람』 권16 충청도 회인현 인물조.

36) 『신증동국여지승람』 권19 충청도 면천군 명환조.

자못 글을 잘하였다. 그 남편 나계문(羅繼門)이 재상 홍윤성의 집종에게 피살되었는데, 세조가 온양에 거둥하였을 때, 윤씨가 스스로 소장을 지어 원통한 정상을 호소하니, 그 사연이 애절하고 이치가 밝았다. 임금이 이를 민망하게 여겨, 명하여 홍윤성의 종을 저자에서 찢어 죽이고, 해마다 미곡(米穀)을 내리고, 부역을 면제하였다.[37]

그런데 『동국여지승람』이 1차적으로 이루어진 것은 1479년(성종 12)으로, 홍윤성이 죽은지 6년이 지난 시점이다. 그러나 바로 인쇄에 부치지 않고 고본(稿本) 그대로 두었다가, 4년 후인 1483년(성종 16)에 다시 김종직(金宗直) 등으로 하여금 이 고본에 수정을 더하게 하였고, 이듬해인 1484년(홍윤성 사후 11년) 12월에 탈고를 고(告)하니, 이것이 제2차 수정으로 완성된 『동국여지승람』이다. 이와 같이 『동국여지승람』은 서거정이 단독으로 지은 것은 아니고, 당대의 학자 관료, 특히 사림들의 입장도 반영되어 있는 작품이다.

이 『동국여지승람』의 홍윤성 관련 기사는 모두 3건이다. 관향지인 회인의 인물조 기사와 면천의 명환조 기사는 홍윤성을 대상으로 사실을 적시한 것이다. 특히 면천의 기사는 홍윤성이 고을 수령도 아니고 과거에 급제하기 전에 향교의 교도로 부임했던 일임에도 명환조에 수록되어 있어서 매우 파격적이다. 사실 『동국여지승람』의 전국 고을 명환조에 교도가 수록되어 있는 사례는 이 홍윤성이 유일하다. 아직 문과에도 급제하지 않았던 20대의 젊은 '교육자'가 고을의 명환조에 수록되어 있다고 한다면, 여기에는 우리가 알지 못하는 그만의 업적이 있지 않았을까? 반면에 한산군 열녀조의 기사는 열녀 윤씨에 대한 강상윤리를 기억하기

37) 『신증동국여지승람』 권17 충청도 한산군 열녀조.

위한 것으로, 홍윤성에 대해서는 다소 부정적인 정보이다. 이와 같은 『동국여지승람』의 기사는 홍윤성 사후 10여 년 만의 기록으로 당대인의 평가와 기억이 부분적으로 반영되어 있다고 할 수 있겠다.

다음은 이륙(李陸, 1438~1498)의 『청파극담(靑坡劇談)』에 수록되어 있는 홍윤성 기사이다.

> ⑩ 홍인산부원군(洪仁山府院君)은 성질이 부지런하고 검소하여 부귀한 수상(首相)이 되었으나 채소를 심고 재물을 늘리는 것에 정신을 쓰지 않은 적이 없으니 베틀을 거두고 아욱을 뽑는[去織拔葵] 것으로 본다면 부끄러운 일이나 일은 아니하고 빈들빈들 노는 것에 비하면 오히려 낫다고 하겠다. 일찍이 길에서 두 백성이 바둑 두는 것을 보고 공은 말에서 내려 묻기를, "이것이 무엇 하는 것이냐. 여기서 옷이 나오며 밥이 나오느냐. 너희 같은 사람들은 마땅히 밤낮으로 부지런히 일하여 자기 힘으로 살아야 하는데, 어찌하여 이런 쓸데없는 짓을 하는가. 너희들은 이것으로 먹을 수 있기 때문이겠지." 하고는 그 바둑을 다 먹게 하였다.

『청파극담』은 홍윤성 사후 37년이 지난 1512년(중종 7)에 편찬되었다. 그러나 이륙은 홍윤성이 졸할 때 38세였고, 『성종실록』 편찬에도 참여했던 인물이니, 나름대로 홍윤성에 대한 정보가 있었을 것이다. 위 내용에는 홍윤성에 대한 평가의 긍정과 부정이 공존한다. 재부에 관심이 많은 인물로 묘사되고 있으며, 부지런하고 검소하며, 노동의 가치를 중시하고 있었음을 강조하고 있다. 앞서 살펴보았듯이 홍윤성은 어려운 환경에서 성장한 '흙수저' 출신이었으며, 거의 개인적 역량으로 자수성가한 인물이다. 위 『청파극담』 홍윤성 기사에는 이러한 그의 가치관과 인생관이 그대로 반영되어 있는 듯 하다.

홍윤성 사후 50년이 지나서 1525년(명종 20)에 간행된 성현(成俔, 1439~1504)의 『용재총화』에는 '애주가' 홍윤성의 일화가 다음과 같이 구체화되어 있다.

> ⑪ 중추(中樞) 안율보(安栗甫)는 그 성격이 친구를 사랑하여 술자리에서는 화목하여 취하면 친구 손을 잡고 서로 희롱하였다. 예조 정랑이 되어 공사(公事) 때문에 판서 홍인산[홍윤성]을 찾아가자 홍인산이 술자리를 베풀었다. 두 공이 모두 잘 마시는지라 종일토록 술에 빠져 있었다. 사랑하는 첩이 술잔을 권하는데 바로 홍인산의 사랑을 한 몸에 받던 여자였다. 중추가 억지로 그 손을 잡으니, 여자가 놀라 일어나다가 적삼 소매가 끊어졌다. 중추가 따라 나오다가 엎어져 뜰 가운데 누워 인사불성이 되었는데, 때마침 소나기가 내려 옷이 모두 젖었다. 홍인산이 거두지 말도록 종에게 경계하였는데 날이 저물자 허둥지둥 집으로 돌아갔다. 홍인산이 의상을 보내며 말하기를, "천우(天雨)가 무정하여 귀하의 옷을 더럽혔는데, 이는 실로 내가 술을 권해서 그렇게 된 것이니 옷 한 벌을 갖추어 보내거니와, 여자의 소매를 끊은 것은 그대가 스스로 변상하여 주시오." 하였다. 중추가 그 연고를 물어서 알고는 크게 놀라면서 말하기를, "당상(堂上)에게 무례했으니 무슨 낯이 있겠는가." 하고, 벼슬을 내어놓고 떠나려 하니 홍인산이 듣고 굳이 말렸다. 중추가 그 집에 가서 사죄하니 또 술상을 베풀었다. 실컷 마셔 크게 취하여 다시 여자의 손을 잡으니, 홍인산이 껄껄 웃으며 말하기를, "안공(安公)의 풍정(風情)은 당할 자가 없도다." 하였다. 사림에서 웃음거리로 전한다.

죽은 지 50년이나 지났으니 이제 사람들의 홍윤성에 대한 기억은 점차 희미해져 갔을 것이다. 그러함에도 '스토리텔링'은 더욱 구체화되고 있다. 이제 사실의 기록보다는 기억하고 싶은 것을 기록하는 방식이다.

그리고 홍윤성의 음주 관련 일화는 사림들 사이의 웃음거리로 회자되기 시작한다.

임진왜란을 거친 후의 17세기 자료들은 홍윤성에 대한 객관적인 사실보다는 점차 각색과 윤색을 통한 본격적인 스토리텔링이 이루어지기 시작한다. 다음은 차천로(車天輅: 1566~1610)의 『오산설림초고(五山說林草藁)』에 실려 있는 홍윤성 일화이다.

⑫-㉠ 홍윤성은 호서 사람인데, 서울에 가 과거에 응시하려 하였다. 짐을 지고 걸어서 한강에 이르렀는데, 이때에 수양대군이 제천정(濟天亭)에 나가 놀았다. 대궐의 창두(蒼頭) 10여 명이 배 가운데 있어 배를 살피고 배를 가지 못하게 하는데, 윤성이 배 안에 뛰어 들어 손으로 작은 노를 꺾고, 그들을 모두 쳐 물에 빠뜨린 다음, 독신으로 배를 저어 건넜다. 수양대군이 기특하게 여겨 앞으로 불러오게 하여 후히 대접하고, 몰래 은의(恩意)를 맺었는데, 뒤에 그가 공신이 되어 매우 존숭과 총애를 받았다. 수양대군은 바로 세조이다.

⑫-㉡ 홍윤성이 교생(校生)이 되었을 때, 어떤 도사(都事) 한 사람이 순행하다가, 그 고을에 들려 제생(諸生)에게 경서를 강(講)하도록 하였는데, 윤성도 참여했으므로 한 번 만나본 친분이 있게 되었다. 그 뒤 그 도사가 조정에 들어와 병조정랑이 되었을 때, 어떤 서생 한 사람이 그 집에 찾아 왔는데, 바로 홍윤성이었다. 이에 말하기를, "추위가 매서우나, 가난해서 휘양도 장만하지 못했습니다. 값을 얻어 갖추기를 원합니다." 하자, 정랑이 즉석에서 그 값을 주었다. 얼마 후에 한 아전이 와서 문부(文簿)를 올리는데, 그가 입은 적호(赤狐)가 새로운 것을 보고, 윤성이 자기 손으로 벗겨서 입었다. 이어 정랑에게 말하기를, "다시 값을 주십시오." 하니, 정랑이 조금도 내색 안하고 주었다. 그 뒤 세조가 보위(寶位)에 올라 온양 탕천(湯泉)에 행

차가 있었는데, 윤성이 따라갔다. 이때에 정랑이 일찍이 참판으로서 그 고을에 좌천되어 가 있었는데, 윤성이 바로 대구(大口) 수백 마리를 사 가지고 가서 주고, 이윽고 세조에게 건의하니, 그전 관직을 복구해 주었다. 윤성이 사람을 보내 말하기를, "내 평소 그대의 옛 덕을 갚고자 하였더니, 이제 복관이 되었소. 모름지기 그 대구는 돌려보내 주시오." 하였다. 그 사람이 벌써 이웃에 나누어 주었기 때문에, 다시 얻기가 어려웠다. 혼자 근심하기를, "차라리 용서를 받지 않았더라면, 이 물건을 내라고 하지 않았을 터인데." 하고 결국 사서 보내 주었다.

⑫-㉢ 홍윤성이 이조판서로 있을 때 그 숙부 아무 갑(甲)이 그 아들의 벼슬을 청했다. 윤성이 말하기를, "숙부께서 만일 아무 곳 논 스무 섬지기 하종(下種)하는 것을 저에게 주시면, 말씀을 따르겠습니다." 하였다. 숙부가 말하기를, "공은 왜 이런 말을 꺼내시오. 그전에 공이 뜻을 얻지 못하였을 때, 내게서 의식을 구해 지내기를 10여 년 했고, 그 밖에 의뢰한 것도 추호라도 내것 아님이 없었소. 이제 공이 경재(卿宰)의 지위에 이르렀는데, 유독 내 아들 하나를 벼슬시킬 수 없겠는가."했다. 윤성이 그 말이 퍼질까 두려워, 자리에서 그 숙부를 박살내고 드디어 동산 가운데 묻어 버렸다. 그 아내가 이 사실을 서장을 올려 고소하려 하나, 형조에서 받지 아니하고, 헌부(憲府)도 듣지 아니하며, 당직(當直)도 또 허락하지 않았으니, 모두 윤성의 세도 때문이었다. 광묘가 온양 탕천에 행차할 때, 그 아내가 미리 광묘가 지나갈 만한 길가 버드나무에 밤에 올라가 기다렸다. 연(輦)이 그곳에 이르자, 나무 위에서 호소하는 소리가 들렸다. 광묘가 사람을 시켜 물으니, 그 아내가 아뢰기를, "말할 것이 권신에 관한 것이라, 반 걸음 사이에 반드시 언어가 변할 것이니, 감히 말하여 드릴 수 없습니다." 하였다. 임금이 연을 멈추고 내려오라 명하니, 그 아내가 앞에 와 대답하기를 매우 자세하게 하였다. 임금이 크게 노하여 윤성을 벌주려 하였으나, 그

의 공이 크므로, 그 자리에서 그의 하인 열 사람을 벌주고 갔다.

⑫-㉣ 나주(羅州) 성황사(城隍祠)에 신이 있는데 매우 영험하였다. 그 앞을 지나는 사람이 내리지 아니하면, 곧 타고 가는 말이 죽었다. 홍윤성이 이 고을 자사(刺史)로 가자, 하리(下吏)가 이 연고를 고하였더니, 윤성이 크게 노하여 말을 채찍질하여 그곳을 지났는데, 그 말이 일 리도 가지 못해 거꾸러져 죽었다. 윤성이 크게 노하여 바로 그 말을 잡고 열 동이 술을 실었다. 군졸에게 궁시도부(弓矢刀斧)를 가지도록 명하고 몸소 그 사(祠)에 가서 말고기와 술을 그 앞에 놓고 그 신을 욕보여 말하기를, "네가 이미 내 말을 죽였으니, 이것은 그 고기를 먹고자 위해서이다. 만일 이 고기를 먹고 이 술을 마시지 못한다면, 내 응당 너를 불살라 겁탈할 것이다." 했다. 잠깐 있다가 보니, 술은 약간 축났으나, 고기는 그대로 있었다. 윤성이 대노하여 마침내 그 사당을 불살라 쫓으니, 그 신은 마침내 멀리 총사(叢祠)로 옮아갔다. 그 뒤 고을 사람이 혹 제사하면, 그 신이 말하기를, "먼저 홍지주(洪地主)를 청하여 제사한 다음에 나를 제(祭)하오." 하였다. 고을마다 음사(淫祀)가 있으면, 반드시 먼저 윤성을 제사하는데, 윤성이 어떤 때에는 훈훈히 취하는 것 같았다. 반드시 말하기를, "아무가 신에게 제사지내는구나." 하였다. 뒤에 물어보면, 과연 그러하였다.

⑫-㉤ 홍윤성이 도원수(都元帥)가 되어 호남에 나갔다. 전주 사람 아무개가 대대로 망족(望族)이고 집이 부자인데, 딸 셋이 있어 모두 아름답다 하였다. 윤성이 그 딸을 첩으로 삼고자 하여, 전주에 가기 전에 먼저 호남 방백(方伯)과 전주 부윤에게 편지를 보내어 그 계획을 알렸다. 또 묵을 차비를 그 집에 차리도록 하였다. 감사와 부윤이 그 아버지를 불러 그 글을 보이며 말하기를, "네가 만일 앞에서 물리치면, 화가 너의 집에 미칠 뿐만 아니라, 감사와 부윤도 모두 죽게 될 것이다. 너는 빨리 집으로 돌아가 혼구(婚具)를 정리하라." 하였다. 그 아버지가

"예, 예" 하고 물러나와 집으로 돌아와 그 아내와 더불어 울면서 탄식하기를, "계집애를 너무 많이 낳아, 앉아서 가문을 망치는구려." 하였다. 셋째 딸이 그 연고를 물으니, 아버지가 말하기를, "너의 알 바가 아니다." 하였다. 딸이 말하기를, "한 집안 일을 어찌 자녀라 하여 참여해서 알지 말라는 법이 있습니까." 하니, 그 아버지가 자세히 일러 주었다. 딸이 말하기를, "이것은 매우 쉬운 일입니다. 제가 여기에 대응하겠사오니, 근심하지 마십시오." 하였다. 윤성이 이르자 그 딸은 단장을 성하게 하고 중문 뒤에 섰다가 윤성이 군복을 입고 들어오는데, 그 딸이 그의 팔을 잡아 당겼다. 윤성이 돌아다보니, 한 아리따운 계집이 마주서서 읍하고 말하기를, "공은 바로 나라의 상신(相臣)으로 이제 대원수가 되었고, 저도 이 지방의 양반성의 딸이온데, 공이 저로써 첩을 삼고자 한다니, 이 저에게 무슨 욕이 오니까. 만일 처로 삼는다면 그래도 괜찮겠지만, 꼭 첩으로 삼는다면 오늘 이 앞에서 죽겠습니다. 공이 어찌 차마 이런 무례를 행하여 억울하게 사람을 죽이겠습니까." 하였다. 윤성이 웃으며, "네 말과 같이 하겠다." 하고, 드디어 나와서 비밀히 광묘에게 서장을 올리기를, "신의 처가 매우 해명하지 못해 집안의 일을 감당하지 못하므로, 바꾸려 한 지 오래되었습니다. 오늘 전주에 오니, 아무의 딸이 어질고 아름다워 계실로 삼기를 원하여 감히 아뢰니다." 하니, 임금이 답하기를, "이것은 경의 집안 일인데, 하필 나에게 물으리오." 했다. 윤성이 드디어 예를 갖추어 장가들었다. 윤성이 죽은 뒤에 전후처가 서로 적첩(嫡妾)을 다투었는데, 바로잡지 못했다. 후처가 말하기를, "어느 해 어느 날 선왕께서 제 남편 집에 행차했을 때, 저로 하여금 어느 날 행배를 하도록 하였습니다. 정원(政院)에 반드시 일기(日記)가 있을 터이니, 부인으로서 행주(行酒)한 것으로 되어 있는가, 첩으로서 행주한 것으로 되어 있는가, 그 글을 상고해 보기 바랍니다." 하였다. 일기를 꺼내어 보니, 쓰기를, "모년 월일에 왕이 홍윤성의 집에 행차하여 술자리를 가졌는데, 술이 거나하자, 윤성의 부인을 나오게 하여 행주하게 하였다." 라고 하였다. 이 사실을 열거하여 아뢰니, 성묘가 그 후처로 명하여 정처로 삼았다. 이 말을 내가 남병사(南兵使) 신립(申砬)에게서 들었다.

㉠에 의하면, 홍윤성이 세조를 처음 만난 것은 과거에 급제하기 전 수양대군이 제천정에 나가 놀 때라고 하였다. 그러나 이는 역사적 실재와는 매우 다르다. 제천정(濟川亭)은 조선시대 한강변에 위치했던 왕실(王室) 소유의 정자로, 1456년(세조 2)에 세웠으며 세조 3년에 명사 진감이 왔을 때 세조가 그를 접대했던 곳이다. 그리고 당시 홍윤성은 이를 실무적으로 주관하는 예조판서의 지위에 있었다. 앞서 보았듯이 실록의 기록[홍윤성 졸기]에 의하면, 홍윤성이 수양대군과 인연을 맺은 것은 과거에 급제한 후 수양대군이 문종의 명을 받아 진서를 편찬할 때 여기에 낭좌로 참여하면서 시작된 것이다. 사적인 인연이 아니라, 공적인 일을 하면서 네트워크가 형성되기 시작한 것이다.

㉡은 홍윤성이 과거에 급제하기 전, 향교에서 공부를 하던 교생의 신분이었을 때의 일화라고 하였다. 홍윤성은 홍산향교에 출입하면서 공부를 했다. 실록에서도 "젊었을 때에 빈천(貧賤)하여 홍산향교에서 독서(讀書)하면서 괴로와도 부지런하고 게을리 하지 않았으며, 사람됨이 호협(豪俠)하고 용맹하며 힘이 있어서 활을 잘 쏘고 그 기운이 낙락(落落)하여 사람에게 지나는 것이 있었다."[38]라고 하였다. 게다가 앞서 살펴보았듯이 홍윤성은 과거에 급제하기 전부터 면천의 교도로 부임하여 향교의 관학교육을 주도했으며, 『동국여지승람』 면천군 명환조에도 그 사실이

38) 『세조실록』 권45, 세조 14년 3월 3일(계해)

수록되어 있는 것으로 보아 큰 성과가 있었을 것으로 추측해볼 수 있다. 사실 『(신증)동국여지승람』에서 교도가 명환으로까지 언급된 것은 홍윤성의 면천 교도가 유일한 사례이다.

㉢은 홍윤성이 이조판서로 있을 때의 일로, 어렸을 때 신세를 졌던 숙부의 인사청탁을 거절한 배은망덕한 인물이며, 심지어는 숙부를 무참히 쳐 죽인 극도로 포악한 인물로 묘사하고 있다. 그러나 홍윤성은 주로 예조에서 관직생활을 하고, 판서직은 예조판서만을 맡았지, 이조에서 관직생활을 한 이력은 확인할 수 없다. 또한 세조의 온양행차에 숙모가 호소하여 숙부의 신원을 풀었다고 했는데, 이것은 나계문 처 윤씨 일화가 굴곡되어 여기에 반영되어 스토리텔링화한 것으로 여겨진다.

㉣은 나주 성황사의 음사와 관련된 일화인데, 이 또한 역사적 실재에서는 그 동기조차 확인하기 어렵다. 어쩌면 예조에서 오랜기간 근무하고 예조의 참의-참판-판서까지 차례로 거친 인물이므로, 이와 같은 관력에서 있었던 음사 퇴치의 업적이 반영된 것인지 모르겠다. ㉤은 홍윤성의 유처취처의 일화인데, 이 또한 전주에서 있었던 일이 아니고, 역사적 사실과는 매우 거리가 있는 내용으로 소설화 되어 있다.

홍윤성의 유처취처 일화는 박동량(朴東亮, 1569~1635)의 『기재잡기(寄齋雜記)』에도 실려 있다. 그런데 여기에서는 호남이 아니라 도순문출척사(都巡問黜陟使)로 기내[경기]의 고을을 순행하다가 양주(楊州)에 당도하여 있었던 고사로 바뀌어 있다. 이 또한 홍윤성의 관력에서 확인되지 않는 지어낸 이야기이다. 그리고 『기재잡기』에서는 다음과 같이 홍윤성의 포악한 성격이 더욱 악랄한 모습으로 바뀌어 있는 고사도 있고[⑬-㉠], 홍윤성의 생애나 성격과는 전혀 무관할 법한 일화도 실려 있다[⑬-㉡].

⑬-㉠ 인성(仁城)은 성질이 몹시 모질고 사나웠다. 공을 믿고 사람을

멋대로 죽이고, 문 밖 냇물에서 말을 씻으면 즉각 사람과 말을 모두 죽였으며, 말을 타고 지나가는 사람은 귀천을 묻지 않고 모조리 죽였다. 언젠가는 또 남의 논을 빼앗아 미나리 논을 만드니, 늙은 할미가 울면서 "늙은 몸이 가난한데다 홀로 되어 일생 동안 믿고 생활을 부지해 가는 것이 이것인데, 그대로 순종하면 굶어 죽을 것이요, 항거하면 죽음을 당할 것이나 어차피 죽기는 마찬가지이니, 차라리 그 집에 가서 하소연하여 만일을 바랄 수밖에 없다."하고, 드디어 문서를 가지고 갔었는데, 공이 한 마디 말도 건네보지 않고 바로 그 할미를 돌 위에 거꾸러뜨리고 모난 돌로 쳐부수어 그 시체를 길 옆에 버려 두었으나, 누구도 감히 어쩌지 못하였다. 이러므로 그의 종들이 멋대로 행패를 부렸으나 관에서도 금하지 못하였다. 포도부장 전임(田霖)이 어느 날 당번으로 도적을 잡으려고 재인암(才人岩) 곁에 잠복하고 있었는데, 공의 집 근처에서 대여섯 사람이 어두운 밤중에 갑자기 덤벼들면서 자칭 아무개 집 사람인데 우리를 어떻게 할터이냐고 하였다. 전임이 그들을 손수 잡아서 묶으면서, "공이 어찌 너희들을 풀어 관법을 범하게 했겠느냐."하였다. 그 무리들이 마구 욕지거리를 하여도 대꾸하지 않고 더욱 심하게 결박하자 한참 만에야 비명을 지르면서 조금 늦추어 달라고 애걸하였으나 끝내 용서하지 아니하였다. 날이 밝자 그들을 몰고 가서 공을 뵙고, "이놈들이 세력을 믿고 망령된 행동을 한 것이지 참으로 도둑질 한 것은 아니니, 바라건대 이후로는 잘 단속하여 주십시오. 공에게 누가 미칠까 두렵습니다." 하니, 공이 크게 기뻐하며 뜰에 내려와 그의 손을 붙잡아 끌어 올리면서 말하기를, "이런 좋은 사람을 어찌 서로 알게 되기가 늦었을까. 자네 술은 얼마나 마시며, 밥은 얼마나 먹는가?" 하였다. 전임이 대답하기를, "오직 공께서 명하시는 대로 먹겠습니다." 하니, 곧 밥 한 대접에다가 생선과 채소를 섞어 세상에서 말하는 비빔밥과 같이 만들고 술 세

병들이나 되는 한 잔을 대접하니, 전임이 두어 숟갈에 그 밥을 다 먹어 치우고 단숨에 그 술을 들이켰다. 공이 더욱 기쁨을 이기지 못하며, "자네가 무슨 벼슬에 있는가?"고 물으므로, "벼슬한 지 오래되지 않아서 내금위에 보직되어 있습니다."하니, 공이 드디어 임금께 아뢰어 선전관에 발탁시켰다. 이로부터 왕래하기를 친밀하게 하여 거리낌없이 드나들었다. 어느 날 전임이 찾아가 공의 문 밖에 당도하였는데 공이 마침 호상(胡床)에 걸터 앉아 어린 계집종을 뜰 아래 나무에 거꾸로 묶어 놓고 활을 가득이 당기어 막 쏘려하고 있었다. 전임이 꿇어앉으며 그 까닭을 물었더니, 공이 말하기를, "한번 불러서 대답을 하지 않기에 쏘아 죽이려 하는 참이다."하였다. 전임이 공수(拱手)하면서 "죽이는 것보다는 소인에게 주시는 것이 어떠하오리까?"하니, 공이 웃으면서 그러하라 하고, 곧 주어 버리므로 전임이 종신토록 데리고 살았다.

⑬-ⓛ 공이 언젠가 달밤에 홀로 앉아 있다가 이웃 사람이 말재주가 있어 익살을 잘 부린다는 말을 듣고 곧 불러다가, "지금 달은 밝고 바람은 고요하며 안석도 서늘하여 자려 해도 잠이 오지 않는데, 자네가 무슨 말을 가지고 나의 심심함을 풀어주고 내 마음을 즐겁게 하여 주겠는가?" 하였다. 그 사람이 두서너 번 굳이 사양하므로 공이 뒤따라 말하기를, "말해 보라. 내가 담 밖에 있는 조그만 집을 너에게 줄 터인데, 자네가 종신토록 편안히 지낼 것이다."하였다. 그 사람이 사양하고 한참 있다가 일어나 절하고 말하기를, "이 말은 소인이 지어낸 것인데 속되어서 대인께서 들을 만하지 못할 것 같습니다." 하였다. 공이 "너무 사양하지 말고 빨리 말해 보라."하니, 그제야 꿇어앉으며, "못가 수양버들 대여섯 그루가 2,3월이 되자 긴 가지가 휘늘어져 초록 장막을 두른 것 같고, 4,5월에는 붉고 흰 연꽃들이 흐드러지게 피고, 6,7월에는 수백 개의 수박이 푸른 구슬이나 조롱박처럼 주렁주렁 매달리는데, 찌는 듯한 여름날에

따다가 쪼개면 빛깔은 주홍 같고 물은 찬 샘물 같으며 맛은 꿀 같도다. 이렇게 하면 어떻겠습니까?"하였다. 말이 채 끝나기도 전에, 공이 손을 저어 말리면서, "말하지 말게, 말하지 말어. 입에서 침이 질질 나와 못 견디겠다." 하면서, 급하게 아이를 불러 그 문서를 가져다 주었다. 그 사람이 돌아가 문서를 보니, 장획(臧獲)과 재산이 그 속에 가득하였다. 대개 공의 천성이 엄하고 혹독하여 법도를 지키지 않는 일이 많았으나 가끔 하는 일이 기발하기가 이와 같았다. 청파(青坡) 동리 사람들이 지금도 공의 전해 오는 사적을 말하는 사람이 매우 많다.

다음은 김시양(金時讓, 1581~1643)의 『부계문기(涪溪聞記)』(1612년 찬)에 실려 있는 홍계관리의 지명유래로 홍윤성과 맹인 점장이 홍계관과의 일화이다. 그런데 여기에서도 홍윤성은 역임한 적도 없는 형조판서로서 옥사를 처리한 일화가 등장한다.

⑭ 서울 안에 홍계관리(洪繼寬里)가 있으니, 즉 국초의 맹인 점장이 홍계관이 살던 마을이다. 계관이 점 잘 치는 것으로 이름이 났으므로 그대로 마을의 이름을 삼은 것이라고 한다. 인산군 홍윤성은 호서 사람으로 젊을 때에 뜻은 컸으나 때를 만나지 못하였다. 향해(鄉解, 鄉試)에 합격하여 서울에 들어왔다가 계관의 명성을 듣고 찾아갔다. 계관이 그의 운명을 꽤 오랫 동안 점치더니, 꿇어앉아 공경히 말하기를, "공은 남의 신하로서 더할 수 없이 귀하게 될 운명입니다." 하고, 이어 말하기를, "어느 해 어느 때에 공께서는 반드시 형조 판서가 될 것입니다. 그때 저의 아들이 반드시 죄를 받고 옥에 갇혀 마땅히 죽게 될 것입니다. 부디 공께서는 나를 생각하여 살려 주십시오."라고 하였다. 이어 그의 아들을 불러서 말하기를, "네가 어느 때에 옥에 갇혀 심문을 받게 되거든 아무개의 아들이라고 말만 하여라."고 하였다. 공은 깜짝 놀라

감히 승낙하지 못하였다. 그 뒤 10년이 못되어서 공은 세조를 추대한 공으로 차례를 뛰어넘어 형조 판서에 임명되었다. 하루는 큰 옥사를 국문하는데, 한 죄수가 부르짖기를, "죄수는 맹인 점장이 홍계관의 아들입니다."라고 하였다. 공은 드디어 깨닫고 놓아주었다고 한다.

이와 같이 임진왜란 이후 17세기에는 홍윤성에 대한 역사적 실재와 거리가 있는 일화들이 많은 각색과 윤색이 이루어지면서 잡록에 여러 건 수록되기 시작한다. 그리고 이후의 잡록에서는 그동안의 홍윤성 일화들이 다시 확대 재생산되거나, 종합화가 시도되면서 계속 수록되고 있다.[39] 특히 이긍익(李肯翊, 1736~1806)의 『연려실기술(練藜室記述)』에서는 『오산설림초고』, 『부계기문』, 『동각잡기』, 『용재총화』, 『필원잡기』, 『기재잡기』, 『문헌비고』의 모든 관련 기록을 참고하면서 홍윤성 기록의 종합화를 지향하고 있으며, 사건은 생애순으로 배열되어 있다.

홍윤성에 대한 정보는 일제강점기에 이해조(1869~1927)의 한글소설 『홍장군전』에 의해 다시 한번 더 굴절되었다. 『홍장군전』은 조선이 일본에 국권을 찬탈당하고 식민지로 전락한 상황에서 1918년에 『수호전』의 무송 서사를 차용하여 이해조가 창작한 작품이다. 이 작품으로 인해 조선시대의 역사 인물 홍윤성은 역사적 실재에서 더욱 멀리 달아났다. 그리고 이와 같은 복잡한 상황에서 형성된 홍윤성의 인물상(人物像)이 오늘날의 대중매체인 영화, 드라마, 만화 등에서 다시 무비판적으로 수용되어 반복되었고, 대부분의 현대인 뇌리에는 홍윤성의 이미지가 실재와 매우 다르게 형성되어 있다.

39) 류정월, 「홍윤성 일화의 재현 방식과 현실 맥락」, 『서강인문논총』 29, 2010.

4. 맺음말

이상 실록의 기록과 잡록[문집]의 분석을 통해 홍윤성 생애의 실재를 살펴보고, 사후평가와 후대인들의 기억에 대해 알아보았다. 그리고 홍윤성 사후에 등장하는 잡록의 기록들은 역사적 실재와 많은 간극이 있음도 확인하였다. 주로 조선 중기에 만들어진 잡록의 기록들은 조선 말기에 종합적으로 정리되었고, 다시 일제 강점기에 홍윤성을 모티브로 한 소설이 등장하면서 오늘날 우리가 알고 있는 홍윤성에 대한 일반인의 상식적인(?) 지식정보가 만들어졌다.

사실 홍윤성은 '흙수저' 출신으로 거의 개인적 역량으로 한 시대를 풍미한 영웅이었다. 문신 관료이면서 무인의 기질도 겸비했던 홍윤성은 세조를 만나면서 인생의 성공 가도를 달렸다. 오늘날과는 달리 신분제 사회에서 한미한 신분 출신이 성공을 하기 위해서는 다소 무리한 측면도 없지 않았을 것이다. 특히 홍윤성은 유교국가인 조선왕조에서 예조에서 주로 활동하고 예조판서를 역임했음에도 불구하고, 성리학적 가치 질서가 정착되어 가는 시기에 당시의 윤리적 가치관에 부합하지 않는 행동을 일부 보이기도 했다. 그리고 이러한 측면은 홍윤성 사후에 지식인들 사이에서 비판 대상이 되었고, 그에 관한 스토리는 왜곡되고 점차 증폭되어 갔다. 한편, 홍윤성은 사후에 후손들이 번창하지 못했으므로, 후대인들의 왜곡된 전문이나 기억, 잡록의 기록들이 교정되기도 어려웠을 것이다.

홍윤성의 학술대회 종합토론

일 시 2022. 10. 29(토) 13:00~18:00

좌 장 이상배 서울역사편찬원 원장

토론자 한상도 전 건국대학교 교수

김웅호 서울역사편찬원 전임연구위원

이재범 전 경기대학교 부총장

박정민 전북대학교 교수

이연식 일본 죠슈아대학 교수

발표자 이상배 서울역사편찬원 원장

김우철 경희대학교 연구교수

손승철 전 국사편찬위원, 한일관계사학회 회장

한성주 강원대학교 교수

임선빈 역사지식정보센터 대표

이상배 : 여러분들이 1시부터 시작해서 지금까지 장시간 앉아서 학술 발표를 듣고 계신다는 것이 참 대단하십니다. 그리고 감사드립니다. 오늘 이 발표가 여러분들의 선조이시기도 하고, 역사학계에서는 조선 초기에 활동했던 굉장히 중요한 인물임에도 불구하고 그동안 주목받지 못했고, 시대를 거쳐오면서 일정 부분 왜곡된 기억들이 남아서 현대인들에게 왜곡된 인상이 각인되어있다 라는 느낌을 받았습니다.

그래서 제가 회장, 총무님에게 제대로 좀 밝혀달라는 부탁을 받았을 때, 저도 인산부원군 한 분으로 학술대회가 가능할까 의아했고, 기초 조사를 해보니 많이 잘못되어있음을 느꼈습니다. 그래서 각 분야 주제를 잡아서 각 그 분야의 전공을 하시는 분들께 의뢰를 드려, 오늘 학술대회가 펼쳐지게 되었습니다.

지금 토론 시간이 90분 정도인 사정상, 토론문이 준비되어 있으니 토론자분들께서는 6~7분 내외로 요약해서 질문을 해주셨으면 감사하겠습니다. 답변하는 발표자 선생님들께서도 간단 명료하게 가능하면 답변해 주시면 감사드리겠습니다.

첫 번째 발표

한상도 : 안녕하세요. 이상배 원장님의 발표를 듣고 홍윤성의 일생과 활동에 대해 새로운 사실들을 많이 알게 되었습니다. 저의 기억 속에 자리 잡고 있던 홍윤성은 어릴 때 TV에서 보았던 '계유정란' 또는 '수양대군[세조]'을 소재로 한 드라마 속에서 묘사되었던 모습입니다. 기본적으

로 시청률을 의식하고 접근할 수 밖에 없는 드라마에서는 한 인물의 참 모습이나 사건의 총체적인 모습을 보여주기는 어려운 것으로, 드라마로서 극적 효과를 높이는 데 부합하는 구성으로 풀어 가려는 접근이 우선할 것입니다. 그러기에 드라마 속에서 묘사되는 등장인물의 캐릭터나 이미지는 극 전개의 필요에 따라 일부에 한정되거나 심하게는 왜곡될 수도 있을 것입니다.

이는 토론자 개인만의 의견이 아니라 이른바 'PD역사학'이라는 영역이 내포하고 있는 한계와 부정적인 기능으로 지적되는 사실이기도 합니다. 그런 면에서 오늘 이상배 원장님의 발표를 듣고 홍윤성이라는 인물의 생애와 그의 캐릭터에 대해 다시금 생각해 보는 기회를 갖게 되었습니다. "홍윤성이란 인물에게 내가 몰랐던 이런 부분도 있었구나"하는 깨달음입니다.

발표자께서는 홍윤성에 대한 역사적 이미지가 "조선 후기 야사(野史)를 중심으로 부정적으로 묘사되어 왔던 점"과, "유교적 관점에서 충역(忠逆)의 논리를 앞세워 계유정난을 부정적 의미에서 평가하였고, 상대적으로 사육신(死六臣)과 생육신(生六臣)의 희생을 높게 평가해 온 분위기"를 배경으로 하고 있다고 분석하였습니다. 그러기에 이러한 시각에 바탕하여 만들어진 TV 드라마 등을 통해 시청자 나아가 대중의 홍윤성에 대한 기억과 평가가 형성되게 되었음을 주목해야 할 것입니다.

이상배 원장님의 발표 내용에 대한 문제점이나 이견은 달리 갖고 있지 않으며, 새로운 사실에 많은 공부가 되었습니다. 이제 저의 의견을 개진함으로써, 토론자로서 역할에 갈음하고자 합니다. 즉 이 학술회의를 계기로, 앞에서 거론한 홍윤성 연구에 있어서 아쉬운 부분을 보완하고 시정할 수 있는 접근이 필요하지 않겠나 하는 생각입니다.

이러한 점에서 주목되는 사실로 첫째, 홍윤성이 예조의 책임자로서 수행한 명나라, 여진, 유구, 일본 등 동북아 여러 나라와의 외교업무를 총괄하면서 전문 외교관으로서의 면모를 보였던 점입니다. 둘째, 군사업무에 밝은 강점을 발휘하여 여진족 정벌과 각종 병서와 진법에 관련된 서적의 편찬을 주도했던 사실입니다. 세째, 도절재사(道節制使)로서 수행한 업무와 활동 그리고 역할 등을 꼽을 수 있을 것입니다.

이러한 사실을 통해 그의 또 다른 면모를 심층적으로 살펴보는 작업이 필요하다고 생각합니다. 이와 관련하여 한 가지 제안한다면, 지금까지의 연구성과는 대체로 『조선왕조실록』 등 우리측 자료에 기반하였던 바, 이에서 한 발 나아가 홍윤성의 외교활동 시기와 겹치는 명(明)·여진(女眞)·유구(琉球)·일본(日本) 측 자료에서 홍윤성의 활동과 관련한 사실이나 그 단서를 찾아보는 작업을 통해 홍윤성의 또다른 면모를 확인할 수 있을 것이라고 생각합니다. 이상 저의 의견에 대한 이상배 원장님의 고견을 청하면서, 토론 말씀을 마치겠습니다. 감사합니다.

이상배 : 제 논문을 읽고, 토론을 해주신 점에 대해서 감사드립니다. 기본적으로, 한상도 교수님의 제언은 적극적으로 저는 환영하고, 꼭 앞으로 이루어져야 할 과제라고도 생각을 합니다. 지금까지 홍윤성에 대한 연구가 전무했던 상황에서 오늘 이렇게 다양한 주제를 가지고, 한 사람에 대한 업적이나 그 사람의 생애를 연구하는 데, 아마 여러분들은 '한 명이 다하면 되지'라고 생각할 수 있겠지만, 이 역사 전공이라고 하는 것이 그분의 외교적인 측면, 군사적인 측면, 정치적인 측면 등 다양한 분야에서 조명해야 하기 때문에 한 사람이 다 할 수는 없습니다. 그래서 각 분야에서 전공하는 분들의 연구 업적을 종합해서 한 사람에 대한 역사상이 만들어지는 것입니다.

오늘 사실은 5명이 발표했습니다만, 빠진 것이 있습니다. 당시 홍윤성이 예조판서로 있으면서 명나라와의 관계는 다루지 못했습니다. 그 다음에 군사 전략가로서의 홍윤성은 어떠했을까. 제가 봤을 때는 홍윤성이 세조대 재임하는 동안 굉장히 많은 병서를 편찬하는데 관여를 하고 있거든요. 문신이면서 병서를 많이 만들었다는 얘기는 그가 군사전략가였다는 사실을 보여주는 측면입니다. 그가 그런 전략적인 식견을 가지고 있었기 때문에 여진족 정벌에도 충분히 참여할 수 있었던 것입니다. 신숙주도 병서로는 이론적으로 무장되어 있는 사람입니다. 신숙주나 홍윤성이나 둘 다 군사 전략가이면서, 홍윤성은 신숙주가 갖지 못했던 무인적 기질도 가지고 있었다는 면이 있습니다. 그래서 이런 홍윤성에 대한 다방면에 대한 연구가 진행되어야 하고, 오늘 학술대회는 그 첫 발을 디딘 것입니다.

앞으로도 수도 없이 많은 연구가 필요합니다. 신숙주라는 한 사람에 대한 역사상이 만들어지기까지 그와 관련된 논문들이 50편 이상이 발표됩니다. 다각도에서 분석해야 한다는 관점에서 한상도 교수님께서 제안하신 명, 일본, 유구국, 여진 등의 자료에 나타나는 홍윤성도 우리가 앞으로의 연구과제로 삼아야 된다고 생각합니다. 좋은 제언 감사합니다.

이상배 : 다음에 두 번째 발표를 하신 '단종~성종대 공신책봉의 의미와 홍윤성'이라는 주제에 대해서 조선 전기, 특히 군사를 전공하고 계세요. 김웅호 박사님이 서울역사편찬원에 저와 같이 근무하고 있는데, 군사를 가지고 박사학위를 받으셨기 때문에 오늘 많은 도움을 줄 수 있는 선생님이기도 합니다. 토론 부탁드리겠습니다.

두 번째 발표

김웅호 : 만나 봬서 반갑습니다. 서울역사편찬원 김웅호입니다. 이 논문은 단종 때의 정난공신(靖難功臣), 세조 때의 좌익공신(佐翼功臣), 성종 때의 좌리공신(佐理功臣)의 책봉 과정과 그 의미를 검토하면서 홍윤성이 이와 같은 세 차례의 공신에 책봉되는 이유도 밝히고 있습니다. 더불어 국사편찬위원회에 실물이 소장되어 있는 '홍윤성 좌리공신 교서'도 분석하고 있습니다. 이를 통해 세조~성종 초반 정계에서 큰 역할을 했음에도 전론(專論)한 논문이 한 편도 없는 홍윤성에 대해 많은 사실들을 알려주고 있습니다.

김우철 선생님께서 쓰신 발표문은 목차와 내용이 논리적으로 잘 연결되어 있을 뿐만 아니라 사료 해석과 인용에도 전혀 무리가 없기 때문에 지적할 만한 내용이 거의 없습니다. 다만, 학술대회에 참여한 토론자로서 의무를 수행해야 하므로 선생님의 글을 읽으면서 들었던 두 가지 생각을 말씀드리면서 제 역할을 마칠까 합니다.

먼저 발표문 2쪽에 보이는 정난공신 43명을 입사 경로에 따라 분석한 내용입니다. 선생님께서는 "43명의 공신을 입사 경로 등으로 구분하면, 종친(宗親)이 1명, 문인(文人)이 20명, 무인(武人)이 19명이며 환관(宦官)이 2명, 노비가 1명이었다. …… 문인 20명 중에서 문과(文科) 급제자는 12명이고, 문음(門蔭)으로 관직에 진출한 사람이 8명이다. 무인 19명 중에서는 무과(武科) 급제자가 10명이고, 나머지 9명의 입사 경로는 무과인지 문음인지 확인되지 않는다."라고 지적하셨습니다. 그런데 통상적으로 문인, 무인이라 하면 문과, 무과 급제자를 의미하고, 문과나 무과 등의 과거를 거치지 않고 벼슬길에 오른 사람들은 '남행(南行)'이라 호칭합니다. 문과 급제자가 아닌 문음으로 관직에 진출한 사람 8명을 문인으로 파악한 이유가 궁금합니다. 혹시 이들이 공신에 책봉된 뒤에 문과에 급제하여 문인으로 파악한 것인지도 궁금합니다.

두 번째는 4쪽의 "홍윤성은 누구보다 먼저 세조와 함께 반정을 준비했던 인물이다."라는 평가와 관련이 있습니다. 현재 학계에서는 1453년에 수양대군이 김종서, 황보인 등을 제거한 사건을 "계유정난(癸酉靖難)"으로 부르는 것이 일반적이고, 반정은 1506년의 중종반정과 1623년의 인조반정[계해반정] 두 경우에만 "반정"으로 부르고 있습니다. 중종반정과 인조반정의 경우 반정 주체들 스스로가 자신들의 행위를 반정으로 인식하고 그렇게 언급하는 내용도 많이 있습니다. 계유정난 주체들이 자신들의 행위를 "정난(靖亂)"으로 표현한 경우는 꽤 되는데, 혹시 "반정"으로 표현한 사례가 있는지 궁금합니다. 감사합니다.

이상배 : 아주 간단 명료하게 시간을 잘 지켜주셔서 감사드립니다. 우선, 조선시대 과거에 급제하지 않고도 벼슬할 수 있습니다. 아버지가 아주 높은 고위직에 있다던지, 공신에 책봉된다던지 하면 그 자제를 채용해서 관직을 임명하는 경우가 있는데, 그것을 우리가 음서, 문음으로 표현합니다. 그 문음을 문인으로 파악한 이유에 대한 것과 반정과 정난에 대한 이야기인데, 정치적인 의미가 다른 것이기도 합니다. 답변 부탁드리겠습니다.

김우철 : 꼼꼼한 지적 감사드립니다. 조선시대 전공자로서 김웅호박사님은 조선 전기, 저는 후기 논문을 많이 써서, 저보다 더 이 시대를 잘 아는 분이라 생각합니다. 그러다 보니 제 논문에서 실수가 많을 테지만, 특히 결정적인 실수 두 개를 했는데 그것을 그대로 잡아내셔서 깜짝 놀랐습니다.

앞의 입사 경로는 용어 사용에 착오가 있었습니다. 그 당시 공신에 책봉될 당시에 그들의 관력이나 이런 것을 이야기 한 것입니다. 이것은 제가 분석했다기보다는, 조선 전기 시대 공신 연구에 큰길을 닦아주셨던 서강대 정두희 교수님께서 분류한 표를 인용했습니다. 물론 정두희 교수님 입장에서는 언급을 안하셨는데, 제가 인용을 하면서 잘못 표현을 한 것 같습니다. 그당시 문인 무인 표현 자체가 정확히는 문반 무반으로 표현을 해야 합니다. '입사 경로'라는 표현을 쓰려면 지적한 것처럼 문음 또는 남행으로 따로 표현되어야 하는데, 여기서는 공신으로 책봉될 당시에 문반으로 분류되느냐 무반으로 분류되느냐, 즉 문반쪽에 관직을 갖고 있었느냐, 무반쪽에 관직을 갖고 있었느냐를 이야기하려 했던 것이기 때문에, 제가 '입사 경로'라는 표현을 하면서 오해가 있던 것 같습니다. 이런 부분은 나중에 활자화될 때, 수정해서 반영하겠습니다.

두 번째 지적인 반정이란 용어도 마찬가지입니다. 사실 제가 아마 머릿속으로 반정으로 생각해서 자연스럽게 표기가 된 것 같습니다. 엄격한 의미에서는 당연히 반정이 아닙니다. 반정은 기존에 있던 왕이 옳지 못하니까 몰아내는 것이 반정입니다. 단종 같은 경우는 그 당시 명분은 김종서나 황보인같이 종사에 잘못을 하고 있는 역적의 무리들을 물리쳐서 반정을 보류하겠다, 그런 의미였습니다. 사실은 엄격한 의미에서는 정치적인 의미에서 반정이 아니고 그래서 정란이라 표현한 것인데, 다만 제가 무의식중에 반정을 쓴 것은 형식적으로는 반정이 아니었지만, 내용적으로는 반정에 가깝다라고 보이고요, 결국 정난 2년 만에 다시 단종을 유배보내고 사사시키는 형태가 되기 때문에, 제 무의식 속에 있었던 반정이란 생각이 표현된 것 같습니다. 엄격한 의미에서 용어로서는 정란이라는 용어를 쓰는 것이 맞다고 생각합니다. 이상으로 답변 마무리하겠습니다.

이상배 : 다음으로 세 번째 주제입니다. 손승철 교수님께서 세조대 조일관계와 홍윤성의 역할이라는 주제로 주로 일본과의 관계를 중심으로 해서 홍윤성의 활동이나 당시 일본과의 관계에서 어떤 원칙으로 외교관계가 이뤄졌는지 이런 내용들을 발표해주셨습니다. 여기에 대해서 전 경기대 교수, 부총장까지 지내신 이재범 교수님께서 토론을 맡아주시겠습니다. 부탁드립니다.

세 번째 발표

이재범 : 방금 소개받은 이재범입니다. 저는 토론문을 읽기보다는, 여기에 임하게 된 것과 전체적인 저의 느낌을 통해서 말씀드리도록 하겠습니다. 저는 원래 전공이 조선시대가 아니고 그보다 좀 앞선, 고려, 고대 말을 주로 공부하는데, 30년 전에 국방부 군사연구소라는 곳에서 그 당시 300쪽이 넘는 '왜구 토벌사'라는 책을 썼습니다. 그때 제가 고대부터 임진왜란 이전까지, 조선 초기를 군사적 측면, 특히 왜구를 어떻게 막아냈느냐에 대해 집필했기 때문에 아마 이 자리에 온 것 같은데, 상당히 오래전이라 기억이 없고, 당시 집필할 때, 홍윤성이라는 인물을 한 번도 제가 뽑은 자료에서는 본 적이 없어서 제대로 토론할 수 있을까 하는 생각을 하고 나왔습니다.

제 기억에 남아있는 홍윤성이란 분은 설중매라는 곳에서 배역이 변강쇠로 유명한 이대근씨가 했을 겁니다. 그래서 그때 제 기억에는 무조건 생각 없이 내지르는 이런 사람으로 기억이 나서 이 사람이 조일 관계라고 하는 외교 관계에서 어떤 역할을 할 수 있었을까? 라는 기분으로 글을 읽었습니다. 그런데, 아까 손교수님도 그러셨지만, 저도 정말 너무

깜짝 놀랐습니다. 이런 사람이었나? 근데 어떻게 지금까지 우리 역사에서는 한 번도 조명이 된 적이 없나. 그래서 다시 한번 다른 사이트에서 찾아보니까, 나무위키라는 포털사이트에서는 '홍윤성 개요. 조선 세조대 신하이자 정치깡패, 연쇄살인마다'라고 나와 있습니다. 몇 군데 사전류가 많이 있는데, 나무위키라는 사이트가 연구자들에게 신뢰받는 사이트는 아니지만, 나중에 활자화가 되면 조정을 해야 합니다.

손교수님이 쓰신 것은 꼼꼼하게 있는 사료들을 잘 정리해주셔서 드릴 말씀은 없습니다. 그리고 정말로 우리 한국사 전반에서 외교사에 대해서 별 관심이 없는 건지, 관심이 있는데 하기가 싫은 건지, 한국사 전체 인력이 없는 건지. 대체 왜 이런 분이 거론된 적이 없었나 하는 생각이 듭니다. 특히 이 시대에 같이 있었던 신숙주에게 외교관으로서의 명성이 지나치게 쏠렸다 하더라도, 홍윤성 같은 분이 있는 것을 이번에 처음 느꼈습니다. 무엇보다 91쪽 아래서부터 보면, 8번째 줄부터 읽겠습니다.

"1475년 6월에 있었던 대마도 왜인의 왕래에 대해서 홍윤성·신숙주 등에게 의논케 한 일이 있었는데 여러 신하들이 신숙주의 의견을 따랐으나, 홍윤성은 독자적으로 … "

이것은 분명 신숙주와 다른 나름대로의 외교에 대한 철학이나 외교에 대한 방책을 확실하게 가지고 있었던 홍윤성이라고 하는 외교가의 뚜렷한 모습을 신숙주와 반대되는 입장에서 혼자서 가지고 있었다라는 것을 의미합니다. 대부분 당시에 조선에서 왕이 어떤 뜻을 갖느냐에 따라서 대부분 휩쓸려 갈 때, 신숙주라고 하는 큰 신하에 맞서서 혼자서 대립 혹은 절충 등을 했다는 것은 굉장히 뚜렷한 이 시기의 조선시대 외교능력에서부터 이러한 사람이 있었다라는 것을 명확히 잘 드러내 주신 것 같습니다.

다시 한번 말씀드리지만, 손교수님께 이렇다 할 얘기는 없습니다만,

단지 이런 자리를 베풀어주시고, 우리 한국사에서 자칫 흉악한 사람이 돼버릴 뻔한 홍윤성이란 분을 훌륭한 역사 인물로 등장하게 된 시간을 갖게 해주신 점에 감사드리면서 제 얘기를 마치겠습니다.

이상배 : 감사드립니다. 여기에 대해서 특별하게 문제 제기는 아니지만 손교수님께서 느낀 점 위주로 답변해주시기 바랍니다.

손승철 : 말씀은 저렇게 하셨지만, 사실 토론문을 보면 3가지 정도를 묻고 있습니다. 첫 번째가 홍윤성에 대한 사료가 얼마나 정확도를 가지고 있느냐라는 지적을 했습니다. 그런데, 논문들은 각기 발표되었지만, 개인 논문을 쓰기 전에 사실 우리 발표자들 회의를 2번이나 했습니다. 그 과정에서 이상배 서울역사편찬원 원장이 고려대학교 사학과 박사과정생들을 동원해서 사료 조사를 다 했습니다. 그래서 『조선왕조실록』부터 문집, 기타 잡록들에 나오는 자료를 거의 다 수집을 해서, 그것을 책자로 만들어서 공유했습니다. 이것을 가지고 논문을 작성한 것입니다. 그래서 아마 그 이상의 자료가 나오는 것은 어렵지 않을까 합니다. 학술대회 끝나면, 정식으로 단행본을 내셔야 합니다. 단행본을 내서, 그것을 일반 대중들, 연구자들에게 배포를 해야 합니다.

일반적으로 일반인들이 역사를 어떻게 인식하냐면, 전문인들은 기본적으로 교수들이 쓴 연구 논문들을 활용하겠죠. 그러나 대부분은 사실 소설이나 tv, 드라마를 이용하게 됩니다. 그런데 이런 것들은 전부 각본을 쓰는데, 각본가가 흥미 위주로 살을 붙이는 것이 오바된 문제입니다. 그 두 가지가 병행이 되어야 하는데, 그 사람들이 각본을 쓸 때 참조하는 것 역시 연구논문들입니다. 그 논문들을 모아서 단행본을 발표해야 되죠. 제가 보기에는 한 번에 될 일은 아니고, 오늘 참가한 사람이 벌써

10명인데, 이분들이 전부 연구소나 대학에서 있는 박사들이고, 홍윤성에 관해서만 집약 논문을 5편 쓴 것인데, 이런 것들이 정기적으로 해서 축적이 되면 자리매김하는 것이죠.

두 번째 질문은 통신사가 갈 때 홍윤성의 이름으로 국서와 서계 5통을 누구한테 보냈느냐 하는 것이었습니다. 당시 일본의 중심지는 교토와 오사카 사이에 있는 무로마치 막부입니다. 일단 장군에게 가는 통신사니까 장군에게 국서를 국왕 이름으로 보내고, 이것은 역시 예조에서 쓴 것입니다. 그다음에 거기까지 가려면, 부산, 대마도를 거쳐 시모노세키까지 가서 배를 타고 오사카까지 갑니다. 그런데, 그때 일본의 치안 상황이 녹록하지 않았습니다. 중간에 있는 호족들에게도 선물과 편지를 주고, 마지막으로 교토에 갔을 때 장군을 보좌하고 있는 우리 조선의 삼정승처럼 세 사람과 중간 호족 두 사람, 총 5사람에게 서계를 보냈다 할 수 있습니다.

마지막으로, 용어 문제 지적은 저희가 검토해서 나중에 단행본으로 책 낼 때 수정해서 제출하도록 하겠습니다. 감사합니다.

이상배 : 감사드립니다. 다음에 4번째 주제로, '조선 세조대 여진정벌과 홍윤성의 활동'이라는 제목으로 강원대 한성주 교수님께서 발표해주셨습니다. 주로 여진족 정벌에서 홍윤성이 어떤 활동을 했는지에 관한 질문은 전북대 박정민 교수님께서 해주시는데, 이분도 여진 관계를 전공하시는 분입니다. 부탁드리겠습니다.

네 번째 발표

박정민 : 처음에 한성주 선생님이 이 논문 주제로 토론을 말씀하셨을 때, 저도 '홍윤성 가지고 논문이 될까요?'라고 했는데, 이것을 쓰셨다는 것에 먼저 대단하다는 말씀을 드리고 싶습니다. 저도 비슷한 시기를 하다 보니, 사료에서는 많이 봤었던 인물인데, '이렇게까지 할 수 있을까?'라고 생각했었는데, 이것을 엮어냈다는 것은 대단하다고 생각합니다. 관련 내용들은 118페이지의 토론문을 읽어가면서 말씀드리겠습니다.

본 논문은 세조대 여진정벌[경진북정]에 참여했던 홍윤성의 활동을 자세하게 살펴본 것이다. 그동안 세조대 여진정벌은 그 과정 혹은 여파로 나타난 수직과 내조 등을 분석한 내용이 주를 이루었다. 혹은 역사에 큰 족적을 남긴 신숙주를 통해 재구성하는데 집중되었다. 그러나 세조의 대표적 고굉지신으로 알려진 홍윤성의 활동에 대해서는 전혀 언급이 없었다. 그가 세조대에 가지고 있었던 정치적 위상 등을 고려한다면 충분히 고려해 볼만한 사안임에도 불구하고 나타나지 않은 것이다. 따라서 미시사적 측면과 신숙주가 아닌 부지휘관으로 참여한 홍윤성의 관점에서 복원한 것은 의미 있는 작업이라고 할 수 있다. 하지만 토론자로서 소임을 다하기 위하여 몇 가지를 지적하자면 다음과 같다.

첫째, 당대 홍윤성의 정치적 위상과 배경에 대한 설명 필요합니다. 홍윤성은 본문에서도 나타나듯이 세조의 측근이었다. 그는 세조의 즉위를 도와 좌익공신 3등에 책록되었고, 여러 관직을 거쳤다. 즉, 홍윤성의 정치적 위상과 권세는 한명회나 신숙주에 못지않을 정도로 강했고, 예종이 즉위 2년 만에 병사하자 영의정으로 신숙주, 한명회 등과 함께 원상에 올랐던 인물이다. 그런데 머리말에서는 홍윤성에 대한 설명 없이 그가 경진북정에 참여해서 어떤 활동을 했고, 파견된 의미가 무엇인지를 설명하겠다고 하여 계기적으로 연결되지 않는다. 따라서 머리말에서 홍윤성에 대한 설명을 한 문단 정도 설명해주고, 2장에서 1쪽 가까이라도 홍윤성의 관력을 설명해줄 필요가 있다. 그렇다면 경진북정에서 홍윤성이 활약한 내용 등이 더 부각될 것이다.

두 번째, 지도 제작이 필요합니다. 본고에서 다루는 지역은 함경북도 일대이다. 대표적으로 부령 석막리, 경성 주을온 등 상세한 지명이 등장하고, 북정 지역 역시 두만강을 넘나들었다. 필자와 토론자는 전공자이기 때문에 어느 지역인지 알 수 있지만, 글을 읽는 독자들은 함경도에 대한 지역에 대해서는 알기 어렵기 때문에 지도를 첨부해 줄 필요가 있다. 최근 독자를 배려하여 논문을 작성하는 경향이 있으므로 트렌드에 맞추면 좋겠다.

세 번째, 용어 관련입니다. 토론자도 아직까지 고민스럽지만 여진 부족에 대한 용어를 어떻게 써야하는가이다. 발표자는 종족별로 올량합족, 올적합족 등으로 기재하였다. 그런데 각주 6번에서 기재한 것처럼 조선은 종족별로 올량합, 올적합, 알타리 등으로 기재하였다. 실제로 『조선왕조실록』 등에서도 대부분 올량합, 올적합 등으로 기재하고, 여기에 이미 종족이라는 의미가 기재되어 있으므로 '~족'이라는 표기를 올량합, 올적합 등으로 수정하는 것은 어떨까 한다.

같은 맥락으로 7쪽의 니마거올적합(尼麻車兀狄哈)도 마찬가지이다. 주지하다시피 '車'의 음독은 거와 차가 있는데, 과연 조선에서 이들을 어떻게 불렀을지 정확히 알 수 없다. 하지만 실록에서 니마차에 대한 표기가 니마차(尼亇遮)로 쓰인 사례 등이 있는 것으로 보아 거보다 차로 읽어야 한다는 주장이 있다.[40] 만주실록에서도 nimaca(尼馬察)路가 나오므로 음

40) 김주원, 『조선왕조실록의 여진족 족명과 인명』, 서울대 출판부, 43~44쪽.

상이 니마차라고 할 수 있다. 따라서 본고에서도 니마거울적합 대신 니마차울적합으로 기재하는 것을 제안한다. 같은 이유로 아비거 역시 아비차로 읽는 것이 좋다고 생각한다. 수고하셨습니다.

한성주 : 답변드리겠습니다. 손승철 교수님께서도 말씀하셨지만, 발표자 회의를 했습니다. 주제를 이미 알고 있었기 때문에, 앞에서 분명히 여러분들이 관력 등을 이야기하실 것 같아서, 제가 이를 중언부언하지 않고 바로 여진 정벌로 들어가자라고 생각해서 이렇게 서술했습니다. 말씀하신 것 듣고 보니 단일논문으로 발표되려면, 소략하게나마 조금은 있어야 될 듯 합니다. 좋은 지적 감사합니다.

사실 ppt에 있는 지도가 완벽하지는 않습니다. 그리고 논문을 엮는데 상당히 어려웠습니다. 여진 정벌과 파견의미를 사료 속에서 뽑아낸다는 작업이 쉽지 않다 보니 지도 제작에 소홀했습니다. 단행본이 나온다면, 전문가와 상의해서 고려할 수 있다 생각합니다.

용어 부분은 말씀하신 것이 맞습니다. 아마 제가 학회에서 전문연구자들이 있는 곳이었다면 그렇게 했을 텐데, 여기서는 이분들이 이해를 잘 하지 못하실 것 같아 '족'을 붙인 것입니다. '니마거'도 『만주실록』에 '니마차'로 나오기 때문에 지적이 맞습니다. 일괄 수정하도록 하겠습니다. 이상입니다.

이상배 : 외교관계에서 용어의 문제는 늘 상존하는 문제이기도 합니다. 그 다음에 또 하나는 이 발표가 다 끝나고 나면, 토론자 선생님들께서 지적한 내용을 발표자 선생님들께서 보완을 해서 완성된 원고를 제출해주실 것이고, 그것을 아마 제가 알기로는 문중에서 책자로 전문 서적으로 발간할 것으로 예상하고 있습니다. 거기에 맞춰 진행되기 때문

에, 학술대회를 기획할 때 일부러 만나서 서로 간의 중첩을 피하고 체계 잡힌 책자가 되어야겠다라는 생각 때문에 사전에 서로 의견을 조율해서 가능하면 중복되지 않게 글 준비를 했습니다.

다음으로 아마 이것은 쓰기가 어려우셨을 텐데, 임선빈 선생님께서 '홍윤성의 사후 평가와 기억'이라는 주제를 가지고 발표를 해주셨습니다. 제가 특별히 이런 쪽에 논문을 쓰신 적이 있어서 섭외를 해서 부탁을 드려서 쓰셨는데, 고생 많으셨습니다. 이거에 대해서 일본 상지대에 계시는 이연식 선생님께서 토론을 맡아주시겠습니다. 부탁드리겠습니다.

다섯 번째 발표

이연식 : 임선빈 선생님의 글에 대해서 토론을 부탁받았을 때, 참 난감했습니다. 저는 전근대 전공도 아니고, 워낙 생소한 부분이라 '홍윤성이라는 역사 인물에 관한 토론이다' 라고 해서 컴퓨터로 검색을 먼저 해봤습니다. 제일 먼저 나오는 것이 화살 같은 과녁이 있고, 그 과녁 앞에 젊은 처자가 서 있고, 화살을 겨누고 있는 그런 드라마의 한 장면이 나오더라구요. 그래서 예사 인물은 아니겠구나 하고 좀 더 검색을 해봤더니 좀 전에 이재범 선생님이 말씀하신 극악무도한 인물로 묘사하신 부분이 있습니다. 그런데 오늘 발표를 들으며 이런 분이 왜 재조명을 못 받았을까 하는 의문이 들었습니다. 오늘 5편의 글을 통해서 이런 탄탄한 글들이 새로운 사실을 밝혀내고 재조명을 하는 데 큰 도움이 될 것이라 생각합니다.

임선빈 선생님의 글을 저는 어떻게 이해했는지만 간단히 말씀드리고자 합니다. 역사의 기록을 어떻게 볼 것인가 하는 문제인데, 서양과 동양이 기록의 메커니즘이 다른듯합니다. 예를 들어 나폴레옹은 검색하면 말 타고 알프스 산맥을 넘어가는 유명한 그림이 있습니다. 이것은 엄밀히 말하자면 여러 나라에 뿌려서 여기저기 있습니다. 그런데 실사로 그린 것을 보면 노새를 타고 초라하게 지나갑니다. 그러면 '기록'에서 어떤 것을 믿을 것인가 하는 문제가 생깁니다. 즉, 제가 최근 들어서 5~6년 정도 고민하고 있는 문제가 역사의 기록이 참·거짓의 문제라고 했을 때, 거짓도 결이 다른 거짓들이 있습니다. '진위(眞僞)'의 거짓과, '허(虛)와 실(實)'의 거짓, '정오(正誤)'에서의 거짓이 있습니다. 이런 3가지가 모두 교착되어 나타날 때 소설이 바뀔 수 있는 것이죠.

오늘은 한 역사 인물을 다른 측면에서 조명하셨지만, 제가 주로 하는 일은 일제 시기에 경성에서 살았다가 일본으로 돌아간 할머니 할아버지들을 인터뷰를 주로 5년 동안 해왔습니다. 그래서 보통 1910년대 생이십니다. 그분들의 말씀과 우리가 역사에서 배운 경성은 너무나 다릅니다. 또 한 가지는 원래는 독일 땅이었는데, 폴란드가 영토가 왼쪽으로 밀리면서, 지금 폴란드 사람이 사는 지역이 있습니다. 예를 들어 구벤(Guben)이라고 하는 도시는 원래 독일 도시였다가 지금은 절반은 구벤이고, 절반은 구빈이라고도 부릅니다. 그 사람들이 1947년부터 남긴 기록은 그전의 독일사람들이 남긴 동네 기록과 완전히 다릅니다.

이랬을 때, 이러한 한 인물에 대한 오해가 이렇게 극악무도한 방식으로 소비, 유통되었을 때 무엇이 문제냐. 이 부분을 임선빈 선생님께서 아주 문헌사적 방법을 통해서 실록과 기타 다른 기록물에는 어떻게 기록되었고, 시기에 따라 어떻게 변화했는가, 또 그 주체에 따라 어떻게 바뀔 수 있는 가를 일목요연하게 정리를 하셨습니다.

저는 이를 보면서 문헌사의 힘이 이것이구나. 이렇게 거꾸로 증명해내는 방법이 있구나. 그런데 이것이 말이 쉽지, 글을 쓰는 과정에서 얼마나 고생하셨을지 생각이 들었습니다. 제가 전공한 시대가 일제부터 현대니까 여기서 ‘이해조’라고 하는 작가에 대해서만 간단히 말씀을 드리는 것으로 토론을 하고자 합니다.

이해조는 고종의 방계 친척입니다. 우리나라에서 마지막 과거시험을 보신 분입니다. 한학에 아주 능통하여 정사뿐만이 아니라 각종 야사까지 섭렵을 하신 분입니다. 게다가 영어를 잘하셔서 36살에 처음으로 기독교에 개종을 합니다. 선교사들과 영어로 필담을 하셨습니다. 그래서 서양의 소설기법을 아주 잘 알고 계셨는데, 그런데 왜 이분은 가령 이광수 같은 경우는 굉장히 홍윤성을 부정적으로 묘사합니다. 그런데 이해조는 『홍장군전』을 쓰며 영웅호걸로 묘사합니다. 왜 그런가 봤더니, 이분이 연재했던 매일 신보가 본의 아니게 총독부의 기관지가 되고, 어쩔 수 없이 기고해야 되는 상황인데, 소재로서 조선의 영웅이 필요했던 것이죠. 이때 이해조는 이런 갈등을 겪었다고 합니다. 실제로 계유정난과 세조에 대해 분명히 부정적인 생각은 있는데, 그 안에서 홍장군이라고 하는 인물이 필요했던 것이죠. 그 시대상이 이런 인물이 필요했고, 총독부 기관지에도 나는 이런 글을 투고할 수 있고, 이것이 창작의 힘이라고 믿고 있었던 것이죠. 이것도 나중에는 검열로 인해서 쉽지 않았던 것으로 보입니다.

뒤에 신채호 선생님이 위인들을 발굴하면서 위인전이 나오게 되고, 역사 소설이 등장하게 됩니다. 굉장히 중요한 맥락을 가지고 있어서 만약에 단행본을 내신다면, 다음에는 문학하는 분도 참여하시면 짜임새가 좋아지지 않을까 합니다. 임선빈 선생님 글 정말 잘 읽었습니다. 감사합니다.

이상배 : 이연식 선생님은 일제강점기 말 기억에 관한 자료 수집을 많이 하고, 사람들의 기억을 녹취하고, 이를 통해 그 시대를 연구하는

역할을 많이 하고 계시기 때문에 제가 이 주제에 대해 토론을 부탁한 이유는, 인산부원군에 대한 후대 기억이 어떻게 바뀌어야 될까라는 것에 초점을 맞춰서 토론을 해주십사 차원에서 부탁을 드렸습니다. 이에 대해서 임선빈 선생님 한 말씀 해주시죠.

임선빈 : 거친 글을 꼼꼼히 읽어주시고, 제가 감당하기 어려운 과찬의 말씀을 해주셔서 감사합니다. 저는 사실 기억 담론에 대해서 20여 년 전부터 관심을 갖기 시작했고, 10여 년 전부터는 본격적 연구를 하면서 10여 편의 논문을 썼고, 단행본도 한권도 내면서 '인간이 과거에 대한 기억을 어떻게 하는가'라는 것에 대해 많은 생각을 해봤습니다.

저는 평생을 조선시대사만 연구한 역사학도인데, 50대 이후에는 생각이 많이 달라졌습니다. 그러면서 '역사학자, 인문학자들도 뇌과학에서의 기억 담론에 관심을 가질 필요가 있겠다'라는 생각을 했습니다. 그런데 아주 재미있는 것은, 이 『조선왕조실록』이 조선시대에 편찬되었는데, 이 기록물을 조선시대 500년간 당대인들은 보지 못했다는 것입니다. 지금은 우리가 500년의 『조선왕조실록』을 너무나 쉽게 봅니다. 사실 『조선왕조실록』을 활용한 연구 작업을 통해서 저는 상당히 행복감을 느낍니다. 제가 석사논문을 쓸 때에는 실록을 일일이 읽어보면서 카드 작업을 하면서 작업을 했습니다. 문집들도 마찬가지입니다. 이처럼 엄청난 기록물이 쏟아져 나왔는데, 그 당시 사람들은 극히 일부만 그 기록을 접했던 것이고, 이는 오늘날 21세기에 살고 있는 우리들은 이러한 기록물을 대부분 쉽게 정할 수 있습니다. 순간순간 다 접할 수 있는 것과는 다른 것입니다.

그래서 오늘날 실록에서 우리가 기억할 수 있는 지식 정보량은 당대 사람보다 훨씬 많습니다. 실제 있었던 역사 사실은 실록에 기록된 것은 극히 일부입니다. 그 당시에 취사 선택되어서 후대에 전해주고 싶은 내용만 기록한 것입니다. 그러나 비판적으로 바라보면, 그 안에서 그 당시 실제 있었던 사실에 가까운 것을 끄집어낼 수 있는데, 홍윤성의 경우에는 당대 실록에 이렇게 많은 내용이 있지만 조선, 일제강점기, 그리고 20세기에도 부활되지 못했던 것입니다. 그런 관점에서 홍윤성은 저에게 아주 의미 있는 주제였습니다. 사실 저는 오늘의 발표문 준비가 어려웠다기보다는 매우 행복하게 이 작업을 진행했다는 점을 말씀드리고 싶고, 후손분들에게도 감사드립니다. 토론문에 대해서는 제가 특별히 답변드릴 내용은 아닌 것 같아서 이 정도로 말씀드리겠습니다. 감사합니다.

이상배 : 일단, 우리가 역사 속에서 한 인물을 평가할 때는 항상 긍정과 부정은 상존합니다. 그래서 이것을 어떻게 평가하느냐에 따라서 굉장히 정반대의 의견이 나오기도 하는 것이 역사 속 인물입니다. 저도 역사학계에서 보다 보면, 굉장히 안 좋게 평가되었던 인물들이 많습니다. 예를 들면 이순신과 원균의 관계에서 이순신이 워낙 부각되다 보니까 원균이 굉장히 나쁜 인물로 그려집니다. 그래서 원주 원씨 집안에서 많은 노력을 했습니다. 거의 수십 년에 걸쳐 학술대회를 하고, 원균의 실체를 재조명하면서 많이 바뀌었습니다. 그와 유사한 인물이 있습니다. 임진왜란 전에 조선통신사로 일본에 갔던 김성일과 황윤길이라는 분이 있죠. 동인과 서인. 이에 대해서는 손승철 교수님이 알고 계시지 않나요?

여기에서도 김성일이 '일본이 침공하지 않을 것이다'라고 해서 굉장히 나쁘게 인식되어 있었는데, 여기도 가문에서 노력해서 진상을 파악하고 재평가하는 그런 역사학계의 연구 동향도 있습니다.

아마도 오늘 홍윤성과 관련된 이런 글들이 처음 발표되었는데, 이런 것들을 중심으로 해서 하나의 책자가 나오고 그러면 인터넷 상에서의 잘못된 기록을 여러분들이 이 책을 근거로 해서 이의제기를 할 수 있습니다. 이런 연구성과를 바탕으로 그것을 바로잡을 수 있다는 겁니다. 앞으로도 더 많은 연구가 되어야 하는 건 물론이고, 제가 보기에는 오늘 여러 분야에서 발표가 있었습니다만, 좋은 제언도 있었습니다. 예를 들면 외국에서의 홍윤성과 관련된 자료를 좀 더 조사해서 연구해볼 필요가 있습니다. 다른 하나는 홍장군을 역사 소설화하는 과정에서 도대체 문학 쪽에서는 홍윤성을 어떻게 평가했을까 하는 내용이 있습니다. 또한, 미디어에서는 왜 이렇게 홍윤성을 극화했고, 그 실상은 무엇일까. 그 문제점은 어디에 있을까. 이런 것들도 계속 연구가 되어야 하지 않을까 생각합니다. 시간도 많이 지났는데, 플로어에서 혹시 질문하실 분이 계시면 질문받도록 하겠습니다. 없으시면 오늘 학술대회를 진행하시느라 고생한 문중의 총무님께 정리를 부탁드립니다.

홍구표 총무 : 오늘 학술대회를 준비하면서 많이 힘이 들었는데, 발표자님들의 진지한 학술발표와 인산부원군 홍윤성 선대조의 삶과 관직생활, 여진정벌, 주변국과 외교활동 등 많은 역할들에 대하여 선대조의 훌륭한 업적들을 새롭게 알게 되면서 참으로 이번 행사는 잘 추진하였다는 마음입니다. 아울러 잘못된 선대조의 역사가 바로세우는 계기가 되었다고 봅니다. 오늘 학술대회를 위하여 년초부터 노고가 많았던 이상배 원장님을 비롯하여 함께 발표자료를 준비하여 주신 발표자님과 토론자님 정말 수고 많으셨습니다. 그동안 수고 많이 하여주신 이 분들에게 감사에 박수를 부탁드립니다.

국내 훌륭한 역사학자로서 활동하고 계신 발표자님 그리고 토론자님 인산부원군 홍윤성에 대하여 역사학계 학술지에 많은 연구와 발표를 부탁드립니다.

후손인 우리들도 선대조에 대하여 많은 관심을 가지고 인산부원군 역사 바로세우기를 위하여 앞으로 추가 학술대회를 개최하게 되면 학술 발표를 요청드리도록 하겠습니다.

오늘 발표하여 주신 발표자님과 토론자님 그리고 행사에 참석하여 주신분들 모두 수고 많으셨습니다. 이것으로 오늘 학술대회를 마치겠습니다.

감사합니다.

참고문헌

○ 사료

『태종실록(太宗實錄)』
『세종실록(世宗實錄)』
『문종실록(文宗實錄)』
『단종실록(端宗實錄)』
『세조실록(世祖實錄)』
『예종실록(睿宗實錄)』
『성종실록(成宗實錄)』
『세종실록지리지(世宗實錄地理志)』
『신증동국여지승람(新增東國輿地勝覽)』
『경국대전經國大典』
『대전속록(大典續錄)』
『문과방목(文科榜目)』
『삼탄집(三灘集)』(李承召, 1422~1484)
『청파극담(靑坡劇談)』(李陸, 1438~1498)
『용재총화(慵齋叢話)』(成俔, 1439~1504)
『오산설림초고(五山說林草藁)』(車天輅, 1566~1610)
『기재잡기(寄齋雜記)』(朴東亮, 1569~1635)
『부계문기(涪溪聞記)』(金時讓, 1581~1643, 1612년 찬)
『대동야승(大東野乘)』
『연려실기술(練藜室記述)』(李肯翊, 1736~1806)
『북정록(北征錄)』
『국조보감(國朝寶鑑)』
『명영종실록(明英宗實錄)』
『해동제국기海東諸國記』

○ 단행본

국사편찬위원회, 『국사편찬위원회 귀중자료 도록』, 2018.
단국대학교 동양학연구소 편저, 『漢韓大辭典(1)』, 단국대학교출판부, 1999.

박정민, 『조선시대 여진인 내조 연구』, 경인문화사, 2015.
손승철, 『조선시대 한일관계사연구』, 경인문화사, 2015.
손승철, 『조선통신사, 타자와의 소통』, 경인문화사, 2017.
손승철, 『조선전기 한일관계, 약탈과 공존』, 경인문화사, 2017.
이강옥, 『조선시대 일화연구』, 태학사, 1998.
이인영, 『韓國滿洲關係史의 研究』, 을유문화사, 1954.
임선빈, 『역사적 실재와 기억의 변주곡』, 민속원, 2020.
정두희, 《朝鮮初期 政治支配勢力研究》, 一潮閣, 1983.
한성주, 『조선전기 수직여진인 연구』, 경인문화사, 2011.
한성주, 『조선시대 藩胡 연구』, 경인문화사, 2018.
村井章介, 『アジアのなかの日本』, 校倉書房, 1988.

○ 논문

姜性文, 「朝鮮시대 女眞征伐에 관한 연구」, 『軍史』 제18호, 국방부 군사편찬연구소, 1989.
곽정식, 「홍장군전의 형성과정과 작자의식」, 『새국어교육』 81, 2009.
김순남, 「조선 세조대 말엽의 정치적 추이」, 『歷史와 實學』 60, 2016.
김우철, 「『보인소의궤』(1876) 해제」, 『국역 보인소의궤』, 국립고궁박물관, 2014.
노인환, 「조선시대 功臣敎書 연구-문서식과 발급 과정을 중심으로-」, 『고문서연구』 39. 2011.
류수민, 「구활자본 한글소설 『홍장군전』의 『수호전』 전유 양상 소고」, 『중국소설논총』 61, 2020.
류정월, 「홍윤성 일화의 재현 방식과 현실 맥락」, 『서강인문논총』 29, 2010.
박문열, 「純誠明亮經濟弘化佐理功臣敎書에 대한 연구」, 『서지학연구』 49집, 2011.
박성호, 「조선초기 공신 교서의 문서사적 의의 검토」, 『전북사학』 36, 2010.
안선미, 「세조대 申叔舟의 對女眞活動과 備邊對策」, 한국교원대학교 석사학위논문, 2020.
오윤선, 「홍장군전의 창작경위와 인물형상화의 방향」, 『고소설연구』 12, 2000.
오종록, 「申叔舟의 軍事政策과 재상으로서의 經綸」, 『역사학논총』 3·4, 2003.
이경선, 「홍장군전 연구」, 『한국학논총』 5, 한양대 한국학연구소, 1984.
이규철, 「조선초기의 對外征伐과 對明意識」, 가톨릭대학교 박사학위논문, 2013.
이동희, 「이시애 난에 있어서 한명회 신숙주의 역모 연루설」, 『전라문화논총』 7, 1994.

이동희, 「朝鮮初期 院相의 設置와 그 性格」, 『全北史學』 16, 1993.
이인영, 「申叔舟의 北征」, 『진단학보』 15, 1947.
임선빈, 「조선초기 외관제도 연구」, 한중연박사논문, 1998.
임선빈, 「절재 김종서의 사후평가와 '영웅만들기'」, 『사학연구』 68, 2002.
한성주, 「朝鮮 세조대 毛憐衛 征伐과 여진인의 從軍에 대하여」, 『강원사학』 22·23, 2008.
한성주, 「세조(1467년)대 조선과 명의 건주여진 협공에 관한 연구」, 『한일관계사연구』 45, 2013.
황선희, 「世祖 초기의 女眞關係와 北征」, 서강대학교 석사학위논문, 2007.
謝肇華, 「浪孛児罕事件与女真民族精神的覚醒」, 『満族研究』 5, 2005.
王臻, 「明朝与李朝在郎卜爾罕問題上的政策之比較研究」, 『史学集刊』 1, 2006.
高橋公明, 「朝鮮遣使ブームと世祖の王権」, 『日本前近代の国家と対外関係』, 吉川弘文館, 1987.
河内良弘, 「申叔舟の女真出兵」, 『朝鮮学報』 71, 1974.

찾아보기

ㄱ
강맹경(姜孟卿) 102, 134
강무선전관 44
강부기 90
강순(康純) 68, 142, 154
강옥 40
강효문 30, 39
개국공신 62
경국대전 35
경극좌좌목씨 114
경복궁 94
경성(鏡城) 133
경음당 187
경재소 174
경제육전 171
경진북정 129
경차관(敬差官) 142
경해(傾海) 20, 165
경해당(傾海堂) 175
경회루 100
계유정난 15
계해약조 91
고굉(股肱) 145
고득종 90
고령(高靈) 김씨 20
공신호 63, 77
공적 87
곽자의 67
관령 114
관직 77
관직생활 24
관학교육 195
광희문 99
교도 24
교린체제 93
교서관 28
교토 89
국문학 161
국사편찬위원회 74
국왕사 101
국장도감 42
국조문과방목 19
군관(軍官) 152
군기소감 21
군사령관 44
군사훈련 40
군정 36
권경 56
권근 30
권람 15, 26
권별 17
권자신 65
권제 30
귀성군 15, 39
근정전 100

금전 91
기미정책 104
기재잡기(寄齋雜記) 17, 196
길주(吉州) 147
김계손(金繼孫) 134, 147
김국광(金國光) 142
김극유 89
김길통 75
김사우(金師禹) 142
김성일 223
김시양(金時讓) 17, 199
김예몽 90
김우철 210
김웅호 209
김유선 29
김자모 20
김종서 30
김질 30, 33
김화(金化) 147

ㄴ
낙동강 98
남양홍씨판도판서공파세보 21
남육 20
남이(南怡) 69, 154
낭발아한 129
낭복아한 129
낭이승가 129, 131
낭좌 58
내구마 62
내구안구마(內廏鞍具馬) 135
노사신 17
노평 37
니마차올적합(尼麻車兀狄哈) 140

ㄷ
단종실록 17, 30
당나라 67
당상관 180
대내다다량 114
대동야승 18
대마도주 105
덕종 73
도순문출척사(都巡問黜陟使) 196
도절제사 24
도진무 43
도총사 39
동각잡기 17
동국여지비고 18
동국여지승람 18
동국여지지 18
동래부산포지도 96
동량북 132
동방급제 29
동첨내시부사 54
동판내시부사 54
동평관 99
등구랑 102

ㅁ
마감(馬鑑) 145
맹산(孟山) 146
맹족 53
명나라 34, 39
명원참(明原站) 147
명종실록 176
명환조 188
모련위 정벌 129
모리안(毛里安) 149

무사(武士) 134
무신 29
무예 25
무재 51
무휼(撫恤) 140
문과급제 26
문과방목 165
문생(門生) 30
문신 29
문음 53
문종실록 17, 176

ㅂ
박동량(朴東亮) 17, 196
박서생 89
박정민 215
박종우 108
배향공신 74
백금 62
변효문 90, 94
병마도절제사(兵馬都節制使) 136
병마절제사 35
병서 편찬 29
병조참판 34
보빙사 88
보인 81
봉례랑 31
봉원부원군 108
봉익대부판도판서 21
부계기문 17
부계문기(涪溪聞記) 199
부령(富寧) 133, 139
부승지 53
부여 24
부지휘관 158
부체찰사(副體察使) 151
북정록(北征錄) 17, 41, 134

ㅅ
사복 25
사송선 91
사송왜인 96
사심관(事審官) 174
사은사 41
사절 88
사정전 53, 107
사초 17
사후평가 201
삼관분관 28
삼탄집 17
삼포왜란 101
삼포지도 96
상가하(常家下) 148
상경로 98
상동량(上東良) 148
상산사호 38
서거정 119
서정리(徐貞履) 187
석막리(石幕里) 141
선위사 146
성균관 28
성삼문 65
성종 15
성종실록 17, 120
성현(成俔) 17, 190
성호사설 17
세견선 91
세자좌빈객 38

세조 15
세조실록 17, 101
소추사 93
손승철 212
송처검 112
송화잡설 17
송환 88
수양대군 29
수옹(守翁) 20, 165
수주(愁州) 149
수직 101
수직왜인 101
수충좌시위사대호군 33
수충협책정난공신 53
수호전 200
숙배일 100
순성명량경제홍화좌리공신 74
숭정대부(崇政大夫) 37, 152
승문원 28
시랑가(時郎哥) 140
시명지보 81
신공제 18
신명호 75
신숙주 15
신증동국여지승람 18
실록청 176
실학자 유형원 18
쓰시마도주 98

ㅇ

아치랑귀(阿赤郎貴) 149
안동부사 임담(林墰) 187
안태사 25
안평대군 31
야사류 58
양덕(陽德) 146
양정(楊汀) 36, 133
어염(魚鹽) 140
어유소(魚有沼) 154
어찰(御札) 143
엄자치 54
여진 34
여진 정벌 127
여진족 17
역대병요 41
역사학계 205
연려실기술(練藜室記述) 17, 59, 200
영경연춘추관 21
영응대군 108
영의정 15
영평(永平) 147
예문관대제학 21
예조참판 30, 34
예조판서 34
예종 15
예종실록 17
오랑캐 144
오백창 30
오산설림초고(五山說林草藁) 17, 191
오위도총관 39, 44, 130
옥사 69
올량합(兀良哈) 128
올적합(兀狄哈) 128
왕권 42
왕위 계승 42
왜관동 99
왜구 88
외교관 47

외교사절 41
외교사절단장 98
외교업무 43
외교활동 87
요동(遼東) 144
용재총화 17, 190
우승지 권준 53
우의정 39
운첩위동(云帖委洞) 141
울산염포지도 96
웅천제포지도 96
원상(院相) 15, 41, 83
월산군 42, 72
위평 44, 73
유처취처(有妻娶妻) 170
유향소 174
윤은보 18
윤인보 90
윤자운 78
음복연 80
의용쌍전 16
의주(儀注) 40
이광필 67
이구 108
이긍익(李肯翊) 17, 200
이기 17
이만주 41, 127
이명숭 121
이보 108
이사균 18
이상배 205
이숭원 75, 84
이승소 17, 182
이시애 67
이연식 219
이염 108
이유 61
이육 17
이익 17
이자부 102
이재범 212, 219
이정형 17
이종무 103
이준 39
이측 121
이해조 200
이행 18
이휘 65
이흥발 20
익대공신 42, 67
인산군 38
인산부원군 15, 42
일본 34, 43
일본국왕사 88
일본지도 96
일자부 102
임득정(林得楨) 134, 155
임선빈 219
임영대군 108
임자번 54
임진왜란 111

ㅈ

자산군 42
작첩 182
잘산군 72
장원급제 29
적개공신 67

적장자(嫡長子) 79
전균 54
전산수리대부 114
전주부윤 187
정2품 135
정난공신 33, 62
정사공신 62
정수충 30, 33
정안 53, 79
정종 29
정창손 38, 65, 108
정토(征討) 138
정헌대부 21
정희왕후 42, 72
제언체찰사 43
조빙응접기 93
조석문 17
조선견사 128
조선국왕지인 81
조선군 41
조선왕보 81
조선왕조실록 89
조순생 30
조일관계 87
졸기 58
종2품 135
종사관(從事官) 152
종성(鍾城) 139
종친 53
좌리공신 42
좌명공신 62
좌무위 114
좌의정 41
좌익공신 30
좌주(座主) 58
중간본 187
증상사 109
직집현전 29
진나라 39
진법 29, 40
진서 41, 58
진휼사 42
집현전 29

ㅊ

차천로(車天輅) 17, 191
채수 121
철종 15
청파극담(靑坡劇談) 17, 189
초간본 187
총지휘관 158
최영손 63
최운사 88
최청강(崔淸江) 134
추충 63
추충좌익공신 62
충신 57
충청관찰사 105
충청도관찰사 39
칙서 141

ㅌ

태평관 40, 99
통교규정 88
통례문 31
통신사 89
특송선 94

ㅍ
파견 88
파저강 127
판중추원사 37
평안도도사 33
평양(平壤) 146
표리 62
품계 77, 151
필사본 77
필원잡기 17

ㅎ
하위지 29
학술대회 205
한강 98
한림학사 185
한명진 56
한명회 15, 56
한보 80
한상도 205
한성주 215
한성참군 32
한양 89
한치의 80
한확 61
함길도 36
함길도조전원수 142
합덕제 176
항거왜인 96
항왜 96
해동야언 17
해동잡록 17
해동제국기 91
해동제국총도 96
향화왜 96
허봉 17
혜빈 양씨 61
홍모영(紅毛榮) 135
홍산향교 23
홍산현감 39
홍연보 20
홍용 20, 21
홍우성(洪禹成) 19, 165
홍원(洪原) 133
홍윤성 15, 20
홍윤성신도비 21
홍장군전 16, 200
홍제년 20
홍지 23
화라온올적합 132
화란 73
화룡점(畫龍粘) 135
화포(火砲) 134
화해사 131
환관 53
황윤길 223
황주(黃州) 151
황효원 119
회령(會寧) 133
회령진 131
회례관 89
회례사 88
회양(淮陽) 147
회인 19
회인 홍씨 20
효령대군 108
훈도 29
흥리왜인 96

인산부원군 홍윤성 연구

2023년 2월 8일 초판 인쇄
2023년 2월 20일 초판 발행

지 은 이 이상배·김우철·손승철·한성주·임선빈
발 행 인 한정희
발 행 처 경인문화사
편 집 부 이다빈 김지선 유지혜 한주연 김윤진
마 케 팅 전병관 하재일 유인순
출판신고 제406-1973-000003호
주 소 (10881) 파주시 회동길 445-1 경인빌딩 B동 4층
대표전화 031-955-9300 팩 스 031-955-9310
홈페이지 http://www.kyunginp.co.kr
이 메 일 kyungin@kyunginp.co.kr

ISBN 978-89-499-6686-1 93910
값 19,000원

* 파본 및 훼손된 책은 교환해 드립니다.
ⓒ 2023, Kyung-in Publishing Co, Printed in Korea